应用型本科人力资源管理专业精品系列规划教材

薪酬管理

主　编　张宝生　孙　华
副主编　姜红梅

北京理工大学出版社
BEIJING INSTITUTE OF TECHNOLOGY PRESS

内 容 简 介

《薪酬管理》的内容分为十章。第一章总论,主要介绍薪酬的相关概念、主要功能、类型和形式,以及薪酬管理的概念、重要性、典型理论、历史演变和发展趋势。第二章为战略性薪酬管理,主要介绍战略性薪酬管理的内涵、特点、与企业战略的关系,以及战略性薪酬的建立。第三章为薪酬体系,主要介绍了薪酬体系的基本类型,包括职位薪酬体系、技能薪酬体系、能力薪酬体系、绩效薪酬体系等。第四章为薪酬设计的基本制度,主要介绍薪酬设计的内容和目标、基本原则和依据、方向选择,以及薪酬设计的步骤。第五章为薪酬水平设计和薪酬调查,主要包括薪酬水平的内涵、类型、影响因素,薪酬水平的外部竞争性和衡量,以及薪酬调查。第六章为薪酬结构设计和岗位评价,主要介绍了薪酬结构的内涵、类型、影响因素、薪酬结构设计的步骤、工作分析和岗位评价,以及宽带薪酬。第七章为激励薪酬设计和绩效考核,主要介绍了激励薪酬的内涵和类型、员工激励的基本原理、激励薪酬设计的实施,以及绩效考核。第八章为特殊人员薪酬管理策略,主要介绍了管理人员、销售人员、专业技术人员、外派员工的薪酬管理。第九章为员工福利管理,主要介绍了员工福利的内涵、种类、员工福利的规划与管理,以及弹性福利计划。第十章为薪酬管理的实施和修正,主要介绍了薪酬预算、薪酬控制和薪酬调整。附录部分介绍了薪酬管理的有关法律法规。

这本《薪酬管理》语言简明通俗,结构科学严谨,既可作为各高等院校管理类专业的本科生和研究生的教学用书,也可作为企业和各种社会组织中的管理人员、从事人事行政工作的国家公务员的自学阅读书。

版权专有　侵权必究

图书在版编目(CIP)数据

薪酬管理 / 张宝生,孙华主编. —北京:北京理工大学出版社,2018.1(2021.3重印)
ISBN 978 - 7 - 5682 - 5127 - 3

Ⅰ. ①薪⋯　Ⅱ. ①张⋯　②孙⋯　Ⅲ. ①企业管理-工资管理-高等学校-教材　Ⅳ. ①F272.923

中国版本图书馆 CIP 数据核字(2017)第 331504 号

出版发行 / 北京理工大学出版社有限责任公司
社　　址 / 北京市海淀区中关村南大街 5 号
邮　　编 / 100081
电　　话 /(010)68914775(总编室)
　　　　　(010)82562903(教材售后服务热线)
　　　　　(010)68948351(其他图书服务热线)
网　　址 / http://www.bitpress.com.cn
经　　销 / 全国各地新华书店
印　　刷 / 北京国马印刷厂
开　　本 / 787 毫米 × 1092 毫米　1/16
印　　张 / 16.25　　　　　　　　　　　　　责任编辑 / 王俊洁
字　　数 / 426 千字　　　　　　　　　　　　文案编辑 / 王俊洁
版　　次 / 2018 年 1 月第 1 版　2021 年 3 月第 3 次印刷　责任校对 / 周瑞红
定　　价 / 45.00 元　　　　　　　　　　　　责任印制 / 施胜娟

图书出现印装质量问题,请拨打售后服务热线,本社负责调换

前 言

薪酬管理是人力资源管理六大模块中的一项最基本、最重要的职能，薪酬管理和设计的科学性直接影响组织的运行效率和员工队伍的稳定，既是激励机制的核心部分，也是员工最为关心的问题。在世界经济快速发展、信息网络高度发达的今天，薪酬信息传递速度越来越快、传播面越来越宽；组织结构正呈现分散化的趋势；员工更多地追求自我成就感和组织认可，如何利用薪酬管理，合理切分组织利益的蛋糕，稳定优秀员工、激发优秀员工的积极性，是每一个企业面临的迫切问题。企业在设计薪酬管理方案时，既要考虑组织的薪酬战略、薪酬管理目标和人才吸引及储备计划，又要顾及薪酬成本控制、组织内部薪酬结构设计和市场平均薪酬水平，遵循公平性原则、竞争性原则、经济性原则、合法性原则、战略性原则。

本书力图为读者营造一个关于薪酬管理的宽阔视野，从组织战略以及战略性人力资源管理的角度讲述薪酬管理的基本原理及其实践之道，系统地讲解薪酬设计的原理和思路，介绍职位评价、薪酬结构设计、绩效奖励计划设计等薪酬管理技术，争取做到从战略、战术、技术三个层面讲透薪酬管理。

通过本书的学习，读者能掌握薪酬管理的基本知识，将之运用到实践活动中去，培养学生分析薪酬管理的问题能力和实际应用能力，能够根据企业所处的具体环境、业务需要以及人力资源战略来设计和完善具有本企业特色的薪酬政策和薪酬制度。

本书的编写注重适用性、系统性和应用性，努力做到知识准确、内容通用、表述简明。

本书由哈尔滨师范大学张宝生、哈尔滨广厦学院孙华担任主编，由哈尔滨师范大学姜红梅担任副主编。具体编写分工如下：第4、5、6、7章及附录部分由张宝生编写；第1、3、8章由孙华编写；第2、9、10章由姜红梅编写。

本书在编写时参阅、借鉴了国内外薪酬管理的专著、教材和其他研究成果，在此表示感谢。本书的编写和出版得到了北京理工大学出版社和编辑的大力支持与帮助，对此深表谢意。本书不足之处恳请各位专家、同行、学子批评指正，我们将继续修改完善。

编 者

目 录

第一章　薪酬管理总论 ………………………………………………………（ 1 ）
 第一节　薪酬的相关概念和主要功能 ……………………………………（ 2 ）
 第二节　薪酬管理的概念和重要性 ………………………………………（ 5 ）
 第三节　薪酬的类型和形式 ………………………………………………（ 9 ）
 第四节　薪酬管理典型理论 ………………………………………………（ 17 ）
 第五节　薪酬管理的历史演变和发展趋势 ………………………………（ 23 ）

第二章　战略性薪酬管理 ……………………………………………………（ 29 ）
 第一节　战略性薪酬管理的内涵和特点 …………………………………（ 30 ）
 第二节　战略性薪酬管理与企业战略 ……………………………………（ 32 ）
 第三节　战略性薪酬的建立 ………………………………………………（ 41 ）

第三章　薪酬体系 ……………………………………………………………（ 47 ）
 第一节　薪酬体系的基本类型 ……………………………………………（ 48 ）
 第二节　职位薪酬体系 ……………………………………………………（ 48 ）
 第三节　技能薪酬体系 ……………………………………………………（ 55 ）
 第四节　能力薪酬体系 ……………………………………………………（ 62 ）
 第五节　绩效薪酬体系 ……………………………………………………（ 67 ）

第四章　薪酬设计的基本制度 ………………………………………………（ 75 ）
 第一节　薪酬设计的内容和目标 …………………………………………（ 76 ）
 第二节　薪酬设计的基本原则和依据 ……………………………………（ 79 ）
 第三节　薪酬设计的方向选择 ……………………………………………（ 84 ）
 第四节　薪酬设计的步骤 …………………………………………………（ 87 ）

第五章　薪酬水平设计和薪酬调查 …………………………………………（ 93 ）
 第一节　薪酬水平的内涵和类型 …………………………………………（ 94 ）
 第二节　薪酬水平的影响因素 ……………………………………………（ 95 ）

第三节　薪酬水平的外部竞争性和衡量 ………………………………（ 97 ）
　　第四节　薪酬调查 ………………………………………………………（100）

第六章　薪酬结构设计和岗位评价 …………………………………………（107）
　　第一节　薪酬结构的内涵和类型 ………………………………………（108）
　　第二节　薪酬结构的影响因素 …………………………………………（113）
　　第三节　薪酬结构设计的步骤 …………………………………………（115）
　　第四节　工作分析和岗位评价 …………………………………………（120）
　　第五节　宽带薪酬 ………………………………………………………（142）

第七章　激励薪酬设计和绩效考核 …………………………………………（155）
　　第一节　激励薪酬的内涵和类型 ………………………………………（156）
　　第二节　员工激励的基本原理 …………………………………………（164）
　　第三节　激励薪酬设计的实施 …………………………………………（168）
　　第四节　绩效考核 ………………………………………………………（171）

第八章　特殊人员薪酬管理策略 ……………………………………………（185）
　　第一节　管理人员的薪酬管理 …………………………………………（187）
　　第二节　销售人员的薪酬管理 …………………………………………（194）
　　第三节　专业技术人员的薪酬管理 ……………………………………（199）
　　第四节　外派员工的薪酬管理 …………………………………………（203）

第九章　员工福利管理 ………………………………………………………（211）
　　第一节　员工福利的内涵 ………………………………………………（212）
　　第二节　员工福利的类型 ………………………………………………（216）
　　第三节　员工福利的规划与管理 ………………………………………（221）
　　第四节　弹性福利计划 …………………………………………………（224）

第十章　薪酬管理的实施和调整 ……………………………………………（229）
　　第一节　薪酬预算 ………………………………………………………（230）
　　第二节　薪酬控制 ………………………………………………………（235）
　　第三节　薪酬调整 ………………………………………………………（239）

附　录　薪酬管理有关法律法规 ……………………………………………（245）

参考文献 ………………………………………………………………………（253）

第一章

薪酬管理总论

本章内容提要
1. 薪酬的相关概念和主要功能。
2. 薪酬管理的概念和重要性。
3. 薪酬类型和形式。
4. 薪酬管理典型理论。
5. 薪酬管理的历史演变和发展趋势。

引导案例

微软薪酬管理

微软一直沿用的薪酬体制证实是非常成功的。在微软的薪酬构成中，薪金部分只处在同行业的中等水平，很多中、高级人员加入微软时的工资都低于原来所在公司的水平。但是，"持有微软股权"的分量足够吸引大部分它所需要的人才。它的设计是这样的：相当级别以上的员工被雇用即得到一部分认股权，按当时市场最低价为授权价，所授认股份分期在几年内实现股权归属，员工可以按授权价认购已归属自己的股权，实际支付的认购价与认购当时市场价的差价就是股权收益。被雇用后每年都可能得到新的持股权奖励——取决于个人的绩效和对于公司的长期价值。这实际上是公司在为员工投资而公司又不冒任何风险。对于员工也没有风险：股权归属时，如果市价不高，不必着急，尽可能等到升值再认购。唯一可能的风险是股票一路下跌再不升值，员工在较低工资方面的"损失"就补不回来了，可是，这在微软的历史上还没有过。这种方法对已经或快要上市的处于上升的公司效果会很好，但很快就可能遇到新的问题：人员过于稳定，不称职的员工宁可降职，也要留在公司里，这个问题十几年前就在微软遇到了。因此，要激励鞭策富翁们自觉地努力工作，必须有一套强有力的绩效管理体制。

微软的绩效管理体制的核心是：形成内部竞争，保持员工对绩效评定的焦虑，促使员工自觉地寻求超越自己和超越他人。其主要成分有三个：个人任务目标计划、绩效评分曲线和与绩效评分直接挂钩的加薪、授股和奖金。个人任务目标计划由员工起草，由经理审议，再修改制订。制订计划有几个原则：具体、可衡量、明确时限（不能用"努力提高"、"大幅度改进"之类的模棱词语）、现实而必须具有较高难度。绩效评分曲线的形状和角度是硬性的，不许改变（各级分数的百分比是规定的，最佳和最差的比例都很小）。评分等级有：最佳、较好、及格、不及格。完成个人任务目标计划并不一定意味着可以得高分，你必须争取做英雄中的英雄，才有可能不落到最后。

微软的绩效体制能不断地驱使本来优秀的人群更努力地进取竞争，置优秀的一群于危机感的压力之下，使其自觉保持巅峰竞技状态。年度加薪、授权、奖金与绩效评分直接挂钩，不及格就什么都得不到，还要进入绩效观察期。一个进入绩效观察期的人通常就会主动辞职，也就自然失去了所有未到期归属的股票认购权，这是最沉重的损失。

[讨论题]
微软公司的薪酬体制好在哪里？

第一节 薪酬的相关概念和主要功能

一、薪酬的相关概念

薪酬的概念来自西方，国内的薪酬概念主要来自英文词汇。在英文中，对薪酬存在着许多不同的表述方式，国内的学术界在引入这些表述方式时，常常在不同的概念之间产生误会和歧义，因此，要理解薪酬，就要在对这些概念进行梳理的基础上对它们进行比较分析。

薪酬（compensation）是指员工因为雇佣关系的存在而从雇主那里获得的各种形式的经济收入以及有形服务和价值。这里的薪酬概念主要强调补偿或赔偿的物或款，侧重于对员工劳动贡献的一种补偿，包括货币形式和实物形式。相比之下，reward（报酬）是一种侧重于奖赏、报答和致谢的概念，可以包括感情方面的、知识方面的以及财务方面的多种报酬形式。另外两个与薪酬相关的概念是 pay 与 remuneration。pay 指工资或薪金，是指付钱给某人作为货物或服务的费用，倾向于一种不带有任何感情色彩的纯粹交易，一方愿买，一方愿卖，而且只是以货币的形式出现（Money paid for regular work）。remuneration 译为酬金、报酬，蕴含了 pay 与 reward 的概念，可为接受者带来利益，它强调这样一种理念：薪酬除了对劳动者劳动贡献的一种补偿之外，对劳动者来说还应该是有利可图的（profitable）。

对于薪酬的概念，不同的国家也有不同的含义。在日本，代表薪酬的词是 Kyuyo。Kyu 是一个敬词，用来指那种地位高的施予者，在日本历史上把薪酬看做上级的施舍。现在，日本的企业力图用 Hou-syu 来代替 Kyuyo，Hou-syu 的含义是报酬，与上级无关。大量的津贴是日本薪酬体系的一部分，英文中与之对应的词是 treat，意为照顾某物、处理某物，是照顾员工家庭财务需要的薪酬，这符合日本向员工支付家庭津贴、住房津贴、通勤津贴的现实。在捷克语里，代表薪酬的词是 Plat，它来自名词 Platno 以及动词 Platit，意思是"付账""有价值"。在中国，近年来产生了一个关于薪酬的新名词——待遇，指公司如何对待和关心员工，因此，作为薪酬组成部分的福利在中国格外显得重要。此外，员工的待遇和公司效益之间的联系也非常密切。

综上所述，薪酬是员工因向所在的组织提供劳务而获得的各种形式的酬劳。狭义的薪酬指货币和可以转化为货币的报酬。广义的薪酬除了包括狭义的薪酬以外，还包括获得的各种非货币形式的满足。

二、薪酬的主要功能

薪酬既是企业为员工提供的收入，同时也是企业的一种成本支出，它代表了企业和员工之间的一种利益交换关系。无论对于员工来说，还是对于企业来说，这种经济交换关系都是至关重要的。因此，对于薪酬的功能，需要从员工和企业两个方面加以理解。

（一）薪酬的功能：员工方面

1. 经济保障功能

劳动是员工脑力和体力的支出，员工作为企业劳动力要素的提供者，企业只有给予足够的补偿，才能使其不断投入新的劳动力。从经济学的角度来说，薪酬实际上就是劳动力的价格，其作用就在于通过市场将劳动力配置到各种不同的用途上。在市场经济条件下，薪酬收入是绝大部分劳动者的主要收入来源，它对于劳动者及其家庭的保障作用是其他任何保障手段都无法替代的。薪酬对于员工的保障作用不仅体现在它要满足员工的吃穿住行等方面的基本生存需要，还体现在它要满足员工的娱乐、教育、培训等方面的发展需要。总之，员工薪酬水平的高低对于员工及其家庭的生存状态和生活方式所产生的影响是非常大的。

2. 心理激励功能

从人力资源管理的角度看，薪酬应主要体现和发挥它的激励功能。所谓激励功能，是指企业用来激励员工按照其旨意行事，调动其积极性、创造性的功能。在市场经济条件下，对员工的激励除了精神激励（员工自我价值的实现）外，主要是物质利益的激励。在现实生活中，员工一方面要追求自身价值、主人翁感和认同感，另一方面更重视追求实在的利益，而劳动则是员工获得收入以提高自己生活水平的基本手段。在这种情况下，企业通过各种具体工资（包括奖金）形式，把收入与员工对企业的劳动贡献联系起来，劳动收入（包括工资收入）就能发挥激励功能。正如美国著名比较经济学家埃冈·纽伯格所指出的："不管采用什么样的激励结构，这种结构要有效，就必须同所要影响的当事人的目标函数相一致。"

3. 社会信号功能

对于员工来说，薪酬所具有的信号传递功能也是一种非常重要的功能。这是因为，在现代社会中，由于人员在企业之间甚至在地区之间频繁流动，因此在相对稳定的传统社会中用来确定一个人的社会地位的那些信号，如年龄、家族势力等逐渐变得衰弱，而薪酬作为流动社会中的一种市场信号，很好地说明了一个人在社会上所处的位置。换言之，员工所获得的薪酬水平的高低除了其具有的经济功能以外，它实际上还在向其他人传递着一种信号，人们可以根据这种信号来判断特定员工的家庭、朋友、职业、受教育程度、生活状况，甚至宗教信仰、政治取向等。不仅如此，在一个组织内部，员工的相对薪酬水平的高低往往也代表了员工在组织内部的地位和层次，从而成为识别员工的个人价值和成功的一种信号。因此，员工对这种信号的关注实际上反映了员工对自身在社会以及组织内部的价值的关注。从这方面来说，薪酬的社会信号功能也是不可忽视的。事实上，习惯和传统力量之所以能在薪酬决策中占据一席之地，其主要原因也在于地位问题。在存在集体谈判的市场经济国家中，工会对薪酬问题的特殊关注实际上也是工会对自身地位关注的一个体现。

（二）薪酬的功能：企业方面

1. 促进战略实现，改善经营绩效

一方面，人和人的工作状态是任何企业经营战略成功的基石，也是企业获得优良经营绩效的基本保障；另一方面，不谈薪酬，我们就无法谈及人和人的工作状态。薪酬对员工的工作行为、工作态度以及工作业绩具有直接的影响，薪酬不仅决定了企业可以招募到的员工的数量和质量，以及企业中的人力资源存量，同时，它还决定了现有员工受到激励的状况，影响他们的工作效率、缺勤率、对组织的归属感以及组织承诺度，从而直接影响企业的生产能力和生产效率。薪酬实际上是企业向员工传递的一种特别强烈的信号。通过这种信号，企业可以让员工了解，什么样的行为、态度以及业绩是受到鼓励的，是对企业有贡献的，从而引导员工的工作行为和工作态度以及最终的绩效朝着企业期望的方向发展。相反，不合理和不公正的薪酬则会引导员工采取不符合企业利益的行为，从而导致企业经营目标难以实现和价值观混乱。因此，如何通过充分利用薪酬这一利器来改善企业经营绩效，是企业薪酬管理的一个重大课题。

2. 塑造和强化企业文化

薪酬会对员工的工作行为和态度发挥很大的引导作用，合理的和富有激励性的薪酬制度有助于企业塑造良好的企业文化，或者对已经存在的企业文化起到积极的强化作用。但是，如果企业的薪酬政策与企业文化或价值观之间存在冲突，会对组织文化和企业的价值观产生严重的消极影响，甚至会导致原有的企业文化土崩瓦解。举例来说，如果组织推行的是以个人绩效为基础的可变薪酬方案（如计件工资制），则会在组织内部起到强化个人主义的作用，使员工崇尚独立、注重彼此之间的相互竞争，结果是导致一种个人主义的文化；反之，如果在薪酬的计算和发放中存在较突出的以小组或团体绩效为基础的成分，则会强化员工的合作精神和团队意识，使整个组织更具有凝聚力，从而支持一种团队文化。事实上，许多公司的文化变革往往都伴随着薪酬制度和薪酬政策的变革，甚至是以薪酬制度和薪酬政策的变革为先导。这从一个侧面反映了薪酬对企业文化的重要影响。

3. 支持企业改革

随着经济全球化的趋势愈演愈烈，变革已成为企业经营过程中的一种常态，正所谓当今世界"唯一不变的是变化"。为了适应这种状况，企业一方面要重新设计战略、再造流程、重建组织结构；另一方面，它还需要变革文化、建设团队、更好地满足客户的需求。总之，就是要使企业变得更灵活，对市场和客户的反应更为迅速。然而，这一切都离不开薪酬，因为薪酬可以通过作用于员工个人、工作团队和企业整体来创造出与变革相适应的内部和外部氛围，从而有效推动企业革命。

（1）企业的薪酬政策和薪酬制度与重大组织变革之间是具有内在联系的。据统计，在企业流程再造的努力中，50%~70%的计划都未能达到预期的目标，其中的一个重要原因就是再造后的流程与企业的薪酬体系之间缺乏一致性。

（2）作为一种强有力的激励工具和沟通手段，薪酬如果得到有效运用，它就能够起到沟通和强化新的价值观和行为、支持对结果负责的精神作用，同时它还成为为新绩效目标的实现提供报酬的重要工具。这样,薪酬就会有利于强化员工对变革的接受和认可程度。从这个意义上来说,薪酬更多的是对目前以及将来的一种投资,而不仅是一种成本。

4. 控制经营成本

由于企业所支付的薪酬水平的高低会直接影响企业在劳动力市场上的竞争力,因此,保持一种相对较高的薪酬水平,对于企业吸引和保留员工来说无疑是有利的,但是,较高的薪酬水平又会对企业产生成本上的压力,从而对企业在产品市场上的竞争产生不利影响。因此,一方面,企业为了获得和保留企业在经营过程中不可或缺的人力资源不得不付出一定的代价;另一方面,企业出于产品或服务市场上的竞争压力,又不得不注意控制薪酬成本。事实上,虽然劳动力成本在不同行业和不同企业的经营成本中所占比重不同,但是对于任何企业来说,薪酬成本都是一项不容忽视的成本支出。有效地控制薪酬成本支出对于大多数企业的经营成功来说具有重大意义。

第二节 薪酬管理的概念和重要性

一、薪酬管理的概念

薪酬管理是在组织发展战略的指导下,对员工薪酬支付原则、薪酬策略、薪酬水平、薪酬结构以及薪酬构成进行确定、分配和调整的动态管理过程。薪酬管理要为实现薪酬管理目标服务。薪酬管理目标是基于人力资源战略设立的,而人力资源战略服从于企业的发展战略。

薪酬管理包括薪酬体系设计、薪酬日常管理两个方面。

薪酬体系设计主要包括薪酬水平设计、薪酬结构设计和薪酬构成设计。薪酬日常管理是由薪酬预算、薪酬支付、薪酬调整组成的循环,这个循环可以称之为"薪酬成本管理循环"。薪酬管理模型见图 1-1。

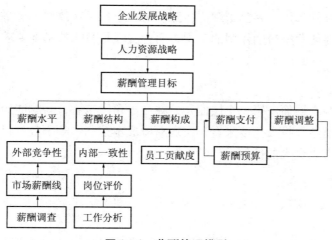

图 1-1 薪酬管理模型

薪酬管理的内容包括以下几个方面:

（一）薪酬的目标管理

即薪酬应该怎样支持企业的战略，又该如何满足员工的需要。

（二）薪酬的水平管理

即薪酬要满足内部一致性和外部竞争性的要求，并根据员工绩效、能力特征和行为态度进行动态调整，包括确定管理团队、技术团队和营销团队薪酬水平，确定跨国公司各子公司和外派员工的薪酬水平，确定稀缺人才的薪酬水平以及确定与竞争对手相比的薪酬水平。

（三）薪酬的体系管理

这不仅包括基础工资、绩效工资、期权期股的管理，还包括如何给员工提供个人成长、工作成就感、良好的职业预期和就业能力的管理。

（四）薪酬的结构管理

即正确划分合理的薪级和薪等，正确确定合理的级差和等差，还包括如何适应组织结构扁平化和员工岗位大规模轮换的需要，合理地确定工资宽带。

（五）薪酬的制度管理

即薪酬决策应在多大程度上向所有员工公开和透明化，谁负责设计和管理薪酬制度，薪酬管理的预算、审计和控制体系又该如何建立和设计。

薪酬设计是薪酬管理最基础的工作，如果薪酬水平、薪酬结构、薪酬构成等方面有问题，那么企业薪酬管理是不可能达到预定目标的。薪酬预算、薪酬支付、薪酬调整工作是薪酬管理的重点工作，应切实加强薪酬日常管理工作，以便实现薪酬管理的目标。

薪酬体系建立起来后，应密切关注薪酬日常管理中存在的问题，及时调整公司的薪酬策略，调整薪酬水平、薪酬结构以及薪酬构成，以实现效率、公平、合法的薪酬目标，从而保证公司发展战略的实现。

二、薪酬管理的目标

薪酬要发挥应有的作用，薪酬管理应达到以下三个目标：效率、公平、合法。达到效率和公平目标，就能促使薪酬激励作用的实现，而合法性是薪酬的基本要求，因为合法是公司存在和发展的基础。

（一）效率目标

效率目标包括两个层面：第一个层面是站在产出角度来看，薪酬能给组织绩效带来最大价值；第二个层面是站在投入角度来看，实现薪酬成本控制。薪酬效率目标的本质是用适当的薪酬成本给组织带来最大的价值。

（二）公平目标

公平目标包括三个层次：分配公平、过程公平、机会公平。

1. 分配公平

分配公平是指组织在进行人事决策、决定各种奖励措施时，应符合公平的要求。如果员工认为受到不公平对待，将会产生不满。

员工对于分配公平认知，来自其对于工作的投入与所得进行主观比较而定，在这个过程中，还会与过去的工作经验、同事、同行、朋友等进行对比。分配公平分为自我公平、内部公平、外部公平三个方面。

自我公平，即员工获得的薪酬应与其付出成正比；内部公平，即在同一企业中，不同职务的员工获得的薪酬应与其各自对企业做出的贡献成正比；外部公平，即在同一行业、同一地区或同等规模的不同企业中类似职务的薪酬应基本相同。

2. 过程公平

过程公平是指在决定任何奖惩决策时，组织所依据的决策标准或方法符合公正性原则：程序公平一致、标准明确、过程公开等。

3. 机会公平

机会公平指组织赋予所有员工同样的发展机会，包括组织在决策前与员工互相沟通，组织决策考虑员工的意见，主管考虑员工的立场，建立员工申诉机制等。

（三）合法目标

合法目标是企业薪酬管理的最基本前提，要求企业实施的薪酬制度符合国家、省区的法律法规、政策条例要求，如不能违反最低工资制度、法定保险福利、薪酬指导线制度等的要求规定。

三、薪酬管理的地位和作用

薪酬管理在人力资源管理体系中占有重要地位（见图1-2），同时也是企业高层管理者和员工最为关注的内容。劳动是经济学中重要的投入要素之一，而薪酬是对劳动的定价。按照传统劳动价值理论，薪酬要保证劳动力的生存和再生产需要；从另外一个角度看，个人绩效和组织绩效水平的提升，激励效应是最关键的因素，而薪酬则是最具激励功能的因素。

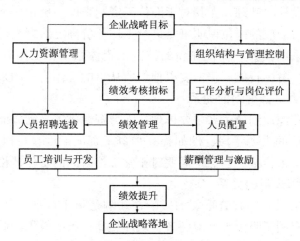

图1-2 薪酬管理在人力资源管理中的重要性

（一）薪酬管理对整体组织管理的作用

薪酬管理是人力资源管理作业活动的重要组成部分，其作用不仅体现在人力资源管理内部，对于整体组织管理也具有重要意义，尤其体现在薪酬水平上。

1. 薪酬管理是管理者人本管理思想的重要体现

薪酬是劳动者提供劳动的回报，是对劳动者各种劳动消耗的补偿，因此薪酬水平既是对劳动者劳动力价值的肯定，也直接影响着劳动者的生活水平。所谓以人为本的管理思想，就是要尊重人力资本所有者的需要，解除其后顾之忧，很难想象一个组织提倡以人为本，其薪酬制度却不能保证员工基本的生活水平。在我国物质生活水平日益提高的今天，管理者不仅要保证其员工基本生活，更要适应社会和个人的全方位发展，提供更全面的生活保障，建立起适应国民经济发展水平的薪酬制度。

2. 薪酬战略是组织的基本战略之一

一个组织有许多子战略，例如市场战略、技术战略、人才战略等，其中薪酬战略是人才战略最重要的组成部分，因而也是一个组织的基本战略之一。一个优秀的薪酬战略应对组织起到四个作用：吸引优秀的人才加盟、保留核心骨干员工、突出组织的重点业务与重点岗位、保证组织总体战略的实现。

3. 薪酬管理影响着组织的盈利能力

薪酬对于劳动者来说是报酬，对于组织来讲也意味着成本。虽然现代的人力资源管理理念不能简单地以成本角度来看待薪酬，但保持先进的劳动生产力，有效地控制人工成本，发挥既定薪酬的最大作用，对于增加组织利润，增强组织盈利能力进而提高组织竞争力无疑具有重要且直接的作用。

（二）薪酬管理与其他人力资源管理环节的关系

由于现代人力资源管理的整体性特征，薪酬管理与其他人力资源管理环节同样具有密切的联系，主要关系如下：

1. 薪酬管理与工作分析的关系

工作分析是薪酬设计的基础，尤其对于岗位工资制来说，更是建立内部公平薪酬体系的必备前提。工作分析所形成的岗位说明书是进行工作评价确定薪酬等级的依据，工作评价信息大多来自岗位说明书的内容。即使在新的技能工资体系中，工作分析仍然具有重要的意义，因为评价员工所具备的技能，仍然要以他们所从事的工作为基础来进行。

2. 薪酬管理与人力资源规划的关系

薪酬管理与人力资源规划的关系主要体现在人力资源供需平衡方面，薪酬政策的变动是改变内部人力资源供给的重要手段，例如提高加班工资的额度，可以促使员工增加加班时间，从而增加人力资源供给量，当然这需要对正常工作时间的工作严格加以控制。

3. 薪酬管理与招聘录用的关系

薪酬管理对招聘录用工作有着重要的影响，薪酬是员工选择工作时考虑的重要因素之一，较高的薪酬水平有利于吸引大量应聘者，从而提高招聘的效果。此外，招聘录用也会对薪酬管理产生影响，录用人员的数量和结构是决定组织薪酬总额增加的主要因素。

4. 薪酬管理与绩效管理的关系

薪酬管理和绩效管理之间是一种互动的关系。一方面，绩效管理是薪酬管理的基础之一，激励薪酬的实施需要对员工的绩效做出准确的评价；另一方面，针对员工的绩效表现及时地给予不同的激励薪酬，也有助于增强激励的效果，确保绩效管理的约束性。

根据绩效管理模型，影响绩效的主要因素是员工技能、外部环境、内部条件和激励效应这四个因素。薪酬的保障作用可以提高员工的技能，而薪酬的激励作用可以充分实现激励效应，因此薪酬管理对于绩效提升具有非常重要的作用，在以绩效管理为核心的人力资源管理中，薪酬管理也占有重要地位。

5. 薪酬管理与员工管理的关系

在组织的劳动关系中，薪酬是最主要的问题之一，劳动争议也往往是由薪酬问题引起的，因此，有效的薪酬管理能够减少劳动纠纷，建立和谐的劳动关系。此外，薪酬管理也有助于塑造良好的组织文化，维护稳定的劳动关系。

第三节 薪酬的类型和形式

一、薪酬的类型

依照薪酬的发放形式、作用机制、内容实体的属性，可以将薪酬分为以下几种类型：

（一）经济性薪酬与非经济性薪酬

依照是否以货币的形式支付，薪酬可分为经济性薪酬和非经济性薪酬。其中，经济性薪酬（financial compensation）又可分为直接经济性薪酬（direct financial compensation）与间接经济性薪酬（indirect financial compensation）。直接经济性薪酬是单位按照一定的标准以货币形式向员工支付的薪酬，包括基本工资、奖金、绩效工资、激励工资、津贴、加班费、佣金、利润分红等。间接经济性薪酬是指所有不直接以货币形式发放给员工，但通常可以给员工带来生活上的便利，减少员工额外开支或者免除员工后顾之忧的东西。非经济性薪酬（non-financial compensation）是指个人对工作本身或者对工作环境在心理上的满足感，是指无法用货币等手段来衡量，但会给员工带来心理愉悦效用的一些因素。与工作本身相关的因素如工作兴趣、工作挑战性、工作责任感、工作成就、发展机会等因素，与工作环境相关的因素如合理的政策、称职的管理、人际关系、社会地位、工作条件、工作时间等。

（二）外在薪酬和内在薪酬

依照作用的机制，薪酬可分为外在薪酬和内在薪酬。外在薪酬（extrinsic compensation）是企业对员工从事生产劳动和工作而支付的货币或非货币形式的薪酬，如工资、奖金、津贴、股票期权以及各种形式的福利待遇。内在薪酬（intrinsic compensation）是员工从企业生产劳动和工作过程本身获得的利益，如富有挑战性、具有趣味性、个人成长和发展的机会、能够参与决策管理、弹性的工作时间等。

（三）物质薪酬和非物质薪酬

依据内容实体的属性，薪酬可分为物质薪酬和非物质薪酬。物质薪酬（material compensation）又可分为激励性物质薪酬和保健性物质薪酬。激励性物质薪酬主要包含工资、奖金、股利等报酬形式；保健性物质薪酬主要包含津贴、福利、保险等报酬形式。非物质薪酬（immaterial compensation）又称为精神薪酬，可分为发展因素和生活因素两方面，其中发展因素包含发展机会、培训学习、学习环境、公司荣誉等因素，生活因素包含工作条件、俱乐部、工作氛围、假期等因素。

二、薪酬的形式

薪酬形式是组织成员得到的各种形式的直接补偿，以及以福利或服务形式得到的间接补偿等，可以分为资历工资制、职位工资制、知识工资制和结构工资制。

（一）传统工资形式：资历工资制

1. 定义

资历工资制以员工个人的年龄、工龄、学历、本专业工作年限等因素为依据。其中，以工龄因素为主导的工资设计又称年功工资，即企业按照员工的工作年数（员工的工作经验和劳动贡献）的积累给予的经济补偿。年功工资制的基本特点是员工的工龄越长，工资水平越高。

2. 特点

资历工资制具有如下特点

（1）有利于工资计划的管理。由于资历是客观的加薪标准，因此雇主不会因偏爱某些人而得罪另一部分员工，从而更加有效地激励员工完成工作。

（2）有利于形成员工集体的归属感，激励员工为本企业服务。

（3）可以大大降低年轻员工的工资水平，使之远远低于其对企业的贡献。诚然，这种差额可以视为员工对企业的"远期投资"，因为工资是随着员工的年龄因素在不断上涨的，但是，从时间成本看，企业不仅因此节省了成本，同时也让员工成为企业共担经营风险的整体。

3. 应注意的问题

1）分配标准应因企业的具体情况而异

各企业可根据自身实际及经济实力，制定合理的工龄工资分配标准，但应遵循"企业工龄工资标准高于社会工龄工资标准""企业工龄工资标准与员工边际贡献率挂钩"两项原则。

2）与工龄工资相关的年限应根据实际情况制定

工龄工资的起拿年限以及不同标准的划分年限亦可根据企业实际情况制定，但政策制定后，应在较长时期内统一贯彻实施，以保证政策的稳定性和严肃性。

3）少数员工的反对

对少数社会工龄偏长的员工，因其工龄工资短期内有所降低，可能对此政策持反对意见，但就企业整体而言，企业工龄工资有增无减，所以该政策会得到多数员工的支持。

（二）主流工资形式：职位工资制

1. 定义

职位工资制（又叫岗位工资制）是指员工薪酬主要根据其所担任的职务（或岗位）的重要程度、任职要求的高低以及劳动环境对员工的影响来决定的。职位工资制的内涵如下：

（1）这是以职位（职务或岗位）为主线，同时考虑技能和经验的一种薪酬制度。

（2）在根据职位本身的价值作出客观评价的基础上，再根据评估结果赋予任职者与其职位价值相当的薪酬。

2. 特点

职位工资制具有的特点：

（1）职位工资制是按岗位（职务）的技术复杂程度、劳动繁重程度及责任大小等因素规定工资标准。

（2）实行职位工资制时，只要岗位（职位）不变，员工的工资标准就不变。只有变动岗位（职位），才能变动其工资标准。

（3）职位工资制规定了职位职责范围、技术要求和操作规程，员工只有达到上岗要求时才能上岗工作。

（4）职位工资制反映了不同职位的劳动差别，但反映不出同一岗位（职务）中不同员工的劳动差别。

（5）实行岗位工资制的员工的增资办法与等级制员工不同，员工的工资随工作岗位的变动而变动。员工上岗和下岗工资有区别，上岗发给岗位工资，下岗则按本人岗位工资的一定百分比支付工资。

3. 适用范围

我国传统的国有企业一般采取职位工资制，依据职位的等级领取相应的工资。从我国企业的实际情况看，管理类、事务类及生产类的员工，采用以职位为基础的基本薪酬制度在现阶段是比较适用的。例如，某企业有10个职能部门，有30个职系，有100个或150个职位，但是所有级别就15个，工资系统就是15个等级，每一个级别都有一个范围，员工在哪个级别里，就按哪个级别的工资范围来发工资。

4. 分类

职位工资制可分为岗位（职务）等级工资制、岗位技能工资制和岗位绩效工资制三类。

1）岗位等级工资制

岗位等级工资制是按照职位规定工资标准的一种工资制度。它根据岗位或职务的重要性、责任大小、技术复杂程度等因素，按照岗位或职务评价规定统一的工资标准，由岗位或职务等级表、工资标准等组成。通常，在同一岗位或职务内，要划分出若干等级。岗位（职务）等级工资制是根据工作职务或岗位及劳动环境因素确定员工的工资薪酬，其核心是职务、岗位和劳动环境。它的确定原则是"只对工作（职务、岗位）不对人"。

2）岗位技能工资制

岗位技能工资制是根据按劳分配的原则，以劳动技能、劳动责任、劳动强度和劳动条件等基本要素的岗位评价为基础，以岗位和技能工资为主的企业基本薪酬制度。它由岗位工资和技能工资两个部分组成。其中，岗位工资（职务工资）根据员工所在岗位或担任职务的责任大小、劳动强度高低、劳动条件好坏等因素确定；技能工资根据员工的劳动技能水平来确定。

虽然岗位技能工资有利于调动员工努力提高技术业务水平的积极性，但在实践操作中，却很难正确确定岗位工资和技能工资所占的比例。

3）岗位绩效工资制

岗位绩效工资制是以职工被聘上岗的工作岗位为主，根据岗位技术含量、责任大小、劳动强度和环境优劣确定岗级，以企业经济效益和劳动力价位确定工资总量，以职工的劳动成

果为依据支付劳动报酬,是劳动制度、人事制度与工资制度密切结合的薪酬制度。具有以下特点:

(1) 从制度上破除了技能工资的潜能性,科学地发挥了工资的"按劳分配、多劳多得"的职能;

(2) 减少了平均分配的项目,简化了工资单元,优化了工资结构,有利于发挥工资的调节职能;

(3) 引入市场机制,调整了工资关系,使工资分配逐步向市场劳动力价位靠拢,强化了市场机制的基础调节作用;

(4) 把员工工资与企业效益捆在一起,使员工和企业形成了利益共同体。

(三) 新型工资形式:知识工资制

1. 定义

知识工资制是指组织根据员工所掌握的与职位有关的技术、能力以及知识的深度与广度来支付的一种薪酬制度。知识工资有广义和狭义之分。广义的知识工资泛指以人为基础的薪酬;狭义的知识工资是指以专门的应用技术为基础的薪酬。出于研究角度的不同,与其相近的提法很多,如知识薪酬、技能薪酬、能力薪酬,最新的提法还有核心能力薪酬、学习薪酬等。

2. 特点

知识工资制具有如下特点:

(1) 知识工资制虽有以上多种不同提法,但归结起来,它们都是以人为基础的薪酬模式。以人为基础的薪酬和以职位为基础的薪酬最大的区别在于,前者以任职者个人的特质和能力为基础,后者以岗位和职位为基础。

(2) 知识工资制是对以职位为基础的薪酬的变革。知识薪酬本质上是一种激励薪酬,激励的重点不仅包括员工现有的知识、技术和能力的提高,而且也包括未来知识的超前储备,而不论这种知识和技能是否与现任岗位和绩效相关。

(3) 知识工资制突出对员工复合能力的开发。知识薪酬以岗位变换为前提,鼓励员工提高学习能力和具备多种工作技能。

(4) 知识工资制适应组织变革的需要。知识薪酬的深层管理意图和主要目的在于通过提高员工的职业胜任能力,促进组织变革和工作流程改造,并达到提升组织人力资本的竞争力以及减小雇佣规模等目的。

3. 实施意义

自1990年起,在《财富》杂志评出的500强企业中,有半数以上企业都在一部分员工中实行了知识工资方案,并得到了企业和员工的高度评价。知识工资是基于知识和技能的工资,与传统的基于岗位的工资相比,具有以下意义:

(1) 促使员工摆脱传统的职位分析、工作评价和程序化管理的束缚,有利于工作程序的变革和组织变革。

(2) 为员工提供更多的薪酬增长机会,促使员工提高工作热情和满意度。在知识工资计划下,工作更具弹性,更加丰富,员工通过对所在工作组中水平知识和垂直知识的学习,得到工作轮换或升迁的机会,从而增强了工作的趣味性,既有利于员工个人的职业生涯发展,同时也提高了员工对企业的满意度。

(3) 知识工资有利于降低企业长期成本。知识工资鼓励员工进行学习,使员工工作效率得到提高,产品或服务的质量得到保障。同时,由于员工掌握了更多的知识或技术,企业可以整合原来分开的工作岗位,缩减人员。员工满意度的提高带来了员工队伍更高的稳定性,也有利于企业留住人才,降低招聘成本。

(4) 知识工资有利于激发员工学习的积极性,有利于企业在不断变化的内外环境中始终保持活力和竞争力。知识工资以物质薪酬为手段,激发员工自主开发个人潜能,掌握新的知识和技术,使企业人力资源素质得到提高,对企业增强适应力,提高创新力,提升管理水平均有着积极的作用。

然而,知识工资在实践中也存在一定的局限性,主要在于知识工资只关注员工对新知识、新技能的学习、创造,忽视员工对已有知识的保持和再利用,从而导致当员工更加重视短期收入最大化时,知识工资激励性不强。同时,知识工资无法保证员工所学到的新知识或新技能被有效地运用到工作中去,并提高企业的绩效水平,而企业为实行知识工资计划所投入的大量培训费用得不到补偿,可能带来企业短期成本的上升。

4. 应用环境

知识薪酬需要适合的组织环境,不是所有的企业或组织都适合推行知识薪酬。在以下几个方面具备条件的企业更适合选择知识薪酬。

1) 组织特征

知识薪酬适用于处于变化的、不稳定的组织环境,在组织结构和某些职位随时变化的情况下,需要依靠知识和技术创新获取发展的组织。

2) 员工特征

知识薪酬适用于具备以下员工特征的组织:技术先进、知识员工占主体、员工自主管理程度比较高、管理层与员工之间更倾向于合作等。

3) 行业特征

知识薪酬适合的行业类型包括连续流程化生产的制造行业、高科技服务行业、单位生产或小批量技术生产的行业、一些非营利组织或公共部门等。

4) 工作形式

知识薪酬适用于那些绩效表现取决于知识水平,或以团队形式为主和在连续工序环境下的工作。

5) 组织成长阶段

知识薪酬适用于成长型的、技术更新需求强烈的企业。美国实施知识薪酬计划的经验表明,知识薪酬特别适用于那些刚成立的公司或需要技术更新的公司,因为它们能够摆脱职位薪酬带来的组织惯性等问题。

(四) 综合工资形式:结构工资制

1. 定义

结构工资又称多元化工资、组合工资、分解工资等。它将构成工资标准的诸因素按其作用的差别分为几个部分,并分别规定工资数额构成劳动者的薪酬。

2. 优缺点

1）结构工资制的优点

（1）工资结构能清楚地反映劳动差别的各种要素，与劳动结构相对应。劳动结构有几个部分，工资结构就有几个相对应的部分，并随劳动结构的变动而变动。

（2）结构工资制的各个组成部分分别计酬，可从劳动的不同侧面和角度反映劳动者的贡献大小，具有比较灵活的调节功能。

（3）有利于实行工资的分级管理，从而克服"一刀切"的弊病，为改革工资分配制度开辟了道路。

2）结构工资制的缺点

（1）各工资单位比重的合理确定和保持难度较大。

（2）由于工资单元多且各自独立运行，因此工资管理工作较复杂。

3. 适用范围

结构工资制的适用范围较广，目前我国有很多企业包括一些国有企业、民营企业和三资企业都实行了这种工资制度。从严格意义上讲，岗位技能工资也属于结构工资制。

4. 实施要点

1）建立健全人力资源的基础性工作

将全体员工的人数、工资、工龄、学历、职称、生产（工作）岗位、职务等登记造表，进行综合统计，对员工的工作岗位进行归类分析。

2）设计结构工资制的基本模式

确定设立工资单元的数量和每个工资单元所占的比重。

3）确定各工资单元的内部结构

按照岗位测评办法，确定岗位工资单元中各类岗位的岗位顺序。若实行一岗一薪，需要确定各岗位之间的岗差系数；若实行一岗多薪，还需确定每类岗位内部各等级的工资系数。同时，根据各工资单元内部结构的安排，规定相应的技术业务标准、职责规范条例、劳动定额等各项要求，并拟定具体的考核办法。

4）确定各工资单元的最低工资额和最高工资额

确定的这两个工资额度须适合公司情况。

5）测算、检验并调整结构工资制方案

这个过程比较复杂，但方案一经确定，就应有稳定性。

6）结构工资的实施、套改

在原有工资制度的基础上进行结构工资制度改革的，一般是按照员工原标准工资的一定百分比就近套入岗位工资，或套入技能（技术）等级工资。如工资结构中设置了基础工资单元，则原工资应先冲掉基础工资部分，再套入上述各单元。岗位变迁者，应按新岗位确定工资，然后再分别确定员工的年功工资，并确定计提效益工资。

三、全面薪酬

（一）全面薪酬概念

全面薪酬是指公司为达到组织战略目标对做出贡献的个人或团队的系统奖励。它关注的对象主要是那些帮助组织达到组织目标的人的行动、态度和成就，它不仅包括传统的薪酬项目，也包括对员工有激励作用的能力培养方案、非物质的奖励方案等。

全面薪酬是目前发达国家普遍推行的一种薪酬支付方式，它源自20世纪80年代中期的美国。当时美国公司处在结构大调整时期，许多公司将相对稳定的、基于岗位的薪酬战略转向相对浮动的、基于绩效的薪酬战略，使薪酬福利与绩效紧密挂钩。

（二）全面薪酬理论

传统人事管理理论认为，薪酬是员工实际上拿到的或雇主支付的劳动报酬。埃德·劳勒于1971年提出全面薪酬的概念，将员工薪酬和企业发展紧密联系起来。全面薪酬主要包括两部分：外在薪酬和内在薪酬。

外在薪酬是员工为组织工作所获得的外部收益，包括经济性薪酬和非经济性薪酬。经济性薪酬就是传统薪酬的内涵，比如基本工资、奖金等短期激励；股票期权、利润分享等长期激励；退休金、医疗保险以及公司支付的其他各种形式的福利等。

非经济性报酬主要指工作环境与组织环境，为员工提供的培训学习等发展机会，组织管理与组织文化以及组织发展带来的机会和前景等。内在薪酬对员工而言是内在的心理收益，主要表现为社会和心理方面的回报。根据工作特征理论，工作本身就是工作报酬。员工在工作特性、工作意义、工作多样性、工作决定权和反馈等方面都得到满足时，员工的心理状态就会得到改善，从而对组织增强承诺。如参与决策所获得的归属感与责任感、挑战性的工作带来的成就感、从领导与主管的赞美和肯定得到的荣誉感等，它能够长时间给员工带来激励和工作满足感。

外在薪酬与内在薪酬具有各自不同的激励功能。它们相互联系，互为补充，构成完整的全面薪酬体系。

（三）全面薪酬组成

全面薪酬不仅包括企业向员工提供的货币性薪酬，还包括为员工创造良好的工作环境及工作本身的内在特征、组织特征等所带来的非货币性的心理效应。在全面薪酬框架中，企业向员工提供的全面薪酬，包括货币性薪酬和非货币性薪酬两个部分。外在的货币性薪酬又包括直接薪酬与间接薪酬。

$$全面薪酬 = 直接薪酬 + 间接薪酬 + 非货币性薪酬$$

直接薪酬：包括基本薪资（固定薪资）：基本工资、绩效工资、津贴等；奖金（变动薪资）如股票期权、奖金等。

间接薪酬：主要指福利，由两部分组成：国家法定福利和企业补充福利。以间接的方式提供的外在薪酬，是与劳动者的能力和绩效没有什么关系的收入，如社会基本保险、各类休假、企业补充保险、其他福利、培训发展等。

非货币性薪酬：主要指来自工作本身、工作环境、身份标志、组织特征几个方面带来的心理效应。工作本身带来的心理效应包括：工作的乐趣、工作的挑战性、工作的成就感、工作的责任等；工作环境带来的心理效应包括：友好和睦的同事关系、领导者的品格与工作风格、舒适的工作环境条件等；身份标志带来的心理效应包括：担任了令人尊敬的职位等；组织特征带来的心理效应包括：组织在业界的声望、组织在业界的品牌与名气、组织在行业的领先地位、组织高速成长带来的机会与前景等。

四、薪酬模式选择的要求

由于每个企业所处的发展阶段、内外部环境以及经营战略不同，因此各企业的薪酬管理模式也不尽相同。企业在选择适合自己的薪酬管理模式时，都要对相应的影响因素进行分析，然后再根据自身的特点选择恰当的薪酬管理模式。既要注重内部公平性，又要加强外部竞争性；在注重对员工的激励作用的同时，还要加强对员工的约束。企业在选择适合自己的薪酬管理模式时，应做到以下几点：

（一）薪酬制度要与企业战略和发展阶段相匹配

企业战略是薪酬制度的指导方向，薪酬制度的制定和实施不能偏离企业战略的要求，薪酬制度是企业战略能否实现的一个至关重要的驱动因素。只有与企业战略相匹配的薪酬制度才能够保留现有人才，吸收外部优秀人才，为战略实施提供人才保障，同时，提高战略实施的运营效率。例如，宽带薪酬结构适合于技术型和创新型的成长战略的企业，而劳动密集型企业不宜采用；而自助式薪酬则适合于中小企业，大企业采用则会增加成本。此外，企业薪酬管理是一个动态管理过程，处于不同发展阶段的企业，其薪酬策略、薪酬水平及薪酬结构都是不同的，都要随着企业的发展而做出相应的调整。例如，宽带薪酬体系的设计要随着公司战略和发展阶段的演变而做出相应的调整，拓展或紧缩"带宽"，以适应整体发展的需要。

（二）薪酬制度要与工作层级和性质相适应

企业薪酬制度中的薪酬水平及薪酬结构与工作层级及其工作性质密切相关。不同的工作层级和工种都有与其相对应的薪酬结构。比如：年薪制薪酬体系适用于企业的中高层管理岗位以及董事长和总经理，其薪酬结构主要包括基本年薪、业绩年薪、奖励年薪、法定福利、特殊福利等；销售人员薪酬体系适用于企业的销售岗位，其薪酬结构主要包括保底工资、销售提成、管理考核奖、补贴；等级薪酬体系的适用对象为在企业内从事技术岗位、以常规性管理为特征的管理岗位、以操作性工作为特征的岗位的员工和市场运营人员，其薪酬结构主要包括基本工资、月度奖金、年度奖金、单项奖、项目奖励、福利保险等。

（三）薪酬制度要与员工需求相一致

随着科学管理向人文管理的转变，员工的需求得到了更多的关注，成功的企业薪酬制度要与员工需求相一致，从而发挥薪酬制度对员工的激励作用。根据期望理论，人总是渴求满足一定的需要，并设法达到一定的目标。企业薪酬制度的设定要尽可能地满足员工的各种需求，最大限度地挖掘人的潜力，从而提高工作效率。从企业薪酬管理的发展趋势来看，员工需求已成为企业薪酬制度设定的重要影响因素。例如，全面薪酬、自助式薪酬以及弹性福利计划等一些新型的薪酬管理模式都体现了对员工需求的重视，都通过满足员工的需求来更好地激励员工，从而提高员工个人及组织的绩效水平。

第四节　薪酬管理典型理论

一、薪酬理论起源及发展

薪酬理论始于18世纪末、19世纪初的生存工资理论，这种理论在19世纪中叶逐渐被工资基金理论取代，19世纪末20世纪初的边际革命带来了边际生产力薪酬决定理论的诞生。英国著名经济学家阿弗里德·马歇尔在吸收克拉克边际生产力薪酬决定理论等成果的基础上，提出了均衡价格薪酬理论，成为薪酬理论的又一个新代表。

随着工会和劳动市场的发展，分别产生了集体谈判薪酬理论、效率薪酬理论。随着激励理论、人力资本理论和信息经济学的发展，在薪酬分配和运用上，除传统的按劳分配理论有了较大发展外，薪酬公平理论、分享经济理论、整体薪酬理论、委托—代理薪酬理论和战略薪酬理论逐步产生并日益呈现多元化格局。

二、主要薪酬理论介绍

薪酬理论的发展主要经历了早期薪酬理论、薪酬决定理论、薪酬分配理论、薪酬运用理论几个阶段。

（一）早期薪酬理论

1. 生存工资理论

在现代西方薪酬理论的发展史上，最先形成的第一种薪酬理论被人们称为生存工资理论，也有人把它叫作糊口工资论或者工资铁律、工资铜律。这种理论是由早期西方经济学家在18世纪末、19世纪初提出来的。最早的古典经济学家魁奈和杜尔阁等人在他们的经济学著作中就已经对这种理论做了一定的论述。其后，古典学派的大师亚当·斯密和大卫·李嘉图等对生存工资论做了更多的论述，为这个理论的确定奠定了基础。

生存工资理论的要点是：从长远看，在工业化社会中，工人的工资等于他的最低生活费用。工资按这样一个规律运动，是因为如果由于某种原因，工资提高到维持生存的水平之上，即资本家付给工人的劳动价格高于劳动的自然价格，就会出现工人的生活资料的增加。而工人的生活资料多了，就会使工人生的孩子增多，就会刺激工人人口的增长。

西方资本主义经济是一种自由竞争型市场经济，劳动力供给增加了，劳动力需求就相对减少，就一定会导致工资下降。换句话说，被雇用的工人人数多了，资本家就可以而且必然压低工资。

生存工资理论作为工资理论史上第一个里程碑，尽管在一定程度上反映了历史的真实性，并为最低工资的确立提供了理论框架，但总的看来它是一种粗糙的理论。它不但没有能够深刻揭示工资的本质，而且没有为工人生活条件的改善留下任何余地。

2. 工资基金理论

19世纪中叶，随着生存工资理论的日趋没落，一种新的工资理论——工资基金理论开始登上舞台。工资基金理论的主要倡导者约翰·穆勒提出，工资基金理论主要是为了弥补生存工资理论的不足。工资基金理论的要点是：

（1）工资不是由生存资料决定的，而是由资本决定的。

（2）在工资基金确定后，工人的工资水平就取决于工人人数的多少。

工资基金理论强调，一个国家在一定时期内的资本总额是一个固定的量，其中用来支付工资的部分也是一个固定的量，而工资是资本的函数，即：

$$W = F(c)$$

穆勒认为，每年的产品收入中，必须先扣除用于补偿和追加的生产资料、资本及利润后，剩余部分才可用于劳动者的工资。如果用于劳动者的工资多了，工资的增长影响了资本的增加，就必然影响生产的发展，从而使用于下一个生产周期的资本和工资减少。

显然，这个工资基金理论提示了这样一种思想，就是工人所能得到的工资总量是固定不变的，这个不变量构成了工资理论。这种情况意味着，工人阶级为提高工资所做的任何努力都是没有意义的。约翰·穆勒提出的这种理论虽然指出工资可以不受生存资料的限制，但是工资增长却要受到工资基金的限制。这种理论所承认的工资增长是以不减少资本的增长为前提的。所以，工资基金理论实际上是生存工资理论的翻版。

（二）薪酬决定理论

1. 边际生产力薪酬决定理论

约翰·贝茨·克拉克是19世纪末20世纪初美国著名的经济学家，他运用边际分析的方法，在《财富的分配》一书中创立了边际生产力薪酬决定理论。

克拉克将"资本生产力论"与"边际效用论"相结合，提出了边际生产力论，并以此作为薪酬分析的理论基础。克拉克认为，劳动和资本都有生产力，劳动的生产力遵循生产递减规律，即在资本量不变的条件下，劳动的生产力随劳动者的增加而递减，最后增加的单位劳动者就是边际劳动者，他所生产的产品就是劳动的边际生产力。由于边际劳动者处于资本集约利用的边界上，因此，若在此基础上再增加劳动者，则雇用支付的薪酬将不能从劳动者提供的产品中得到补偿，所以，边际劳动者生产的产品产量是决定劳动者薪酬的自然基础。

边际生产力薪酬决定理论在薪酬理论的发展史上占有十分重要的地位，它的开创不仅将薪酬研究的视线从致力于总体薪酬问题的一般分析转到了对厂商层次的微观分析上，而且建立了薪酬与生产力的本质联系，这一思想对于薪酬理论和实践都具有十分重要的参考意义。

2. 均衡价格薪酬理论

马歇尔在吸收边际效用价值论和边际生产力薪酬决定理论等成果的基础上，提出了均衡价格薪酬理论，成为西方薪酬理论的又一个新代表。

均衡价格薪酬理论是马歇尔经济学说的核心。所谓均衡价格，就是商品的需求和供给达到一致，需求价格和供给价格相等时的价格。一般地说，需求价格是指买者（消费者）对某种商品所愿意支付的价格，它取决于这种商品对买者的边际效用。供给价格是指卖者（生产者）对提供某种商品所愿意接受的价格，它取决于卖者生产这种商品所付出的边际生产费用。

马歇尔认为，无论是劳动的需求曲线还是劳动的供给曲线，都不能单独决定薪酬水平，薪酬水平取决于两者的均衡，也就是说，是由这两条曲线的交点，即供需均衡点决定的。马歇尔还对劳动供给价格的影响因素进行了分析。他认为，在现代复杂的技术条件下，各种劳动客观上存在较大的差别，每一种劳动都具有不同的薪酬均衡点。同时，劳动者的生活费用既包括生活必需品，也包括一些习惯必需品，而这些习惯必需品可能受非经济因素的影响而变动。因此，劳动的供给价格是变动的，由劳动的供给价格和劳动的需求价格共同决定的薪酬均衡点也是处于不断变化之中的，这有效论证了均衡价格水平的决定因素。

专栏 1-1

需求与供给

英国的经济学家阿弗里德·马歇尔认为，边际生产力薪酬决定理论只是从劳动力的需求方面研究了工资水平的确定，而没有从劳动力的供给方面反映对工资水平的决定作用和影响，这是不全面的。因此，应当从需求和供给两方面来说明工资水平是如何决定的。马歇尔通过研究得出的结论是：工资是由劳动力的需求价格和供给价格相均衡时的价格决定的。劳动力的需求价格取决于劳动的边际生产力，劳动力的供给价格取决于劳动者的生活费用。

3. 谈判薪酬理论

集体谈判也称集体交涉，它是指以工会为代表的工人集团为一方，与以雇主或雇主集团为另一方进行的劳资谈判。早在18世纪，包括亚当·斯密在内的一些早期经济学家就注意过劳动力市场上的集体谈判及其对薪酬决定的影响。之后，克拉克和庇古等经济学家对此也有过研究，但那时由于工会的规模和影响比较小，集体谈判对薪酬水平的实际影响不大，人们对之并没有给予更多的重视。

19世纪中叶以后，边际主义学派和新古典主义学派与古典经济学一样，研究的重点仍然停留在自由竞争决定薪酬水平的分析思路上。但是，随着工会组织的成长和壮大，工会作为一个重要的市场主体参与薪酬的决定使其作为分析工具的竞争模型所起的作用越来越小，这一事实引发了一批学者进行开创性的研究。其中，韦伯就是最早和最重要的一位。

第二次世界大战前后，工会势力在美国等发达资本主义国家迅速增长，工会会员人数达到产业工人总数的1/4左右，再加上许多未参加工会的工人的收入实际也受到工会活动的影响，因此，工会在薪酬决定中的作用引起了高度关注，集体谈判薪酬理论就此产生。集体谈判薪酬理论的产生与发展是工会发展的产物。

集体谈判薪酬理论就如何确定短期货币薪酬而言，是迄今能做出最好解释的一种理论。这种薪酬理论与边际生产力薪酬决定理论之间是内在统一并相互补充的。通过集体谈判确定的短期薪酬水平有时会高于或低于边际生产力水平，但边际生产力是现实薪酬水平运动的中线。集体谈判的具体过程极其复杂，它与政治学、社会学、心理学以及法学都有密切关系。

4. 效率薪酬理论

效率薪酬理论是20世纪70年代后期产生的一种薪酬理论。这种研究不是将薪酬视为生产力的结果，而是倾向于将薪酬视为促进生产力提高的手段。效率薪酬理论的基本观点是，薪酬与生产力之间是相互依赖的。传统的薪酬决定模型是建立在劳动同质并隐含薪酬水平不改变劳动的边际产出和劳动力需求曲线位置的基础上的，因此，任何薪酬水平的变化只会导致劳动力需求量的变化，而不会导致需求曲线本身位置的移动。然而在劳动是异质和薪酬与生产力之间相互依赖的情况下，厂商降低薪酬，不一定会增加利润，提高薪酬，也不定会减少利润。进一步讲，厂商可以通过支付较高的薪酬水平来降低每单位有效劳动的费用，薪酬可作为增加利润的有效手段。

效率工资理论认为，工人工作的效率与工人的工资有很大的相关性，高工资使工人效率更高。目前，主要存在四种效率工资理论的解释：

（1）第一种适用于贫穷国家的效率工资理论认为，工资影响营养。多给工人点工资，工人才吃得起营养更丰富的食物，而健康的工人生产效率更高。

（2）第二种适用于发达国家的效率工资理论认为，高工资减少了劳动的流动性。工人由于许多原因离职，如接受其他企业更好的职位、改变职位，或者迁移到其他地方。企业向工人支付的工资越高，使工人留在企业的激励越大。企业通过支付高工资减少了离职的频率，从而减少了雇用和培训新工人的时间和费用。

（3）第三种效率工资理论认为，劳动力的平均素质取决于企业向雇员所支付的工资。如果企业降低工资，最好的雇员就会到其他企业工作，而留在企业里的是那些没有其他机会的低素质员工。

（4）第四种效率工资理论认为，高工资提高了工人的努力程度。这种理论认为，企业不可能完全监督其雇员的努力程度，而且，雇员必定自我决定是否努力工作。雇员可以选择努力工作，也可以选择偷懒，并有被抓被解雇的风险。这里引起了工人的道德风险，企业可以通过高工资减少工人的道德风险，提高工人的努力程度，进而提高工人效率。

虽然这四种解释在细节上不同，但它们都有一个共同的理论：由于企业向内部工人支付高工资就能更有效地运行，所以企业发现使工资高于供求均衡的水平是有利的。

专栏1-2

偷懒（或道德危机）模型

偷懒（或道德危机）模型，不同于标准的效率工资模型直接外生设定描述员工生产力与报酬呈正向关系的努力函数，偷懒模型内生化处理员工如何决定其努力程度的问题。偷懒模型认为，雇主由于信息的劣势，无法正确观察到员工真正的努力程度，所以利用给付高于员工机会成本的工资的正面策略，配合开除被抓到偷懒的员工的负面措施，来引导员工努力工作，因此信息不对称是造成价格机能无法完全发挥作用以结清劳动力报酬的元凶。

（三）薪酬分配理论

1. 按劳分配理论

马克思的按劳分配理论包含两个部分：一是对社会主义分配方式的本质概括，即按劳分配原则；二是依据对未来社会特定经济环境的分析所构成的按劳分配模式实现分配，即消费品的具体分配形式。

1）马克思确定按劳分配原则的前提

（1）全部生产资料归社会共同占有，社会成员在生产资料占有关系上处于完全平等的地位。

（2）商品经济已经消亡，整个社会生产都直接按计划有组织地进行，每个人的劳动都直接构成社会总劳动的一部分。

（3）旧的社会分工和劳动的本质差别依然存在，劳动还仅仅是个人的谋生手段。

（4）不仅同一部门的劳动生产力的高低取决于本部门劳动者的劳动强度和熟练程度，而且，不同部门的不同的复杂劳动较容易转化为简单劳动，并能用劳动时间直接计量。

（5）按劳分配的对象是做了必要社会扣除之后的社会总产品。

2）按劳分配有它特定的特征

（1）实施范围的全社会统一性。

（2）按劳分配的社会直接性。

（3）分配形式的实物性。

（4）劳动时间作为消费品分配依据的唯一性。

（5）等量劳动领取等量报酬（个人消费资料）的绝对性。

2. 分享经济理论

所谓分享经济，是一种劳动的单位成本随着就业的增加而下降的经济，也是一种劳动的边际成本小于劳动的平均成本的经济。

分享经济理论是美国麻省理工学院经济学教授马丁·魏茨曼在1984年提出来的一个新的经济学理论。分享经济理论的核心是：传统的资本主义经济的根本弊病不在于生产，而在于分配，特别是在雇员薪酬制度上。

魏茨曼认为，要摆脱滞胀，需要新的手段，必须对导致滞胀的根源——工资制度"动大手术"，把工资制度改为分享经济，把工资经济改为分享经济，非如此不能使现代西方经济从根本上摆脱困境。

这种雇员报酬制度的改变带来的优点是：

（1）分享制度与工资制度有根本不同的动态特点，它是一种劳动短缺型经济制度。

（2）分享制度比工资制度具有小得多的通货膨胀倾向。

（3）分享经济在偏离均衡时，比工资经济具有更强的返回均衡的倾向。

（4）分享制度还有改善人际关系的积极效应。

3. 人力资本理论

人力资本理论不是薪酬决定理论，但是它对薪酬的决定有影响。人力资本理论的渊源可以追溯到古典经济学家亚当·斯密和近代经济学家马歇尔等人，但是他们都未做深入研究。真正提出人力资本理论的是美国经济学家西奥多·舒尔茨，后来对它加以发展的是加里·贝克尔。

西方经济学家认为资本有两种形式，即体现在物质形式方面的物质资本和体现在劳动者身上的人力资本。劳动者的知识、技能、体力（健康状况）等构成了人力资本。人力资本对经济增长起着十分重要的作用，能促进国民收入明显的增加，人力资本投资也必然影响到薪酬收入。

人力资本是通过人力资本投资形成的，其投资是多方面的，包括教育（培训）支出、保健支出、劳动力国内流动（移居）支出或用于移民入境的支出（为了寻找工作）等多种形式，其中最主要的是教育支出（包括在职培训）。人力资本投资还包括为了补偿劳动力消耗，在衣、食、住、行等方面的支出。不过这种支出并非仅仅为了要工作，而是人的生理需要所必要的经常性支出，所以一般不计算在内。这些人力资本投资都有初始支出，都希望未来获得投资报酬。劳动者的知识和技能形成一种生产资本储备，这种生产资本的价值派生于劳动力市场上技能的报酬，寻找职业与迁移等会提高技能储备的价格（薪酬），从而增加人力资本的价值。

人力资本投资的目的，从国家及企业等单位来说是为了经济的增长，对劳动者个人来说是为了现在获得效用，得到满足，也是为了未来获得效用，得到满足。如果得不到效用，不论是国家、企业还是个人，都是不会进行投资的。那么，具体来讲，人们在什么情况下才愿意投资呢？一般情况下，只有当预期收益的现值大于现在支出的现值时，人们才更加愿意投资。从薪酬角度来说，只有未来得到的薪酬现值等于或大于现在的教育投资等支出的现值时，人们才愿意投资。也就是说，人力资本投资必须得到补偿。例如，如果大学毕业生的初始薪酬水平低于中学生的初始薪酬水平，就不会有很多人愿意投资上大学。

如果经过很长一段的工作时间后，大学毕业生的薪酬仍然低于原中学同班同学（未上大学）的薪酬，那么也不会有很多人愿意上大学。一般情况下，大学毕业生的初始薪酬应高于中学毕业生的初始薪酬，其薪酬水平可能低于已参加工作多年的中学毕业生，但不久就会超过中学毕业生。

（四）薪酬运用理论

1. 薪酬公平理论

薪酬公平理论由斯达西·亚当斯提出，他认为，公平感与满足感既有区别又有联系。满足感取决于已经获得奖励的数量和仍然希望进一步获得奖励的数量。公平感取决于员工所获得的奖励和他所做出的贡献之比与某一衡量标准相比是高还是低。

这里的公平指的是员工对自己在工作中的投入与自己从工作中得到的收益两者之间的平衡。员工的投入包括教育、工作经验、特殊技能、努力程度和花费的时间；员工得到的收益包括薪酬、福利、成就感、认同感、工作的挑战性、工作的名声和任何其他形式的薪酬。

与其他人进行比较的模型是：用 A 表示"自己对本人所获报酬的感觉/自己对本人投入的感觉"，用 B 表示"自己对他人所获报酬的感觉/自己对他人投入的感觉"，公平理论的基本公式可以表达为：（1）$A = B$；（2）$A < B$；（3）$A > B$。

（1）$A = B$：员工会感觉到公平，工作处于稳定状态。

（2）$A < B$：员工会感到不满意，往往会减少自己的投入，或者要求增加自己的报酬；另外，员工期望组织减少比较对象的报酬或增加其工作投入。

（3）$A > B$：员工开始感到满意，但往往不会增加自己的投入或期望降低自己的报酬；在大多数情况下，员工会重新衡量感觉程度，会有增加他人报酬同时降低他人投入的感觉，直到等式平衡为止。

在这个主观比较过程中，由于信息不对称，往往高估别人的报酬；由于人的本性，又会高估自己的投入，因此，这个等式很难令所有人都达到平衡状态。但这个理论提醒管理者以下两点：一是信息公开的重要性，要尽量做到过程公平，这样会减少感觉误差，会对管理带来促进作用，增加公平感；二是员工认为不公平在一定程度上是正常现象，如果所有人都有公平感，那是不正常的。

在企业管理实践中，应该不只关注结果公平，更应关注过程公平，因为只有过程公平，人们才会对结果信服。

2. 战略薪酬理论

从战略角度理解，薪酬不只是对员工贡献的承认和回报，它还是一套把组织的战略目标和价值观转化为具体的行动方案，以及支持员工实施这些行为的管理流程。它是连接雇主与雇员的纽带，薪酬体系不但能帮助组织吸引和留住成功所必需的人才，还能够影响员工的责任感和他们为组织付出努力的程度。薪酬体现的是组织内全新的价值观和实践方法，它是组织战略和文化的组成部分，它以自己特有的方式改变着组织的精神面貌，改变着雇主与雇员的关系以及组织的竞争力和活力。薪酬是不断的革命，它通过创造新的方法和形式让员工分享其成果，推动组织变革，使员工成为组织竞争与发展的战略伙伴。

1) 战略性薪酬政策的目的
（1）奖励员工过去的工作绩效。
（2）保持在劳动力市场上的竞争性。
（3）维持薪酬在员工之间的公平。
（4）融合员工未来的工作绩效和组织的目标。
（5）控制薪酬预算。
（6）吸引新员工。
（7）减少不必要的人员流动。

2) 战略性薪酬政策的要点
（1）组织内的薪酬水平是高于、低于还是正好处于普遍接受水平；
（2）薪酬水平能否获得员工的认同，同时激励员工发挥他们的最大努力；
（3）员工的起薪以及新员工与资深员工相差的幅度；
（4）调薪的间隔期以及员工的绩效与资历对加薪的影响；
（5）薪酬水平能否对实现好的财务状况以及产品或服务有所推进。

第五节　薪酬管理的历史演变和发展趋势

一、薪酬管理的历史演变

（一）传统的薪酬管理理论

1. 早期的工厂制度

在前革命时期，当时的工人习惯于家庭或生活，不喜欢接受工厂管理的约束，工作时间随意性大，工厂面临的最大困难在于培养"工业习惯"。雇主们一方面尽可能地降低工人的工资，让工资稳定在最低水平上，使工人刚刚能够维持生计，迫使工人到工厂做工；另一方面，为了吸引熟练的技术工人，雇主又不得不为工人提供稳定的较高水平的工资。雇主们就采用了各种不同的物质刺激方法。在这个时期，工厂薪酬的支付沿用了家族制简单的计件付酬办法，当时也有部分企业采用团体计件计划。为了充分发挥工资的激励作用，巴比奇提出的利润分享计划，一是工人的部分工资要根据工厂的利润而定；二是工人如果能提出任何改进建议，就应获得另外的好处，即建议奖金。按照利润分享计划，工人在作业组合时将会采取行动，淘汰那些使他们减少分红的不受欢迎的工人。在工厂制度逐步成熟的过程中，企业主已经意识到薪酬在管理中的地位和作用。

2. 科学管理阶段

1895 年，弗雷德里克·W·泰罗提出了差别计件工资制度，他认为，如果采用差别计件工资，一旦工作标准确定下来，差别计件制就能产生两方面的作用：使得达不到标准的工人只能获得很低的工资，同时付确实达到标准的工人以较高的报酬。在此基础上，甘特发明"完成任务发给奖金"的制度，来实现泰罗制所无法达到的鼓励工人相互合作的目的。甘特认为，给工长这种额外奖金是为了"使能力差的工人达到标准，并使工长把精力用在最需要他们帮助的那些人身上"。可以说，这是最早关于管理者薪酬激励的表述。1938 年，约瑟夫·F·斯坎伦针对团体激励提出薪酬计划，又称斯坎伦计划。其核心是建议以计划和生产委员会为主体寻求节省劳动成本的方法和手段，并强调以团体为目标。斯坎伦计划的独特之处在于以下几点：

（1）对提出的建议实行团体付酬。

（2）建立讨论和制定节约劳动技术成本的联合委员会。

（3）工人分享的是节省的成本，而不是增加的利润。

这个时期完成了从"低薪"到"高薪"理念的根本转变。当时流行的观点是：如果雇主支付低工资，产量就会下降；但是，如果工人得到了高工资，并且与机器相结合，产量就会提高。

3. 行为科学阶段

詹姆斯·F·林肯的林肯计划试图使职工的能力得到最大的发挥，然后按照他们对公司做出的贡献发给奖金。结果表明，员工个人的生产率大幅提高，产品价格稳定下降，工人的奖金保持在高水平上。这些做法在现在的美国还仍然获得很高的评价。怀延·威廉斯认为，从工人的角度看，重要的并不在于一个人所得到的绝对工资，而在于他所得到的相对工资。到 20 世纪 60 年代，埃利奥特·雅克与约翰·斯泰西·亚当斯等人的公平激励理论发展了这种观点，即工资分配的公正是社会比较的结果。他们认为，一个人对薪金的感觉至少基于两种比率：一是所得工资相对于他人工资的比率；二是其"投入"（即所付出的努力、受教育水平、技术水平、培训、经验）相对于"产出"（薪金）的比率。因此，他们强调了薪酬调查在薪酬决策中的地位。

（二）现代的薪酬管理

1. 宽带型薪酬制度

宽带型薪酬结构是对传统上那种带有大量等级层次的垂直型薪酬结构的一种改进或替代。它是指对多个薪酬等级以及薪酬变动范围进行重新组合，从而变成只有相对较少的薪酬等级以及相对较宽的薪酬变动范围。这种薪酬体系将原来报酬各不相同的多个职位进行大致归类，每类的报酬相同，使同一水平工资的人员类别增加，一些下属甚至可以享受与主管一样的工资待遇，薪酬浮动幅度加大，激励作用加强。这种薪酬模式突破行政职务与薪酬的联系，有利于职业管理的改善，有利于增强集体的凝聚力，可适应组织扁平化造成晋升机会减少的客观现实。它是为配合组织扁平化而量身定做的，它打破了传统薪酬结构所维护的等级制度，有利于现代企业引导员工将注意力从职位晋升或薪酬等级晋升转移到个人的发展和能力的提高方面，给予了绩效优秀者比较大的薪酬上升空间。薪酬的等级减少，使各种职位等级的薪酬之间可以交叉。

2. 以技能与业绩为基础的薪酬体系

面对技术人才的独立性，美国各公司的对策就是制定有竞争力的薪酬计划来同其他公司竞争，吸引更多人才。为了适应新的环境，一些公司开始改变传统的以职务或工作价值确定报酬的做法，采用以"投入"（包括知识、技能和能力）为衡量依据的薪酬制度来鼓励员工自觉掌握新的工作技能和知识。这种做法适应了知识的本质与特征。为了更好地激励员工，大量企业采用了以业绩为基础的收益分享薪酬体系。这种政策的出发点不仅是为了降低成本，更多的是为了强化员工的归属感和团队意识。

3. 薪酬与绩效挂钩

在经济全球化的趋势下，企业之间的竞争日趋激烈，大多数企业都试图通过降低成本来提高竞争力，很多企业都把注意力放在了基于组织绩效的薪酬计划上，如利润分红等。这些薪酬计划将员工收入的多少与企业经营业绩的好坏直接挂钩，让员工与企业在共享成功的同时也共同承担相应的风险责任。从薪酬结构上看，绩效工资的出现丰富了薪酬的内涵，出现了与个人绩效和团队绩效紧密结合的灵活的薪酬体系。实践证明，只有与绩效紧密结合的薪酬制度才能充分调动员工的积极性，增强企业的凝聚力和竞争力。

4. 弹性福利制度

弹性福利制度是一种有别于传统固定式福利的员工福利新制度。弹性福利制度又称为"自助餐式的福利"，即员工可以从企业所提供的一份列有各种福利项目的"菜单"中自由选择其所需要的福利。弹性福利制度强调的是让员工依照自己的需求从企业所提供的福利项目中来选择组合属于自己的一套福利"套餐"，每个员工都有自己"专属的"福利组合。弹性福利制度还强调了员工参与的过程，希望员工从别人的角度来了解他人的需要。

灵活的弹性福利制度不仅能节约公司花费在员工不需要的福利上的成本，而且能满足员工个性化的需要，把传统的单一福利由保健因素转变为激励因素，增加了员工的满意度和忠诚度，达到了"福利比高薪更有效"的功效。

二、薪酬制度的发展趋势

建立全面的、科学的薪酬管理体系，对于企业在知识经济时代培育核心竞争能力和竞争优势，获得企业的可持续发展具有重要意义。与传统的薪酬管理相比较，薪酬管理出现了以下发展新趋势：

（一）定制性和多样性整体薪酬计划

薪酬不仅仅是指纯粹货币形式的报酬，还包括非货币性的报酬对精神方面的激励，如优越的工作条件、良好的工作氛围、培训机会、晋升机会等，这些方面也应该很好地融入薪酬体系中去，公司给受聘者支付的薪酬应包括内在薪酬和外在薪酬两类，两者的组合称为

"全面薪酬"。内在薪酬和外在薪酬相比较而言，更为灵活、更为经济，而且对员工的绩效有更高的认同程度。

内在薪酬和外在薪酬应该全面结合，把基本工资、附加工资、福利工资、工作用品补贴、额外津贴、晋升机会、发展机会、心理收入、生活质量和个人因素等统一起来，作为整体薪酬体系来考虑。这种非常规的薪酬模式为"美国薪酬协会"所接受，并逐步得到推广，非货币薪酬的作用越来越受到西方企业的重视。

（二）"以人为本"的薪酬管理方案

传统的、以等价交易为核心的雇员薪酬管理方案，正在被"以人为本"的人性化的，以对雇员的参与和潜能开发为目标的管理方案所代替。这种薪酬管理方案的实质是将薪酬管理作为企业管理和人力资源开发的一个有机组成部分，作为一种激励的机制和手段，其基本思路是将企业的工资计划建立在四个原则之上：薪酬、信任、缩减工资分类和基于业绩，目的是通过加大工作中的激励成分，换取雇员对企业的认同感和敬业精神。在主要基于脑力劳动的知识经济时代，薪酬不再是纯粹经济学的计算问题，而主要是人的心理学问题。薪酬的含义将更加注重人的价值，而不是工作的经济价值。

（三）差异化的薪酬设计

薪酬设计的差异化首先表现在薪酬构成的差异化，过去计划经济时代那种单一的、僵死的薪酬构成已不再适应现代企业的需要了，取而代之的是多元化、多层次、灵活的新的薪酬构成。其次是专门人员薪酬设计专门化。销售人员在公司中的作用巨大，在设计他们的薪酬时不应该采取和其他部门人员相同的薪酬体系。再次，一些指标的制定过程也应该差异化，尽量避免"一刀切"的做法。职务评价、绩效考评应该分别制定标准。

（四）重视薪酬与团队的关系

随着现代化大生产的发展，管理者认识到企业的发展必须依赖全体员工的真诚合作和参与。在增加员工工作弹性的尝试中，越来越多的企业采用了团队化的工作方式。在以工作团队为基本单元的生产管理模式下，以团队或组织为基础开展项目，强调团队内协作的工作方式越来越流行，与之相适应，应该针对团队设计专门的激励方案和薪酬计划，其激励效果比简单的单人激励效果更好。企业采用以团队或组织绩效为基础的薪酬管理制度成为一种必然趋势。

（五）雇员激励长期化、薪酬股权化

企业要吸引和留住人才，保持员工对组织的忠诚度，单单依靠短期激励是不够的，还需要借助长期激励手段，长期的员工激励计划日益受到关注，它是指企业通过一些政策和措施引导员工在一个比较长的时期内自觉地关心企业。

其方式主要有：员工长期激励计划、员工股票选择计划、股票增值权、虚拟股票计划、股票期权等。这些激励计划一方面将员工的收入与企业的长期业绩相结合，使员工不仅关注企业的短期利益，更重视企业的长期发展；另一方面通过所有权激励，增加了员工对组织的承诺，有助于留住关键的技术人才，稳定员工队伍，为企业持续发展提供动力。

（六）薪酬制度的透明化

实行薪酬透明化，实际上是向员工传达了这样一个信息：公司的薪酬制度没有必要隐瞒，薪酬高的人有其高的道理，低的人也自有其不足之处；欢迎所有员工监督其公正性，如果对自己的薪酬有不满的地方，可以提出意见或者申诉，透明化是建立在公平、公正和公开的基础上的。

本章案例研究

通用公司如何奖励员工

通用电气公司的薪金和奖励制度使员工们工作得更快，也更出色。其秘诀是：只奖励那些完成了高难度工作指标的员工。

在通用电气公司，公司试图让管理人员把他们公司崇高的宗旨具体到实际工作中来。公司告诉他们，假设你们本部圆满地完成了一个大型项目，请准确地描述你们的上级、你们的同事和你们的下属为了完成这个目标是如何改变他们的行为的。要有一系列的准则去衡量他们的工作。

即使是难以量化的事情，例如一位经理是如何使客户感到满意的，或者与同事们是如何相处的，等等，都可以通过一个360级评估方法——由该雇员在公司内的上司或下属来打分评级，以及通过单独面谈的方法来衡量。

人们一般不愿意改变自己的行为模式，除非你奖赏他们这样去做。对做出了成绩的人，公司一般采取发奖金或者授予股权的方法以示表彰。干得好就可以拿奖金！然而，真正的目的应该是鼓励他们在以后更加努力地工作。研究表明，要让奖金真正地发挥激励作用，那么你提供的金额至少要高于被奖励者基本工资的10%。实际上，公司支付的奖金金额远远低于这个比例。各种奖励，包括奖金、认股权、利润分成等，加起来平均只有7.5%。

因此，薪酬制度的一个关键原则是要把薪酬中的一大部分与工作表现直接挂钩。公司要按实际绩效付酬。现在，该你来操作了，请记住以下几项准则：以便更好地开展工作。

准则一：不要把报酬和权利绑在一起。

如果你继续把报酬与职位挂钩，就会建立起一支愤愤不满的队伍。专家们把这些人称作"POPOS"，意思是"被忽略的和被激怒的人"。

应该给员工更多机会，在不晋升的情况下提高工资级别。还可以大幅度地增加可以获得认股权奖励的员工名额，并尝试实施一项奖励管理人员的计划，激励他们更多地了解情况，而不是根据他们管理多少员工或者工作时间多久发奖金。

准则二：让员工们更清楚地理解薪酬制度。公司给工人们讲的如果都是深奥费解或者模棱两可的语言，工人们根本弄不清楚他们福利待遇的真正价值。公司应当简明易懂地解释各种额外收入。

准则三：大张旗鼓地宣传。当你为一位应当受到奖励的人颁奖时，尽可能广泛地传播这个消息。使各种不同的薪酬制度顺利执行，就得保证你的制度有所不同。在一些公司，奖金已经成为一项固定收入，员工们把奖金当成另一名目的工资，就像另外应得的权利一样，奖励就失去了它应有的作用。

准则四：不能想给什么就给什么。不妨也试一试不用金钱的激励方法。金钱，只要用得适当，就是最好的激励手段，而不用金钱的奖励办法则有着一些行之有效的优点：可以留有回旋余地。撤销把某一位员工的基本工资提高6%的决定，要比收回给他的授权或者不再给他参与理想的大项目的机会困难得多。采取非金钱的奖励办法，就没有这样的限制。

准则五：不要凡事都予以奖赏。更多地实行绩效挂钩付酬制度，日本经理并不以为然："你不能贿赂你的孩子们去完成家庭作业，你不能贿赂你的太太去做晚饭，你不能贿赂你的员工们为公司工作。"这并不是建议你放弃原则，但你可以根据文化背景的差异来调整这些原则。

[讨论题]
请根据以上材料总结通用公司是如何奖励员工的？

本章小结

在知识经济时代，决定组织兴衰成败的关键因素是组织的员工。员工的工作绩效不仅取决于员工的工作能力，还取决于员工工作的积极性。为了提高员工的工作绩效，企业可以从提高员工的技能着手，也可以从调动员工的积极性入手。从某种意义上讲，调动员工的积极性比提高技能更重要。员工薪酬问题就是提高员工积极性的重要手段。员工薪酬与员工的物质利益和工作绩效密切相关，也与劳动力的市场关系和市场价格密切相关。一个多世纪以来，企业薪酬问题一直是经济学界和管理学界关注的热点问题，也是员工十分关注的问题。本章从薪酬的基本概念入手，详尽介绍了薪酬的分类、形式、功能，薪酬管理的概念和重要性以及发展历程，让学生对薪酬和薪酬管理进行初步的了解。

复习思考题

1. 什么是薪酬？它有哪些具体形式？
2. 在企业管理中，薪酬有哪些方面的功能？
3. 薪酬管理的内涵是什么？对企业具有哪些重要性？
4. 薪酬发展的简要历史是什么？
5. 薪酬分配理论的内容有哪些？
6. 什么是知识工资制？实行知识工资制有什么意义？
7. 请简要说明薪酬公平理论。
8. 实施结构工资制有什么优缺点？
9. 实行资历工资制应该注意哪些问题？
10. 职位工资制有哪些特点？

第二章

战略性薪酬管理

本章内容提要
1. 战略性薪酬管理的内涵和特点。
2. 战略性薪酬管理与企业战略。
3. 战略性薪酬的建立。

引导案例

健尔益公司的薪酬改革

2006年元旦过后,北京气温骤降,大雪纷飞,听着呼啸的北风,健尔益食品公司总裁戴海清的心里也沉甸甸的。马上就要过春节了,正是销售旺季,在这个节骨眼上,上海分公司销售部的顶梁柱一个接一个地提出了辞职。华北分公司也报告说,新招进来的销售人员大多在试用期未满之前就会走人。

所谓不患寡而患不均,这是一个历史遗留问题。健尔益销售公司成立于2002年,是菲菲集团为了整合营销渠道而新设立的销售公司,80%的员工属于销售人员,他们来自菲菲集团原有的4个分公司,因此基本上还拿着原来公司的工资。由于当初北方两家分公司效益比南方两家好很多,于是北方的销售人员一直拿着比业内平均水平高得多的薪水。而南方的销售人员则相反,到手的薪水比起同地区、同行业的销售人员足足要少30%左右。干着同样的活儿,别人拿的薪水却超出自己好大一截,谁会乐意?

其实,针对这些问题,公司也在想办法。2008年6月,健尔益公司发布了新的薪酬体系方案,出台了"老人老办法,新人新办法"的规定,公司指望通过逐步到位的薪酬调整办法,慢慢解决这个问题,实现薪酬调整的"软着陆"。

这次薪酬改革,主要是针对销售部和市场部。

首先,公司将销售部和市场部的总体薪酬水平调高了10%左右。与此同时,销售人员的固定工资由原来的80%下调到了70%,市场部人员的固定工资也由原来的90%下调到了

80%。对于这个变化,两个部门的人都很不服气。因为浮动工资的发放取决于销售指标的达成,而销售指标是年初就定下来的,定得相当高。到了年中,突然告诉他们固定工资比例下降、浮动工资比例上涨,当然就没人乐意了。况且原来工资水平有落差的问题在这次方案中也没有得到解决,大家的怨气就更重了。

其次,公司在绩效考核体系中设置了一些关键指标,并给各个指标设定了相应的权重。比如,对销售人员销售额中品类结构配比的考核权重由原来的5%提高到了10%。但是看起来,这个调整似乎还是提不起销售人员对于销售"新品"的兴趣,经过仔细核算公司的考核指标,他们自己设计了"抓大放小"的对策。这可苦了市场部推广新品的品牌经理,因为依据公司的考核体系,他们也需要对自己负责的新品销售额负责。于是,市场部人员对公司考核体系更是牢骚满腹。

除了销售部和市场部问题重重以外,这次薪酬调整没有涉及的职能部门也是怨声载道。由于健尔益公司是一个销售主导型的公司,原本这些职能部门的员工就觉得低人一等。现在倒好,薪酬调整又没自己的份,你说失落不失落。如今,财务部和人力资源部的很多员工都打起了"出走"的算盘。

面对如此多的问题,健尔益公司的总裁戴海清有点无所适从。

[讨论题]

到底是这次薪酬体系的调整有问题,还是执行过程中有什么偏差?要不要继续把新的薪酬体系推行下去呢?

第一节 战略性薪酬管理的内涵和特点

在知识经济时代,随着市场竞争的加剧,人才的吸引、激励和保留已成为越来越多的公司不得不面对的重要问题,战略性薪酬管理已成为企业吸引人才、激励员工、赢得竞争优势的一种有效手段。

海氏管理咨询公司认为:"当迈进21世纪时,如何将薪酬管理与企业战略结合起来,通过薪酬体系来支撑组织战略,是组织在薪酬管理方面所遇到的最大挑战。"美世人力资源咨询公司指出,未来薪酬管理发展的基本趋势是:"以前企业在薪酬管理中比较注重定性化的管理,现在注重定量化的衡量;以前是把自身企业的薪酬水平和最佳标杆进行比较,现在则考虑怎样把薪酬与企业的内在需求、战略要求相匹配。"

一、战略性薪酬管理的内涵

战略性薪酬管理实际上是看待薪酬管理职能的一整套崭新的理念,它的核心是做出一系列战略性薪酬决策。通常,企业需要首先做出一系列根本性决策,即确定企业的战略;我们应该进入并停留在什么行业?我们靠什么赢得并保持在本行业或相关产品市场上的竞争优势?企业的整体人力资源政策应该如何设计?一旦企业的战略确定下来,企业需要接着回答的一个问题就是:我们如何依靠薪酬决策立于不败之地?这些如何帮助组织赢得并保持竞争优势的薪酬决策就是我们所说的战略性薪酬决策。它主要回答以下几个方面的问题:

(1) 薪酬管理的目标是什么

即薪酬如何支持企业的经营管理？当企业面临着经营和文化压力时，应该如何调整自己的薪酬战略？

（2）如何实现薪酬的内部一致性

即在企业内部，如何对不同的职位和不同的技能或不同的能力支付不同的薪酬？

（3）如何实现外部竞争性

即相对于企业的竞争对手，企业在劳动力市场上的薪酬水平应该如何定位？

（4）如何认可员工的贡献

即基本薪酬调整的依据是什么？是个人或团队的绩效，还是个人的知识、经验的增长以及能力的提高，抑或仅仅是生活成本的变化？是否需要根据员工的不同表现及其业绩状况制定不同的绩效奖励计划？

（5）如何管理薪酬体系

即对于所有的员工而言，薪酬决策的公开和透明度应该是怎样的？应该由谁来设计和管理薪酬体系？

（6）如何提高薪酬管理的有效性

即如何控制薪酬管理成本？如何提高薪酬管理成本的有效性？

在当今这种变革激烈的环境中，薪酬管理早已不是人力资源管理体系中的一个末端环节或者仅仅充当一种保健因素。它的作用和影响已经超越了人力资源管理乃至企业管理框架的局限，直接影响到企业的经营战略本身。我们可以发现，几乎所有的人力资源教材或咨询报告都以浓重的笔墨阐述如何用薪酬体系来支持组织战略的问题。在实践中，越来越多的企业在探讨如何通过薪酬战略与组织战略目标之间的联系，让企业的经营变得更为有效。

以微软公司为例。作为一家在计算机领域占据绝对优势的高科技公司，它的经营战略和组织文化都十分强调员工的绩效表现、创新能力以及组织承诺。因此，在薪酬方面，微软长期在劳动力市场上采取了在基本薪酬之后让浮动薪酬和股权所占比例较大的结构性薪酬战略：在进入公司的初期，员工需要接受低于市场平均水平的基本薪酬。作为一种补偿，他们有可能在以后的日子得到丰厚的可变薪酬、绩效加薪以及股票期权（后来微软把股票期权改成直接的股票授予），等等。当然，这些收益都是以员工做出的绩效表现和对组织的高度承诺为前提的。

综上所述，企业必须从战略的层面来看待薪酬以及薪酬管理，必须清醒地认识到，虽然薪酬与薪酬管理对员工与企业都有重大的影响作用，但是薪酬本身并不能领导企业的变革过程，不能界定应当进行何种变革，也不能决定应当建立何种价值观，更不能取代有效的领导。因此，在大多数情况下，薪酬制度和薪酬政策应当服从而不是领导企业的总体经营战略以及与之相关的其他人力资源管理政策。作为企业赢得竞争优势的一个重要源泉，薪酬和薪酬管理必须能够支持企业的经营战略，与企业的文化相容，并且具有对外界压力做出快速反应的能力。

二、战略性薪酬管理的特点

战略性薪酬管理具有以下几个方面的特性：

（一）战略性

战略性薪酬管理的关键就在于根据组织的经营战略和组织文化制定全方位薪酬战略，它着眼于可能影响企业绩效的薪酬的方方面面，它要求运用所有各种可能的"弹药"——基本薪酬、可变薪酬、间接薪酬，来达到适当的绩效目标，从而力图最大限度地发挥薪酬对于组织战略的支持功效。

（二）激励性

战略性薪酬管理关注企业的经营，是组织价值观、绩效期望以及绩效标准的一种很好传播者，它会对与组织目标保持一致的结果和行为给予报酬（重点是只让那些绩效足以让组织满意以及绩效优异的人得到经济回报，对于绩效不足者，则会诱导他们离开组织）。实际上，关注绩效而不是等级秩序是战略薪酬的一个至关重要的特征。

（三）灵活性

战略性薪酬管理认为，并不存在适用于所有企业的所谓最佳薪酬方案，甚至也不存在对于一家企业来说总是有效的薪酬计划。此处所谓的灵活性，既可能是结构性的（如可以调整基本工资和绩效工资、工资和福利等组合），也可能是机制性的（如调整员工工资的条件和时机）；既可能是临时性的（如确定员工年终奖金），也可能是长期性的；既可能是局部的（如对销售人员的佣金分成、对高管人员的股权激励），也可能是全员的（如员工工资普调）。因此，企业应当能够根据不同的要求设计出不同的薪酬应对方案，以充分满足组织对灵活性的要求，从而帮助组织更加适应不断变化的环境和客户的需求。

（四）创新性

与旧的薪酬制度类似，战略性薪酬管理也沿袭了譬如收益分享这样一些传统的管理举措，但在具体使用时，管理者却采取了不同于以往的方式，以使其应用于不同的环境，并因时因地地加以改进，从而使它们更好地支持企业的战略和各项管理措施。战略薪酬非常强调的一点是，薪酬制度的设计必须取决于组织的战略和目标，充分发挥良好的导向作用，而不能是机械地照搬原有的一些做法，或者是简单地拷贝其他企业的薪酬计划。

（五）沟通性

战略性薪酬管理强调通过薪酬系统将组织的价值观、使命、战略、规划以及组织的未来前景传递给员工，界定好员工在上述每一种要素中将要扮演的角色，从而实现企业和员工之间的价值观共享和目标认同。此外，战略薪酬非常重视制定和实施薪酬管理战略的过程，这是因为它把制订计划的过程本身看成是一种沟通的过程，企业必须通过这样一个过程使员工能够理解，组织为什么要在薪酬领域采取某些特定的行动。

第二节 战略性薪酬管理与企业战略

一、薪酬战略与企业战略的匹配

在不考虑具体的职能战略的情况下，企业战略通常可以划分为两个层次：一是企业的发展战略或公司战略;二是企业的经营战略或竞争战略。前者所要解决的是企业是扩张、稳定还是收缩的问题;后者所要解决的则是如何在既定的领域中,通过一定的战略选择来战胜竞争对手的问题。公司战略通常包括成长战略、稳定战略、收缩战略三种;而竞争战略则可以划分为创新战略、成本领先战略和客户中心战略三种。企业所采取的战略不同,其薪酬水平和薪酬结构也必然会存在差异。

(一) 公司战略与薪酬战略

1. 成长战略

成长战略是一种关注市场开发、产品开发、创新以及合并等内容的战略,它可以划分为内部成长战略和外部成长战略两种类型。其中前者是通过整合和利用组织所拥有的所有资源来强化组织优势的一种战略,它注重的是自身力量的增强和自我扩张;而后者则试图通过纵向一体化、横向一体化或者多元化来实现一体化战略,这种战略往往是通过兼并、联合、收购等方式来扩展企业的资源或者强化其市场地位。

对于追求成长战略的企业来说,他们所强调的重要内容是创新风险承担以及新市场的开发等,因此与此相联系的薪酬战略往往是:企业通过与员工共同分担风险,同时分享企业未来的成功来帮助其实现自己的目标,实施这种战略的企业使员工有机会在将来因企业的经营成功而获得较高的收入。这样企业需要采用的薪酬方案就应当是:在短期内提供水平相对较低的固定薪酬,但是同时实行奖金或权股等计划,从而使员工在长期中能够得到比较丰厚的回报。比如,IT行业中的许多企业都采取这种报酬策略。成长型企业在很大程度上需要有灵活性,因此他们在薪酬管理方面往往会比较注重分权,赋予直线管理人员较大的薪酬决定权。同时,由于公司的扩张导致员工所从事的工作岗位本身在不断变化,因此,薪酬系统对员工的技能比对他们所从事的具体职位更为关注。

当然,内部成长战略与外部成长战略之间的差异决定了两者在薪酬管理方面也存在一定的不同。其中,采用内部成长战略的企业可以将薪酬管理的重心放在目标激励上,而采用外部成长战略的企业,却必须注意企业内部薪酬管理的标准化和规范化。

2. 稳定战略或集中战略

稳定战略是一种强调市场份额或者运营成本的战略。这种战略要求企业在自己已经占领的市场中选择出自己能够做得最好的部分,然后把它做得更好。采取稳定战略的企业往往处于较为稳定的环境之中,企业的增长率较低,企业维持竞争力的关键在于能否维持自己已经拥有的技能。从人力资源管理的角度来说,主要是以稳定已经掌握相关工作技能的劳动力队伍为出发点,因而这种企业对于薪酬的内部一致性、薪酬管理的连续性以及标准化都有比较高的要求。因此在薪酬管理方面,薪酬决策的集中度比较高,薪酬确定的基础主要是员工所从事的工作本身。从薪酬的构成来看,采取稳定战略的企业往往不强调企业与员工之间的风险分担,因而较为稳定的基本薪酬和福利所占的比例较大。就薪酬水平来说,这种企业一般追求与市场持平或者略高于市场水平的薪酬,但是从长期来看,由于增长速度不快,这种企业在长期的薪酬水平中不会有太大的增长。

3. 收缩战略或者精简战略

收缩战略通常会被那些由于面临严重的经济困难因而想要缩减一部分经营业务的企业所采用。这种战略往往是与裁员、剥离以及清算等联系在一起的。根据采用收缩战略的企业本身的特征，我们不难发现，这种企业对于将员工的收入与企业的经营业绩挂钩的愿望是非常强烈的。除了控制稳定薪酬部分所占的比重之外，许多企业往往还力图实行员工股权所有权计划，以鼓励员工与企业共担风险。此外，像我们在后面将要讨论的斯坎伦计划那样的收益分享计划，也是在那些面临财务困难的企业中率先开始施行的。

专栏 2-1

薪酬水平定位

激进型战略：企业发放的薪酬高于市场平均工资水平。
平稳发展战略：企业发放的薪酬基本与市场平均工资水平持平。
保守型战略：企业发放的薪酬落后于市场平均工资水平。

（二）竞争战略与薪酬战略

1. 创新战略

创新战略是以产品的创新以及产品生命周期的缩短为导向的一种竞争战略。采取这种战略的企业往往强调风险承担和新产品的不断推出，并把缩短产品由设计到投放市场的时间看成是自身的一个重要目标。这种企业的一个重要经营目标在于充当市场上的领袖，并且在管理过程中常常会特别强调客户的满意度和客户的个性化需要，而对于企业内部的职位等级结构以及相对稳定的职位评价等不是很重视。因此，这种企业的薪酬体系往往特别注重对产品创新和新的生产方法以及技术的创新给予足够的报酬或奖励，其基本薪酬通常会以劳动力市场上的通行水平为基准并且会高于市场水平，以帮助企业获得勇于创新、敢于承担风险的人。同时这种企业会在工作描述方面保持相当的灵活性，从而要求员工能够适应不同环境的工作需要。

2. 成本领先战略

所谓成本领先战略，实际上就是低成本战略，又称"总成本领先战略"，是指企业在产品本身的质量大体相同的情况下以低于竞争对手的价格向客户提供产品的一种竞争战略。因此，追求成本领先战略的企业是非常重视效率的，对操作水平的要求尤其高。他们的目标是用较低的成本去做较多的事情。因此，对于任何事情，他们首先要问的是："这种做法的成本有效性如何？"为了提高生产率，降低成本，这种企业通常会比较详细地对员工的岗位进行描述，强调员工在工作岗位上的稳定性。在薪酬水平方面，这种企业会密切关注竞争对手所支付的薪酬状况，本企业的薪酬水平既不能低于竞争对手，最好也不要高于竞争对手，宗旨是在可能的范围内控制总的薪酬成本支出。在薪酬构成方面，这种企业通常会采取一定的措施来提高浮动薪酬或奖金在薪酬构成中的比重。这一方面是为了在订单不足而导致工作量不饱和的情况下，企业不至于承担较大的人工成本压力；另一方面是为了让员工在工作量较大甚至负重较重的情况下能够获得超出正常新情况的薪酬，从而不至于让员工因工作量太大而滋生强烈的不满情绪。此外，采用这种战略的企业还会制订专门的成本节约奖励计划，以鼓励员工个人以及工作群体帮助组织寻找提高生产率以及降低成本的方法和措施。

需要指出的是，采用成本领先战略的企业未必将压低薪酬成本作为实现低成本的一种手段。相反，一些成本领先型企业为员工提供的薪酬水平不仅不低于市场水平，反而会明显高出市场水平。这些企业之所以能够消化高薪酬带来的人工成本，保持产品或服务的更低价格，一个主要的原因就是企业的运营效率足够高，员工的薪酬水平尽管较高，但他们的生产效率更高。在这种情况下，这种成本领先战略，又称为运营卓越战略。

3. 客户中心战略

客户中心战略是一种通过提高客户服务质量、服务效率、服务速度等来赢得竞争优势的战略。采取这种战略的企业关注的是如何取悦顾客，他希望自己以及自己的员工不仅能更好地满足顾客的需要，而且能够帮助顾客发现一些他们尚未明晰的潜在需要，然后设法去满足顾客的这些潜在需要。作为过程指标的顾客服务能力以及作为结果指标的顾客满意度是这种企业最关心的绩效指标的例子。为鼓励员工持续发掘顾客的各种不同需求，以及提高员工对顾客需求作出反应的速度，这类企业往往会根据员工的客户服务能力来确定员工的基本薪酬，同时根据员工对客户提供服务的数量和质量来支付薪酬，或者根据客户对员工或员工群体所提供服务的评价来支付奖金。比如在一些服务行业，通常是根据员工所服务的客户数量按照一定的单价来实行计件工资制，但是当客户主动寻求某一位员工的服务时，企业就会将计件单价上浮一定的百分比，这样实际上就起到了鼓励员工积极满足客户需要吸引客户的作用。

专栏 2-2

企业战略环境的分析方法

一、PEST 分析法

PEST 分析法是战略外部环境分析的基本工具，它通过政治的（Politics）、经济的（Economic）、社会的（Society）和技术的（Technology）角度或四个方面的因素分析从总体上把握宏观环境，并评价这些因素对企业战略目标和战略制定的影响。

（一）P 即 Politics，政治要素

这是指对组织经营活动具有实际与潜在影响的政治力量和有关的法律、法规等因素。当政治制度与体制、政府对组织所经营业务的态度发生变化时，当政府发布了对企业经营具有约束力的法律、法规时，企业的经营战略必须随之做出调整。法律环境主要包括政府制定的对企业经营具有约束力的法律、法规，如反不正当竞争法、税法、环境保护法以及外贸法规等，政治、法律环境实际上是和经济环境密不可分的一组因素。处于竞争中的企业必须仔细研究一个政府和商业有关的政策和思路，如研究国家的税法、反垄断法以及取消某些管制的趋势，同时了解与企业相关的一些国际贸易规则、知识产权法规、劳动保护和社会保障等。这些相关的法律和政策能够影响到各个行业的运作和利润。

（二）E 即 Economic，经济要素

这是指一个国家的经济制度、经济结构、产业布局、资源状况、经济发展水平以及未来的经济走势等。构成经济环境的关键要素包括 GDP 的变化发展趋势、利率水平、通货膨胀程度及趋势、失业率、居民可支配收入水平、汇率水平、能源供给成本、市场

机制的完善程度、市场需求状况，等等。由于企业是处于宏观大环境中的微观个体，经济环境决定和影响其自身战略的制定，经济全球化还带来了国家之间经济上的相互依赖性，企业在各种战略的决策过程中还需要关注、搜索、监测、预测和评估本国以外其他国家的经济状况。

（三）S 即 Society，社会要素

这是指组织所在社会中成员的民族特征、文化传统、价值观念、宗教信仰、教育水平以及风俗习惯等因素。构成社会环境的要素包括人口规模、年龄结构、种族结构、收入分布、消费结构和水平、人口流动性等。其中人口规模直接影响着一个国家或地区市场的容量，年龄结构则决定消费品的种类及推广方式。

（四）T 即 Technology，技术要素

技术要素不仅仅包括那些引起革命性变化的发明，还包括与企业生产有关的新技术、新工艺、新材料的出现和发展趋势以及应用前景。在过去的半个世纪里，最迅速的变化就发生在技术领域，像微软、惠普、通用电气等高技术公司的崛起改变着世界和人类的生活方式。同样，技术领先的医院、大学等非营利性组织，也比没有采用先进技术的同类组织具有更强的竞争力。

二、波特五力模型

波特五力模型属于外部环境分析方法中的微观分析，用于竞争战略的分析，可以有效地分析客户的竞争环境。将大量不同的因素汇集在一个简便的模型中，以此分析一个行业的基本竞争态势。五种力量模型确定了竞争的五种主要来源，即供应商和购买者的讨价还价能力、潜在进入者的威胁、替代品的威胁以及来自在同一行业的公司间的竞争。竞争战略从一定意义上讲是源于企业对决定产业吸引力的竞争规律的深刻理解。任何产业，无论是国内的还是国际的，无论是生产产品的还是提供服务的，竞争规律都将体现在这五种竞争的作用力上。

（一）供应商的议价能力

供方主要通过其提高投入要素价格与降低单位价值质量的能力，来影响行业中现有企业的盈利能力与产品竞争力。供方力量的强弱主要取决于他们所提供给买主的是什么投入要素，当供方所提供的投入要素其价值构成了买主产品总成本的较大比例、对买主产品生产过程非常重要或者严重影响买主产品的质量时，供方对于买主的潜在讨价还价力量就大大增强。

（二）购买者的议价能力

购买者主要通过其压价与要求提供较高的产品或服务质量的能力，来影响行业中现有企业的盈利能力。

（三）新进入者的威胁

新进入者在给行业带来新生产能力、新资源的同时，将希望在已被现有企业瓜分完毕的市场中赢得一席之地，这就有可能会与现有企业发生原材料与市场份额的竞争，最终导致行业中现有企业盈利水平降低，严重的话，还有可能危及这些企业的生存。竞争

性进入威胁的严重程度取决于两方面的因素,这就是进入新领域的障碍大小与预期现有企业对于进入者的反应情况。

(四)替代品的威胁

两个处于同行业或不同行业中的企业,可能会由于所生产的产品互为替代品,从而在它们之间产生相互竞争的行为,这种源自替代品的竞争会以各种形式影响行业中现有企业的竞争战略。

(五)同业竞争者的竞争程度

大部分行业中的企业,相互之间的利益都是紧密联系在一起的,作为企业整体战略一部分的各企业竞争战略,其目标都在于使自己的企业获得相对于竞争对手的优势,所以,在实施中就必然会产生冲突与对抗现象,这些冲突与对抗就构成了现有企业之间的竞争。现有企业之间的竞争常常表现在价格、广告、产品介绍、售后服务等方面,其竞争强度与许多因素有关。

三、价值链分析

迈克尔·波特认为:"每一个企业都是在设计、生产、销售、发送和辅助其产品的过程中进行种种活动的集合体。所有这些活动都可以用一个价值链来表明。"企业的价值创造是通过一系列活动构成的,这些活动可分为基本活动和辅助活动两类,基本活动包括内部后勤、生产作业、外部后勤、市场和销售、服务等;而辅助活动则包括采购、技术开发、人力资源管理和企业基础设施等。这些互不相同但又相互关联的生产经营活动,构成了一个创造价值的动态过程,即价值链。

企业要生存和发展,必须为企业的股东和其他利益集团包括员工、顾客、供货商以及所在地区和相关行业等创造价值。如果把企业这个"黑匣子"打开,我们可以把企业创造价值的过程分解为一系列互不相同但又相互关联的经济活动,或者称之为"增值活动",其总和即构成企业的"价值链"。任何一个企业都是其产品在设计、生产、销售、交货和售后服务方面所进行的各项活动的聚合体。每一项经营管理活动就是这一价值链条上的一个环节。企业的价值链及其进行单个活动的方式,反映了该企业的历史、战略、实施战略的方式以及活动自身的主要经济状况。

价值链的增值活动可以分为基本增值活动和辅助性增值活动两大部分。企业的基本增值活动,即一般意义上的"生产经营环节",如材料供应、成品开发、生产运行、成品储运、市场营销和售后服务。这些活动都与商品实体的加工流转直接相关。企业的辅助性增值活动,包括组织建设、人事管理、技术开发和采购管理。这里的技术和采购都是广义的,既包括生产性技术,也包括非生产性的开发管理,例如,决策技术、信息技术、计划技术;采购管理既包括生产原材料,也包括其他资源投入的管理,例如,聘请有关咨询公司为企业进行广告策划、市场预测、法律咨询、信息系统设计和长期战略计划制订等。价值链的各环节之间相互关联、相互影响。一个环节经营管理的好坏可以影响到其他环节的成本和效益。比方说,如果多花一点成本采购高质量的原材料,在生产过程中就可以减少工序,少出次品,缩短加工时间。

二、企业生命周期中的薪酬战略

正如人有生命周期一样,企业往往也有自己的生命周期。尽管不同的学者对于企业的生命周期有不同的论述,但通常我们可以把企业的生命周期划分为初创期、成长期、成熟期和衰退期四个阶段。经历四个阶段之后,企业通常会面临消亡、稳定以及转向三种结局。

(一)企业初创期及其薪酬战略

1. 初创期的企业特征

大部分企业在初创阶段都处于资源匮乏的状态,无论是资金、人力资源还是技术、产品,往往都没有太多的竞争优势,更谈不上什么市场份额。这时的企业还处于寻找生存空间的阶段,企业人员数量通常不多,决定往往由少数高层管理人员做出,甚至完全是老板一个人说了算,决策的速度和效率比决策的程序和一致性更为重要。企业里往往没有职位说明书,员工的工作职责和工作内容不确定,通常根据需要作出调整,一个人承担多种角色甚至一个人干两个人的活儿是很正常的。员工雇用、培训以及绩效管理等工作要么比较随意,要么根本就没有开展。由于企业仍然面临生存危机,产品销售或者客户需求往往不稳定,这时企业经常会遇到资金短缺的问题,企业领导者或创办者甚至有时不得不通过不领工资或推迟领工资的方式满足公司的现金需要。

2. 初创期的企业薪酬战略

在这一阶段,企业提供的基本薪酬和福利水平往往都比较低,非现金性的报酬也很少,短期激励即使有,通常也不会很多,企业的薪酬决策比较随意,往往是老板或高层管理人员拍脑袋决定。在薪酬水平不高的情况下,有些企业要么暂时只能依靠知识技能和经验不多的员工来维持运营,要么通过雇用亲戚、朋友、同学等有特殊人际关系的员工来运作,还有一种选择就是通过提供股份这样的长期激励措施来吸引并在一定时期内留住员工。

(二)企业成长期及其薪酬战略

1. 成长期的企业特征

如果企业在初创期能够生存下来,在产品或市场方面取得初步成功并有所突破,则会进入成长阶段,甚至会出现飞跃式增长。这时候,企业的市场份额不断扩大,产品线可能会不断增加,客户数量不断上升,业务活动的多样化和复杂性程度上升,人员数量上升,沟通和协调的成本增加,高层管理者的时间和精力越来越不够用,对企业管理的规范性和程序性要求越来越迫切。这时候,企业往往开始通过编写职位说明书来规范每个人的工作职责和承担的具体工作任务,同时开始对员工的绩效进行考核培训,工作也逐渐开展起来。

2. 成长期的企业薪酬战略

成长期往往是企业业务发展最为迅速的时期,也是企业规模和收入增长最快的时期,利润的逐渐增加使企业可以逐渐适度地提高基本薪酬,福利也有所改善,但与劳动力市场上的竞争对手相比,这一时期的企业提供的基本薪酬和福利的竞争力并不是很强。不过在这时候,企业的短期激励计划,比如针对某些特殊目标实现的激励计划以及年度性的激励计划逐渐开始出现,而且在薪酬中的重要性逐步上升。由于仍然处于快速发展期,企业提供的非经济性报酬不会很多。由于企业的经营势头良好,因此,股权等长期激励手段更有吸引力。这时的薪酬体系开始变得层次分明，也更加复杂。

（三）企业成熟期及其薪酬战略

1. 成熟期的企业特征

企业进入成熟期，市场地位逐渐稳定，重点通过对现有产品进行改良或价值延伸来获利，企业从市场进攻者转变为市场防守者，服务现有客户而不是开发新客户成为企业关注的重点。企业通常通过规模经济来获利，有时候也采用降价销售的方式维护市场地位，尽管现金流比较充裕，但管理费用在经营成本中所占的比重逐渐上升，人员膨胀速度加快，官僚特征日渐明显。企业管理的规范性得到进一步加强，职位说明书更加详细而明确，组织结构图清晰，财务制度更加严格，人力资源管理体系变得完整且规范。企业的决策也更加程序化和规范化，但决策速度变慢，各部门之间经常推诿扯皮。处于成熟期的企业在这个时候往往会进行适度的内部变革或调整，比如，调整组织结构、减少管理层级、收缩市场范围、放弃一些不盈利的业务或产品、集中做好高利润的产品或市场、精益求精以及提高生产率和减少服务差错等成为企业关注的重点。

2. 成熟期的企业薪酬战略

从成长期进入成熟期的企业，一方面，变得更加规范，实力更为雄厚，所以基本薪酬开始变得明显具有市场竞争力，福利水平也与竞争对手不相上下，甚至更好。不过，由于企业扩张速度放慢，员工晋升的机会减少，每个人在本职岗位上停留的时间延长。另一方面，由于投资机会明显减少，因此，加强成本控制成为提高盈利水平的主要手段，这样企业就开始更为重视短期激励而不是长期激励。此外，由于企业此时已经有较强的市场实力和较好的市场声誉，管理也非常规范，形成了较强的企业文化，因此，非经济性报酬开始增加。

（四）企业衰退期及其薪酬战略

1. 衰退期的企业特征

处于成熟期的企业往往会由于各种外部因素和内部因素的影响而在不知不觉中进入衰退期，这些外部因素包括新竞争者、新产品、新技术或新兴市场的出现，因原材料或人工等原因造成的企业成本上升，企业内部因素则包括高层决策失误、内部人事斗争、人浮于事等各种问题。进入衰退期的企业，原有的产品和市场仍然能够带来一些现金流，但前景比较暗淡。这时候企业一方面注重削减成本，另一方面开始重视新产品开发或为现有产品开拓新的市场，企业重新面临如何活下去的问题。这时的企业已经高度结构化，官僚主义日益严重，工作程序复杂而详细，大家的关注点更多在过程方面而不是结果方面。

2. 衰退期的企业薪酬战略

发展到成熟期之后，企业很可能在研发费用以及营销费用方面的投入不如过去那么多，再加上进入衰退期之后对新设备投资不足而积累下来的资本折旧，使企业的现金可能依然充裕，但持有成本很高。鉴于原来的市场或行业存在的发展障碍，企业此时可能不得不采取多元化经营或进入新的领域，或者是在本领域中进一步拓展业务范围。企业所有者或经营者开始努力寻找最佳的转向机会，试图引领企业进入第二次创业阶段。在理想的情况下，企业应当在成长阶段即将结束或者进入成熟期的初期就开始考虑转向问题，等到进入衰退期才开始转向，风险要大得多，因为这时不仅企业的经营收入开始下降，组织也变得更加僵化，人员的活动不足、年龄老化，难以应对急速的变化或者转变的成本过高。因此，在实践中，我们可以看到，进入衰退期的有些企业可能会发现新的产品或市场，开拓新的经营领域，重新走上增长的轨道，而另一些企业则几经挣扎之后逐渐衰落直至倒闭或清算。进入衰退期的企业尽管可以预见到未来岌岌可危，但已经形成的基本薪酬和福利较高的情况仍然会维持一段时间，只要公司的现金还足以支撑。而员工依然享受着企业提供的工作保障、社会地位等各种非经济性报酬。由于可改善的短期成果并不多，所以短期激励的水平有所下降，长期激励计划则进一步失去价值。当然，如果进入深度的衰退期，企业很可能会通过裁员、降薪、削减非生产性资产等方式自救，这时候，企业的薪酬福利水平会下降。企业要么经过努力获得重生，进入新一轮的创业期，要么消亡。

三、总体薪酬与战略

（一）总体薪酬理论

总体薪酬理论由密歇根大学商学院教授约翰·E·特鲁普曼提出。它是对薪酬体制和投资体系的重新构思，它将10种反映当今员工期望的不同类型的薪酬意向综合起来，让员工在其中扮演重要角色，突出薪酬的定制性和可选择性。

1. 总体薪酬方案的实施原则

（1）以员工为中心原则；
（2）定制性和多样性原则；
（3）动态性原则；
（4）分类管理原则。

总体薪酬方案的实质是一个投资和回报体系，它包含投资和奖励两部分，而且是投资在前，奖励在后。投资，或称为超前奖励，包括基本工资、福利等。投资是在员工做出业绩之前支付的，其目的有两点：一是为了提高员工的技术和工作热情；二是为了员工个人和整个企业的将来。

2. 总体薪酬方案的产生代表了业界在此领域的最新尝试，其产生的背景主要基于以下假设

（1）员工队伍的主体及其需要已经发生显著的变化。
（2）员工存在两个自我模式，组织的薪酬方案设计要想达到目的，必须吸纳员工参与。
（3）企业的文化冲突：业绩主义者与均等主义者之争。
（4）Y理论的应用。
（5）传统薪酬体制由于不能起到吸引、留住和激励现代员工的作用，已渐不合时宜。

总体薪酬方案的基本结构用公式表示为：

$TC(整体薪酬) = (BP + AP + IP) + (WP + PP) + (OA + OG) + (PI + QL) + X$

其中：

BP 为基本工资；

AP 为附加工资；

IP 为间接工资；

WP 为工作用品补贴；

PP 为额外津贴；

OA 为晋升机会；
OG 为发展机会；
PI 为心理收入；
QL 为生活质量；
X 为私人因素。

（二）总体薪酬与战略

总体薪酬能够保持与组织战略、人力资源战略和薪酬战略的一致性。总体薪酬是在系统分析组织内、外部环境的基础上，将多种激励方式有机地整合在一起，以此吸引、激励和保留员工，提高员工对组织的满意度和对工作的投入程度，从而提高企业的绩效、完成企业的经营目标。总体薪酬模型是在组织整体发展战略中支持组织人力资源战略实现的重要工具。

相对于传统薪酬理念，总体薪酬更加重视组织中人的价值，将多种激励方式有机地整合在一起。因此，对于组织而言，总体薪酬具有明显的优势：

（1）总体薪酬强调薪酬战略、人力资源战略和组织战略的一致性，基于战略对人才进行吸引、激励和保留，更加有利于组织战略的实现。

（2）总体薪酬能够真正满足员工的多样化需求，能够针对员工需求制定不同的薪酬组合，增加对人才的吸引力，支持企业获得人才竞争优势。

（3）总体薪酬可以使薪酬管理更加具有弹性。总体薪酬包括针对员工需求的多种激励要素，各种构成要素和要素之间的比例可以根据组织战略变化或组织面临的紧急情况及时进行调整，以支持组织及时应对外部环境的变化。

任何有助于吸引、激励和保留员工的有价值的东西，都可以算作总体薪酬的内容。

第三节　战略性薪酬的建立

薪酬战略是一种行动计划，企业可以引导和投入资源来塑造其期望的行动。薪酬战略为企业提供了一个固定的框架，这个框架决定了怎样以及在哪里投入这些资源，反映企业在人力资源方面的投资策略。制定一套合适的薪酬战略并不容易，必须有根有据，能够取得各利益相关者的广泛赞同和认可。薪酬战略是商业沟通中一项重要工具，传达了与股东价值、财务成果、客户、市场份额、成长、产品或服务的革新、速度和成本管理等目标相关的商业价值，是赢得员工理解、认可和承诺的一种方式。

一、形成一个战略性薪酬需要四个简单的步骤

（1）评价文化价值、全球化竞争、员工需求和组织战略对薪酬的影响。
（2）使薪酬决策与组织战略和环境相适应。
（3）设计一个把薪酬战略具体化的薪酬体系。
（4）重新衡量薪酬战略与组织战略和环境之间的适应性。

这些步骤是简单的，但实施起来却是复杂的。

二、制定薪酬战略的思考框架

在制定薪酬战略的过程中，利用如下的一套成熟的思考框架对于成功制定薪酬战略十分重要。

（1）什么是企业成功的关键因素？如：为了成功地完成任务或在市场上取得期望的地位，企业必须做什么？什么是企业战略？什么是业务成功的关键因素？什么是成功因素中表明进步的基本指标？什么是企业实现目标所遇到的基本问题或障碍？

（2）什么是成功执行这种竞争战略所必需的行为？如：为取得成果，人们开始时需要做什么？多做还是少做或者停止不干？什么是全体员工都要做的？什么是特定小组成员要做的？人们对如何去做的了解要达到什么程度？人们对做这些事的重要性的了解要达到什么程度？

（3）对每个特殊的目标小组应该采取什么样的计划来表彰这些行动？表彰期望行为中的每一个计划的目的是什么？如：基本工资计划、绩效工资计划、可变或激励工资计划、基于股权的可变工资计划、业绩管理项目、特殊认可或主要贡献者项目、其他项目，等等。

（4）为了成功实现目标，每个计划都需要满足哪些要求？如：它是基于个人的还是基于团队的？它在市场上的竞争性如何？它应是高回报的还是高安全性的？它应是支持变革还是领导变革的力量？它是应用于每一个人还是应按照每个团队加以制定？它应保持独立还是和其他薪酬项目相结合？

（5）现行的薪酬计划是否适应这些要求？如：每个计划在什么地方达到或超出了需求？这些计划在什么地方存在不足？为什么？变革过程应该从哪里开始？企业准备为获得期望的变革投入时间、精力和资源吗？这些变革对经营中所面临的战略和现行的问题是不是至关重要的？

思考上述问题有助于企业建立薪酬战略。在定义每个策略的目标和基本需要时，薪酬战略将支持和推动符合新的管理理念的变革进程，强调的不再是按照市场预先确定的水平支付薪酬，而是注重成功执行公司战略所必需的工作。薪酬战略的总体框架将强调怎样进行薪酬投资，而不是强调支付多少或者如何与市场水平保持一致。

三、米尔科维奇认为对应于不同的经营战略，企业要采取不同的薪酬方案

创新战略强调冒险，不再过多重视评价和衡量各种技能和职位，而是把重点放在激励上，以此鼓励员工大胆创新，缩短从产品设计到顾客购买产品之间的时间差；成本领先战略以效率为中心，强调少用人、多办事，注重控制劳动成本，采用的方式是降低成本、提高生产率、详细而精细地规定工作量；以顾客为核心的战略强调取悦顾客、按顾客满意度给员工付薪。

四、米尔科维奇还提出了根据企业战略来思考薪酬战略的主要框架

他认为，思考企业的薪酬战略主要可以按照他所提出的薪酬设计四维模型来进行思考，主要包括以下几个方面：

（1）薪酬目标：薪酬应该怎样支持企业的战略，又该如何适应整体环境中的文化约束和法规约束？

（2）内部一致性：在同一企业内部，工作性质和技能水平的差别如何在薪酬上得以体现？

（3）外部竞争性：我们的整体薪酬定位在什么水平来与竞争对手抗衡？

（4）员工贡献：加薪的依据是什么？是个人或团队的业绩，还是员工不断丰富的经验、不断增长的知识或者不断提高的技能，抑或是生活费用的上涨、个人需求的增加，或者是经营单位的整体绩效？

（5）薪酬管理：薪酬决策应在多大程度上向所有员工公开和透明化？谁负责设计和管理薪酬制度？

基于以上五个问题的所有决策，相互交织成一个完整的格局，形成了企业战略性薪酬。表2-1详细展示了总体薪酬的各部分内容。

表2-1 总体薪酬各个板块的含义以及具体维度

板块	板块含义	维度	维度解释
货币报酬	雇主基于雇员劳动的报酬，主要用于满足员工的基本生活需要及其他现金支出	基础工资	也称"固定薪酬"，它不随绩效而变动，基础工资一般包括基本工资和岗位工资
		奖金	根据员工工作绩效进行浮动的部分
		津贴	对员工工作中不利因素的补偿
		股权	以股票形式发放的薪酬
福利	雇主提供给雇员的补充现金支持	保障福利	事业保险、社会保障和残疾保障等
		健康与救济福利	医疗保险、人身保险等
		退休福利	养老保险及退休后的收益分享
		带薪休假福利	带薪休假、带薪病假和带薪事假等
工作与生活平衡	组织实践、政策和项目的特殊部分，帮助雇员同时在家庭和工作中都取得成功	灵活的工作安排	工作内容和工作场所安排
		带薪请假	因为照顾他人、照顾子女的带薪请假
		雇员健康	雇员援助计划和压力管理计划等
		社会参与	组织雇员积极参加社会活动计划
		雇员关爱	雇员旅行关爱、生病关爱、家庭关爱等
		财政支持	理财计划服务与培训、企业年金计划
		额外福利	宠物保险、免费停车等额外福利计划
		首创精神	团队的工作效率、组织的工作环境
绩效与认可	包括高绩效系统及员工认可两个方面	高绩效系统	制定绩效标准、雇员技能展示、管理者对雇员技能进行评估、管理者反馈和持续的绩效改进等
		员工认可	对于雇员的努力、行为及绩效给予重视
发展与职业机遇	包括发展与职业机遇两个方面	学习机会	提高雇员技能和素质的培训
		领导力培训	培养和提升雇员领导力的计划
		晋升机会	帮助员工实现个人职业生涯目标

本章案例研究

朗讯公司的薪酬管理

现代企业管理已经从金字塔模式走向扁平化模式,特点之一是矩阵管理结构的出现。矩阵管理的结果是大家会因为某一事件展开团队工作,一个团队从组织结构上来说可能不是一个部门,也可能只是部门中的一部分。一个部门主管所带领的员工在某一时期可能是来自不同部门,一个员工也可能同时属于几个部门。员工处在一个信息交换频繁的矩阵中。朗讯公司的组织模式也呈现矩阵结构,而朗讯公司最有特色的一项制度,则是其对员工的评估矩阵,这是一个由Grows行为和工作业绩构成的矩阵。每个员工一年来的业绩都要放到矩阵里掂量,如同经过一片风暴矩阵。

1. 薪酬结构

朗讯的薪酬结构由两部分构成:一块是保障性薪酬,跟员工的业绩关系不大,只跟其岗位有关;另一块是薪酬与业绩紧密挂钩。在朗讯非常特别的一点是,朗讯中国所有员工的薪酬都与朗讯全球的业绩相关,这是朗讯在全球执行Grows行为文化的一种体现。朗讯专门有一项奖励——Lucent Award,也称全球业绩奖。朗讯销售人员的待遇中有一部分专门属于销售业绩的奖金,业务部门根据个人的销售业绩,每一季度发放一次。在同行业中,朗讯薪酬中的浮动部分比较大,这样做是为了将公司每个员工的薪酬与公司的业绩挂钩。

2. 薪酬的两大考虑

朗讯公司在执行薪酬制度时,不仅仅看公司内部的情况,而是将薪酬放到一个系统中去考虑。朗讯的薪酬政策有两个考虑:一个方面是保持自己的薪酬在市场上有很大的竞争力。为此,朗讯公司每年委托一个专业的薪酬调查公司进行市场调查,以此来了解人才市场的宏观情况。这是大公司在制定薪酬标准时的通常做法。另一个方面是人力成本因素。综合这些考虑之后,人力资源部会根据市场情况给公司提出一个薪酬的原则性建议,指导所有劳资工作。人力资源部将各种调查汇总后会告诉业务部门总体的市场情况,在这个情况下,每个部门有一个预算,主管在预算允许的情况下对员工的待遇作出调整决定。

人力资源部必须对公司在6个月内业务发展需要的人力情况非常了解。朗讯在加薪时做到对员工尽可能地透明,让每个人知道他加薪的原因。加薪时员工的主管会找员工谈话,告知他根据今年的业绩,他可以加多少薪酬。每年12月1日是加薪日,公司加薪的总体方案出台后,人力总监会和各地做薪酬管理的经理进行交流,告诉员工当年薪酬的总体情况,市场调查的结果是什么,今年的变化是什么,加薪的时间进度是什么。

公司每年加薪的最主要目的是保证朗讯在人才市场上增加一些竞争力。

3. 学历慢慢淡出

朗讯在招聘人才时比较重视学历,贝尔实验室1999年招了200人,大部分是研究生以上学历,"对于从大学刚刚毕业的学生,学历是我们的基本要求。对其他的市场销售工作,基本的学历是要的,但是经验更重要。学历到了公司之后,在比较短的时间内就淡化了,无论做市场还是做研发,待遇、晋升和学历的关系慢慢消失。在薪酬方面,朗讯根据员工的工作表现决定薪酬。进了朗讯以后,薪酬和职业发展同学历、工龄的关系越来越淡化,基本上跟员工的职位和业绩挂钩。"

4. 薪酬的悖论

一方面，我们知道，高薪能够留住人才，所以每年的加薪必然也能够留住人才；另一方面，薪酬不能任意上涨，必须和人才市场的情况挂钩。如果有人因为薪酬问题提出辞职，很多情况下是让他走或者用别的办法留人，所以用薪酬留人本身是一个悖论，这里面有些讲究表明，人力资源部在这方面一般很"抠"。

在成熟的企业里，情况通常是，薪酬涨多少跟人力资源部没多大关系，所以涨薪必须有制度和根据，例如业绩评估，这就牵涉到一个系统，而不是一个人说了算的问题。

要操作好薪酬的悖论，需要做细致的工作。朗讯的薪酬结构中浮动的部分根据不同岗位会不一样。浮动部分的考核绝大部分和一些硬指标联系在一起，比如朗讯公司今年给股东的回报率，如果超额完成，每个人会根据超额完成的多少给出一个具体的奖励数。销售人员则看每个季度的销售任务完成情况如何。对待加薪必须非常谨慎，朗讯每年在评估完成后给员工加薪一次，中途加薪的情况很少，除非有特殊贡献或升职。

也有因薪酬达不到期望值而辞职的员工，朗讯一定会找辞职的员工谈话，公司主管经理和人事部会参与进去。朗讯注重随时随地地评估，对于能力不强的员工，给他一个业绩提高的计划，帮他改进工作，如果仍然达不到要求，朗讯会认为他做这个工作没有效率，只好另请人来做。

因薪酬不满而申诉的情况每年都有几例。人力总监李剑波认为，这是看问题的一个方法，业绩考评本身就有些主观性。不同经理的水平不一样，在考核员工时可能还是有些问题，但大部分问题在经理那里就解决了。员工的投诉不能表明一个公司薪酬体制的好坏，一个最重要的指标是员工因薪酬而离职的多不多。还有一个必须掌握的原则是，人力资源部的薪酬制度是否表现了公司的意图。比如，公司将薪酬全部放在业绩上、销售上，就会将浮动部分加大，并向销售人员倾斜。人力资源部的任何一件事，都跟公司的业务紧密联系。如果薪酬制度不能表明其是和公司的业务紧密相关的，那么就是在瞎忙乎。

5. 开始看钱，然后看发展

薪酬在任何公司都是一个非常基础的东西。一个企业需要靠有一定竞争能力的薪酬吸引人才，还需要靠有一定保证力的薪酬来留住人才，如果和外界的差异过大，员工肯定会到其他地方找机会。薪酬会在中短期内调动员工的注意力，但是薪酬不是万能的，工作环境、管理风格、经理和下属的关系都对员工的去留有影响。员工一般会注重长期的打算，公司会以不同的方式告诉员工发展方向，让员工看到自己的发展前景。朗讯公司的员工平均年龄29岁，他们更多的是看自己的发展。

[讨论题]

朗讯公司薪酬管理的特点是什么？

本章小结

薪酬必须支持企业的经营战略，战略视角的薪酬要关注那些能帮助组织获取和维持竞争优势的薪酬选择。不同的经营战略决定着不同的薪酬战略，企业经营战略与薪酬战略之间的联系越紧密或彼此越适合，企业的效率就越高。成功的薪酬体系能够支持公司的经营战略，能承受周围环境中来自社会、竞争以及法律法规等各方面的压力。它的最终目标是使企业赢得并保持竞争优势。

  在企业战略层面构建薪酬设计与管理体系的整体思想，可驱动人力资源战略，进而影响薪酬战略。在进行薪酬设计时，需要考虑的重要问题是如何使薪酬战略与企业战略相匹配，从而支撑企业整体战略的实现。

复习思考题

1. 战略性管理的概念是什么？它具有哪些特点？
2. 怎样在企业中设计战略性薪酬？
3. 企业生命周期中的薪酬战略有哪些？
4. 薪酬战略和企业战略如何匹配？
5. 战略性薪酬管理的模型有哪些？
6. 简要说明米尔科维奇的薪酬战略的主要框架。
7. 在企业中实行总体薪酬有哪些优势？
8. 总体薪酬的实施原则和假设是什么？
9. 处在成长期的企业有哪些特征？
10. 企业在制定薪酬战略时应考虑哪些问题？

第三章

薪酬体系

本章内容提要
1. 薪酬体系的基本类型。
2. 职位薪酬体系。
3. 技能薪酬体系。
4. 能力薪酬体系。
5. 绩效薪酬体系。

引导案例

员工们喜欢什么样的年终奖

辛苦一年，员工们究竟最喜欢的是什么样的年终奖？

张先生等人在一家工艺公司工作，他们觉得，在正常情况下，不论是管理人员还是一般员工，大多数员工比较喜欢的年终奖是现金或银行卡。因为现金或银行卡到手后，可以自由支配，想怎么用就怎么用。购物券的麻烦在于，在一般情况下，购物券都有使用期限及限定购物场所，使用起来较麻烦。而作为年终奖发给员工的实物大都不实用，很多人领到实物后常常闲置不用。

年近50岁的何先生认为，如果年终奖是一笔现金，那是最好的事，如果没有现金，能领到实物也未尝不可，当然，如果实物是一些有纪念意义的东西也很不错。因为，工作的压力将同事、同学、朋友间的距离拉远，特别是一些同事，由于存在竞争等原因，彼此间缺少和谐与融洽的关系。如果年终奖能发一些真正实用或有纪念意义的实物，若干年后，不论大家是否还在一起共事，至少在看到这些东西时，多少都会想起当初的点点滴滴，从而珍惜共事的缘分和不易，在往后的工作和生活中也更懂得如何处理好与周围人的关系。

在郴州工业区工作的朱女士说，她发现一些企业老板为了省钱，在给员工发放年终奖时竟会以变质物质作为年终奖发放给员工，一些购物券和代币券也是要么质次价高，要么好看不实用,这样一来,其实给员工的切身利益大受损害。

朱女士举例说,2012年春节前,她当时所在的企业就是发给大家一些购物券作为年终奖。当他们凭这些券到指定超市领取指定的物品后,发现这些物品中的每瓶葡萄酒价格竟要比市场价高出约20元,鱼干等海产品不但价格明显偏高,质量也非常差。

谢小姐在经济技术开发区一家较具规模的合资企业工作,她有另一番见解。谢小姐介绍,她供职于目前这家企业已整整4年。每年岁末,该企业都要给大家发一定数额的奖金和一些较为实用的实物。2005年,公司还根据员工表现增加了优秀员工的免费旅游奖,全公司共有10人因工作业绩突出而获得价值不等的国内外旅游奖励。

谢小姐认为,这种新颖的年终奖励办法将大大激发员工的工作积极性。同时,这种旅游、休闲的方式还可有效缓解和减轻优秀员工的工作压力,增长他们的见识。尤其是在免费旅游中欣赏那些风景迷人的名山大川、异国风情,员工们通常都会长时间津津乐道,久久难以忘怀,从而带动更多员工的积极性。与此相比,纯现金奖励则容易随着时间推移而被人淡忘。

[讨论题]

哪种形式的年终奖才能够更好地激励员工?

第一节 薪酬体系的基本类型

薪酬体系是组织的人力资源管理整个系统的一个子系统。它向员工传达了在组织中什么是有价值的,并且为向员工支付报酬制定一定的政策和程序。一个设计良好的薪酬体系直接与组织的战略规划相联系,从而使员工能够把他们的努力和行为集中到帮助组织在市场中竞争和生存的方向上去。

在绝大多数的薪酬体系中,基本薪酬都是最基础的薪酬组成部分,它不仅反映了薪酬与组织以及职位设计之间的关系,而且是可变薪酬甚至是一些间接薪酬项目。从总体上看,企业可以从职位、技能、能力、绩效四种要素之中选择其一来作为确定企业中某一薪酬体系的依据。我们将以职位为基础确定基本薪酬的薪酬系统称为职位薪酬体系,将以技能和能力为基础确定基本薪酬的薪酬系统分别称为技能薪酬体系和能力薪酬体系,将以绩效为基础确定基本薪酬的薪酬系统称为绩效薪酬体系。不同薪酬体系有其不同的适用对象、不同的特点和导向性,同时也有各自的优缺点。接下来的几节中,我们将对以上四种薪酬体系加以阐述和分析。

第二节 职位薪酬体系

一、职位薪酬体系的特点、实施条件和操作流程

(一)职位薪酬体系的特点及其适用性

所谓职位薪酬体系,就是首先对职位本身的价值做出客观的评价,然后根据这种评价的结果赋予承担这一职位的人与该职位的价值相当的薪酬这样一种基本薪酬决定制度。职位薪

酬体系是一种比较传统的确定员工基本薪酬的制度，它最大的特点是，员工担任什么样的职位，就得到什么样的薪酬。与新兴的技能薪酬体系和能力薪酬体系相比，职位薪酬体系在确定基本薪酬的时候重点考虑职位本身的价值，很少考虑人的因素。这种薪酬制度是建立在这样一种假设前提基础之上的，即每一个职位上的人是合格的，不存在人和职位不匹配的情况，也就是说，担任某种职位工作的员工恰好具有与工作难易水平相当的能力。这种薪酬制度并不鼓励员工拥有跨职位的其他技能。因此，在这种薪酬制度下，我们可能会看到，虽然有些员工的个人能力大大超过了其所担任的职位本身所要求的技术或资格水平，但是在职位没有变动的情况下，他们也只能得到与当前工作内容对等的薪酬水平。根据以上分析，我们可以看到，职位薪酬体系既有明显的优点，同时也存在一定的不足（见表3-1）。

表3-1　职位薪酬体系的优点和缺点

优　　点	缺　　点
1. 实现了真正意义上的同工同酬，因此可以说是一种真正的按劳分配体制。 2. 有利于按照职位系列进行薪酬管理，操作较简单，管理成本较低。 3. 晋升和基本薪酬增加之间的连带性增强了员工提高自身技能和能力的动力。 4. 根据职位支付薪酬的做法比基于技能、能力、绩效支付薪酬的做法更容易客观公正，对职位的重要性进行评价要比对人的技能、能力和绩效进行评价更容易达成一致	1. 由于薪酬与职位直接挂钩，当员工晋升无望时，也就没有机会获得较大幅度的加薪，其工作积极性必然会受挫，甚至会出现消极怠工或者离职的现象。 2. 由于职位相对稳定，与职位联系在一起的薪酬也就相对稳定，这不利于企业对多变的外部经营环境作出迅速反应，也不利于及时激励员工。 3. 强化职位等级间的差别，可能会导致官僚主义滋生，员工更为看重得到某个级别的职位，而不是提高个人的工作能力和绩效水平，不利于提高员工的工作适应性。 4. 可能会引导员工更多地采取有利于得到职位晋升的行为，而不鼓励员工横向流动以及保持灵活性

虽然传统上那种严格、细致的职位薪酬体系在很多时候已经无法适应现代企业所面临的复杂多变的市场环境及其对员工的灵活性要求，但职位薪酬体系仍然具有很强的实用性，在薪酬决策中具有不可替代的作用。实际上，从世界范围上来看，采用职位薪酬体系的企业的数量要远远超过采用技能薪酬体系和能力薪酬体系的企业的数量，即使是那些采用技能薪酬体系和能力薪酬体系的企业，也大都是从职位薪酬体系转过来的。事实上，曾经实行过科学、完善的职位薪酬体系的企业在转而实施技能薪酬体系和能力薪酬体系时会感到更为舒适和顺利，这是因为，即使采用了技能和能力薪酬体系，仍然要依赖职位薪酬体系所强调的职位的概念，尤其是不同的职位或不同系列的职位对员工的任职资格的差异性要求。

从一定程度上来说，职位薪酬体系在操作方面比技能薪酬体系和能力薪酬体系更容易、更简单，而且适用的范围也比较广，因此对于我国的许多企业和大部分工作岗位来说还是比较适用的。但是从当前我国企业的薪酬管理实践来看，许多企业的职位薪酬体系实际上是根据岗位的行政级别或者员工的资历，而不是根据真正意义上的岗位或职位来确定基本薪酬的。

（二）实施职位薪酬体系的前提

企业在实施职位薪酬体系时，必须首先对以下几个方面的情况作出评价，以考察本企业的环境是否适合采用职位薪酬体系。

1. 职位的内容是否已经明确化、规范化和标准化

职位薪酬体系要求纳入本系统中的职位本身必须是明确、具体的。因此，企业必须保证各项工作有明确的专业知识要求、有明确的责任，同时这些职位所面临的工作难点也是具体的、可以描述的；换言之，必须具备进行职位分析的基本条件。

2. 职位的内容是否基本稳定，在短期内不会有大的变动

只有当职位的内容保持基本稳定的时候，企业才能使工作的序列关系有明显的界线，不至于因为职位内容的频繁变动而使职位薪酬体系的相对稳定性和连续性受到破坏。

3. 是否具有按个人能力安排职位或工作岗位的机制

由于职位薪酬体系是根据职位本身的价值来向员工支付报酬的，因此，如果员工本人的能力与其所担任职位的能力要求不匹配，必然会导致不公平的现象发生。故而企业必须保证按照员工个人的能力来安排适当的职位，既不能存在能力不足者担任高等级职位的现象，也不能出现能力较强者担任低等级职位的情况。当个人的能力发生变化的时候，他们的职位也能够随之发生变动。

4. 企业中是否存在相对较多的职级

在实施职位薪酬体系的企业中，无论是比较简单的工作还是比较复杂的工作，职位的级数应该足够多，从而确保企业能够为员工提供一个随着个人能力的提升从低级职位向高级职位晋升的机会；否则，如果职位等级很少，大批员工在上升到一定的职位之后就无法继续晋升，其结果必然是堵塞员工的薪酬提升通道，加剧员工的晋升竞争，影响员工的工作积极性以及进一步提高技能和能力的动机。

5. 企业的薪酬水平是否足够高

即使是处于最低职位级别的员工，也必须能够依靠其薪酬来满足基本的生活需要。如果企业的总体薪酬水平不高，职位等级又很多，处于职位序列最底层的员工所得到的报酬就会非常少。

（三）职位薪酬体系设计的基本流程

职位薪酬体系的设计步骤主要有五个：

第一步是了解一个组织的基本组织结构和职位在组织中的具体位置；

第二步是收集与特定职位的性质有关的各种信息，即进行职位分析；

第三步是整理通过职位分析得到的各种信息，按照一定的格式把重要的信息描述出来并加以确认，编写成包括职位职责、任职资格条件等信息在内的职位说明书；

第四步是对典型职位的价值进行评价，即完成职位评价工作；

第五步是根据职位的相对价值高低来对它们进行排序，即建立职位等级结构，这一职位等级结构同时也就形成了薪酬的等级结构。这一流程我们用图 3-1 来描述。

图 3-1 职位薪酬体系的设计流程及其步骤

下面,简要介绍职位分析和职位说明书的编写。

二、职位、职位分析与职位说明书

(一) 职位的含义及其相关概念

在汉语里,我们经常将工作、职位、岗位等概念混在一起使用,在英语中,也同样存在这样的问题。英文中与职位有关的概念主要有两个:一个是 job(直译为工作,通常译为职位),另一个是 position(直译为岗位)。严格来说,这两个概念应该有区别:岗位与人严格对应,即每个人占据一个岗位,企业雇用多少人,就有多少个岗位,这正如通俗所说的"一个萝卜一个坑"。而职位则是对所有相同岗位的统称。举例来说,超市中可能有 20 位收银员,因此有 20 个收银岗位,但由于所有收银员做的工作是相同的,因此也可以说该企业有一个收银职位。

在大多数情况下,job 和 position 之间的区分并不那么明显,经常会被不加区别地使用。比如,职位分析最经常使用的英文单词是 job analysis,有时也用 position analysis [position analysis questionnaire(PAQ)就是一种比较经典的职位分析方法]。职位评价通常用 job evaluation,有时也用 position evaluation。职位分类通常用 job classification,有时也用 position classification(美国联邦政府的职位分类标准就采纳这种用法)。

可将职位或岗位界定为一位全日制员工在工作满负荷情况下需要完成的、具有一定内在联系且便于任职者完成的各种职责及其相应工作任务的集合。职位或岗位是由若干项(通常在 7~8 项)重要职责(accountability 或 responsibility)组成的,而每一项职责又包含若干项重要的工作任务(task)。比如,行政秘书岗位承担着总经理日程安排、来访客人接待、文字写作、行政事务管理等多项职责。而在帮助总经理安排工作日程这项职责中又包括这样一些重要的工作任务:协助总经理安排工作日程表、提醒总经理参加重要活动及会议、制订总经理出差日程计划以及相关票据的订购和报销等。

另外,为了管理上的方便,企业往往会将职位划分为不同的职位族。职位族(job family)是由具有非常广泛的相似的工作内容,但在任职资格条件要求方面可能存在较大差异的各种职位构成的,有时又被称为职群或者职族。比如,企业中的职位族通常被划分为市场营销类、职能管理类、生产操作类、工程技术类等;高校中的职位可以被划分为教学类、后勤类、教学辅助类、职能管理类等。由于不同职位族中的职位在工作性质方面较为接近,因而在员工管理方法以及薪酬设计方面往往具有一定的相似性。

(二) 职位分析与职位说明书的编写

任何一个组织的建立都必然会导致一系列工作的出现,而这些工作又需要由特定的人员来承担。职位分析(job analysis)就是指了解一个职位并以一种格式把这种信息描述出来,从而使其他人能了解这个职位的过程。它所要回答的主要是这样两个大问题:第一,某个职位上的任职者应该做些什么?怎样做?为什么要做?第二,由什么样的人来承担这个职位上的工作才是最合适的?

职位分析始于 20 世纪初的科学管理之父弗雷德里克·泰勒的动作研究和时间研究。此后,职位分析一直是现代企业人力资源管理活动的基石。几乎所有的人力资源规划和管理活动——职位设计、人力资源规划、招募、甄选、培训开发、职业生涯规划、绩效评价、薪酬决策等——都要通过职位分析来获取相关信息。从薪酬管理的角度来说，职位分析是职位评价最重要的信息来源。组织只有获得关于职位的综合性信息，才能相对准确地判断出职位本身在组织中的相对重要程度或相对价值大小，从而确定职位的价值等级结果，奠定基本薪酬确定的基础。

1. 组织通过职位分析可以得到两类信息

第一类信息称为职位描述（job description）。它是对经过职位分析得到的关于某一特定职位的职责和工作内容进行的一种书面记录。它所阐明的是一个职位的职责范围及其工作内容。职位描述并不列举每一个职位的职责和任务细节；相反，它只提供关于一个职位的基本职能及其主要职责的总体脉络。通过职位分析得到的第二类信息称为职位规范（job specification）。它是对适合承担被分析职位的人的特征所进行的描述，职位规范又称为任职资格条件（qualifications）。它主要阐明适合从事某一职位的人应当具备的受教育程度、技术水平、工作经验、身体条件等。在英文中，狭义的职位描述仅仅包括职位的工作职责和任务方面的信息，而广义的职位描述则包括任职资格条件方面的信息。在我国，企业通常将职位分析产生的职位描述和任职资格条件两个方面的信息合称为职位或岗位说明书，即在职位说明书中包括职位描述和任职资格条件两个方面的内容。更为具体地说，在职位说明书中包括以下几个方面的要素。

（1）职位标示：包括职位名称、任职者、上级职位名称、下级职位名称等。

（2）职位目的或概要：用一句话说明为什么需要设置这一职位，设置这一职位的目的或者意义何在。

（3）主要职责：职位所要承担的每一项工作责任的内容以及要达到的目的是什么。

（4）关键业绩衡量标准：应当用哪些指标和标准来衡量每一项工作职责的完成情况。

（5）工作范围：本职位对财务数据、预算以及人员等的影响范围有多大。

（6）工作联系：职位的工作报告对象、监督对象、合作对象、外部交往对象等。

（7）工作环境和工作条件：工作的时间、地点、噪声、危险等。

（8）任职资格要求：具备何种知识、技能、能力、经验条件的人能够承担这一职位的工作。

（9）其他有关信息：该职位所面临的主要挑战、所要作出的重要决策或规划等。

2. 在编写职位说明书的过程需要注意的问题

在编写职位说明书的过程中，对职责的描述应当尽量按照做什么、如何做、对谁做、为什么要做等要素的顺序来编写。最重要的是注意以下三点：

（1）要准确使用描述行为的动词，以明确任职者承担的具体角色。

（2）要尽可能地揭示出工作流程以及信息的流向。

（3）要尽可能地指明工作活动的目的或所要产生的结果。比如，很多企业习惯于用笼统的职责描述语言，比如负责预算工作、负责培训工作、负责仓库保管工作等。至于如何负责，不得而知。这样的描述实际上是没有太大价值的，而且很可能会造成误解。比如，某行政主管描述自己的一项职责是"负责办公区域的清洁工作"，这可能会让人误认为此人实际上是负责保洁的。但实际上此人"负责"的方式却是"通过寻找、确定以及监督保洁公司的工作来确保办公区域的清洁"。因此，选择准确的动词非常重要。此外，如果能够用精练的语言将工作的主要流程和信息的流动方向以及工作的依据等也描述出来，无疑会使职位说明书的使用者对被描述的职位有更加清晰的认识。

（4）任何一项工作都不是没有目的的，如果能够在职位说明书中将每一项关键职责所要实现的结果描述出来，那么无疑会增强职位描述的结果导向性，强化职位所要实现的绩效结果。

正确的工作职责描述格式应当如下所示：

根据大学的政策和指导方针（如何做？）来设计一个教学大纲（做什么？），以告知学生（对谁做？）本门课程的要求（为什么要做？）。

妥善储存、整理及保管所有待销的商品，以确保出仓商品的优良质量。

定期检查机器设备上的量器和负荷指示器，以防止可能表明设备出现问题的不正常现象。

根据保养时间要求更换零部件以及添加润滑剂，并保存对机器设备所做的所有保养记录，以确保机器设备正常运转，合理延长机器设备的使用寿命。

专栏3-1

销售部经理职务说明书

岗位名称	销售部经理	岗位编号	
所在部门	销售部	岗位定员	
直接上级	营销总监	工资等级	三级
直接下级	业务员	薪酬类型	
所辖人员		岗位分析日期	2002年2月
本职：领导本销售区域内的市场开发与管理工作，完成销售任务目标，深入了解市场状况，建立长期代理商关系，树立公司品牌形象			
职责与工作任务：			
职责一	职责表述：协助营销总监制定营销战略规划，为重大营销决策提供建议和信息支持		
	工作任务	根据公司营销战略组织制定本区域市场销售的年度规划	
		协助搜集国内外相关行业政策、竞争对手信息、客户信息等，分析市场发展趋势	
		定期、准确地向营销总监和相关部门提供有关销售情况、费用控制、应收账款等反映公司销售工作现状的信息，为公司重大决策提供信息支持	
职责二	职责表述：领导部门员工完成市场调研、市场开发、市场推广、销售、客户服务等工作		

续表

职责		内容
职责二	工作任务	根据年度销售目标，制订本部门工作计划和预算，并组织执行
		组织市场开发工作，执行公司渠道政策，完成部门的销售目标
		根据本销售区域的特点，提出市场推广方案建议，协助实施市场调研、市场推广工作
		组织客户管理工作，负责维持重要客户，与客户保持良好关系
		负责审核产品报价，参与合同谈判、合同签订等工作
		组织本销售区域客户需求预测，提出预生产申请
		协调客户培训、退换货等售后服务工作
		领导部门成员及时回收货款，清收超期应收账款，协助财务部门完成结算工作
职责三	职责表述：参与公司产品创新	
	工作任务	根据本地区市场特点，提出产品改进、新产品开发建议
		参与新产品市场推广，组织新产品销售
职责四	职责表述：负责销售部内部的组织管理	
	工作任务	负责本部门员工队伍建设，提出对下属人员的调配、培训、考核意见
		参与销售管理制度的制定，检查本部门执行情况
		负责协调下属业务员之间、本部门与相关部门之间的关系
		监督分管部门的工作目标和经费预算的执行情况，及时给予指导
职责五	职责表述：完成营销总监交办的其他任务	

权力：	
区域营销规划建议权	
市场推广方案建议权	
权限内销售合同审批权，重大销售合同、供应合同审核权	
代理商选择的建议权	
公司销售政策建议权	
新产品开发建议权	
权限内的财务审批权	
对直接下级人员调配、奖惩的建议权和任免的提名权，考核评价权	
对所属下级的工作的监督、检查权	
对所属下级的工作争议有裁决权	

教育水平	大学本科以上
专业	机电相关专业或经济、管理相关专业
培训经历	市场营销管理、销售管理、公共关系、推销技巧培训
经验	3年以上工作经历，1年以上本行业或相近行业销售管理经验
知识	通晓国际贸易业务知识，掌握公司所经营产品国内外行业动态，掌握市场营销相关知识，具备财务管理、法律等方面的知识，了解公司所经营产品技术知识
技能技巧	熟练使用Word、Excel等办公软件，具备网络知识、熟练的英语应用能力，粗通一门其他外语
个人素质	具有很强的领导能力、判断与决策能力、人际能力、沟通能力、影响力、计划与执行能力、客户服务能力

续表

其他：	
使用工具/设备	计算机、一般办公设备（电话、传真机、打印机、Internet/Intranet 网络）、通信设备
工作环境	办公场所、各市场区域
工作时间特征	经常需要加班，无明显节假日
所需记录文档	通知、销售统计或销售分析报告、客户档案、工作总结、合同等
考核指标：	
销售收入、利润率、市场占有率、应收账款拖欠天数及坏账率、客户满意度、预生产需求预测准确性、重要任务完成情况	
预算控制情况、下属员工行为管理、关键人员流失率	
部门合作满意度	
领导能力、判断与决策能力、人际能力、沟通能力、影响力、计划与执行能力、客户服务能力、专业知识及技能	
备注	

第三节 技能薪酬体系

一、技能薪酬体系的内涵和特点

（一）技能薪酬体系的内涵

1. 技能薪酬体系的概念

技能薪酬体系（又叫技能薪酬计划）是一种以人为基础的基本薪酬决定体系，其含义有狭义和广义之分。狭义的技能薪酬体系通常是指所从事的工作比较具体，所需技能能够被清晰界定的操作人员、技术人员以及专业职能人员的一种报酬制度。狭义的技能薪酬体系通常又可以分为深度技能薪酬体系和广度技能薪酬体系两种。广义的技能薪酬体系是指组织根据员工所掌握的与工作有关的技能、能力以及知识的深度和广度支付基本薪酬的一种报酬制度，包括狭义的技能薪酬体系和能力薪酬体系。

2. 技能薪酬体系的行业适用性

近年来，技能薪酬体系被广泛应用于电信、金融、制造业及其他一些服务性行业，在全球范围内已经成为一种重要的薪酬体系。具体来说，技能薪酬体系比较适合以下行业：运用连续流程生产技术的行业，如石油、化工、冶金、造纸等行业；运用大规模生产技术的行业，如汽车及其零部件生产制造、电子计算机生产等行业；服务行业，如金融、餐饮等行业；运用单位或小批量生产计划的行业，如服装加工、食品加工等行业。

（二）技能薪酬体系的基本类型

技能通常可以划分为深度技能和广度技能两种类型。

1. 深度技能

深度技能即通过在一个范围较为明确的具有一定专业性的技术或专业领域中不断积累而形成的专业知识、技能和经验。在这种情况下，员工要想达到良好的工作绩效，一开始可能需要胜任一些相对比较简单的工作，这种深度技能的培养往往是沿着某一专业化的职业发展通道不断上行的一个过程。事实上，典型的大学教师的技能和职业发展就是一种深度技能的积累过程。这是因为，由于专业化的要求，大学教师的教学和研究领域相对较窄，他们往往是在某一领域中不断积累和提高自己的水平，而不是什么课程都去教，什么研究都去做。

2. 广度技能

与深度技能不同，广度技能往往要求员工在从事工作时运用其上游、下游或者同级职位上所要求的多种一般性技能。它通常要求任职者不仅能够胜任在自己的职位族范围内需要完成的各种任务，而且能够胜任本职位族之外的其他职位需要完成的一般性工作任务。例如，在大型医院中，医生往往有非常严格的专业分工，比如儿科、妇科、内科、外科甚至脑外科等，因此，他们所走的往往是深度技能的职业发展轨迹。但是，在一些基层医疗单位或社区医疗机构，医疗服务人员却需要具备非常广泛的各类医疗知识，因为他们主要不是从事专业化水平很高、难度很大的研究和治疗工作，而是完成一些基本的医疗诊断和处理工作。所以，这些医生往往需要具备一些广度技能。

（三）技能薪酬体系的优点和缺点

1. 技能薪酬体系的优点

技能薪酬体系的优点主要表现在以下几个方面：

（1）技能薪酬体系向员工传递的是关注自身发展和不断提高技能的信息，它激励员工不断获取新的知识和技能，促使员工在完成同一层次以及垂直层次的工作任务方面具有更大的灵活性和多功能性，从而不仅有利于组织适应市场上快速的技术变革，而且有利于培养员工的持续就业能力，增强其劳动力市场价值。技能薪酬实际上是根据员工按照组织要求所掌握的工作技能，而不是某一特定职位所要求的技能来提供报酬。它的这种特征对于医疗保健机构这类专业技术组织尤其有用，因为员工只有持续不断地学习新的病例，新的医疗程序，了解新的药品以及新的治疗方法，才能确保整个组织的医疗水平和市场竞争力。

（2）技能薪酬体系有助于达到较高技能水平的员工获得对组织的全面理解。这是因为，员工掌握的技能越多，他们就越能成为一种弹性的资源——不仅能够扮演多种角色，而且能够获得对整个工作流程甚至整个组织的全方位理解。一旦员工能够更好地理解整个工作流程以及自己对组织作出的贡献的重要性，就会更好地提供客户服务，更努力地去帮助组织实现其战略目标。

（3）技能薪酬体系在一定程度上有利于鼓励优秀专业人才安于本职工作，而不是去谋求报酬虽然很高但不擅长的管理职位。技能薪酬体系有利于防止组织出现两个方面的损失：一是因为失去优秀技术专家所遭受的损失；二是由于接受了不良的管理者而遭受的损失。事实上，我国企业中过去长期存在官本位思想，大批优秀的工程技术人员最后以当官而不是技术水平的持续领先作为自己事业成功的重要标志，结果导致企业在技术和管理方面遭受双重损失。其中最重要的原因就是企业的薪酬体系设计是以职位等级或行政级别为导向的，而不是以技能为导向的。

（4）技能薪酬体系在员工配置方面为组织提供了更大的灵活性，这是因为员工的技能区域扩大能够使他们在自己的同伴生病、流动或者其他原因而缺勤的情况下替代他们工作，而不是被动等待。同时，由于技能薪酬为员工所获得的新的知识和技能支付报酬，因此技能薪酬体系对于新技术的引进非常有利。此外，在实行工作分享和自我指导工作小组的组织中，员工的这种灵活性和理解力是至关重要的。

（5）技能薪酬体系有助于高度参与型管理风格的形成。由于薪酬是与员工对组织的价值而不是所完成的任务联系在一起的，因此，员工的关注点是个人以及团队技能的提高，而不是具体的职位，并且技能薪酬体系的设计本身需要员工的高度参与。这种薪酬体系有助于强化高度参与型的组织设计，提高员工的工作满意度和组织承诺度，从而在提高生产率、降低成本、改善质量的同时，降低员工的缺勤率以及离职率。

2. 技能薪酬体系的不足

技能薪酬体系也存在一些潜在的问题，主要表现在以下几个方面：

（1）技能薪酬体系的投资回报率可能会很低。由于企业往往要在培训以及工作重组方面进行投资，员工的技能会普遍得以提高，很有可能导致薪酬在短期内上涨。由于技能薪酬体系要求企业在培训方面给予更多的投资，如果企业不能通过管理将这种人力资本转化为实际的生产力，就可能无法获得必要的利润。技能毕竟是一种潜在的生产力，如果不能通过有效的管理使这种潜在的生产力变成实际的生产率和绩效，企业根据技能支付薪酬也同样无法实现自己的目标。有研究指出，在资本密集型的制造业中通常要比在劳动密集型的制造业中更有可能成功地实施技能薪酬计划，因为人工成本的上涨在这一类企业中不会给企业的总成本带来较大的不利影响。如果员工生产率的提高不能抵消因此额外增加的劳动力成本，则企业的薪酬成本可能会出现超额增长。

（2）技能薪酬体系可能导致管理的复杂化甚至官僚主义。职位薪酬体系受到的批评之一就是其官僚性。然而，技能薪酬体系同样面临这种危险，这是因为这种薪酬体系的设计和管理要比职位薪酬体系更为复杂，它要求企业有一个更为复杂的管理机构，其中至少要包括制定和管理资格认证体系，对每一位员工的原有技能水平以及在不同技能层级上取得的进步进行评估和记录，同时还要设计和管理技能开发体系，等等，这些同样可能会导致一个大型官僚主义机构的产生。

（3）技能等级的评估比较困难。因为不同类型的职位所要求的技能的内容及其层次会有很大的差别，所以必须针对不同类型的职位和人员分别制定技能等级评价标准，这就会导致对员工的技能进行评估需要消耗大量的时间和精力。此外，对技能水平评估的客观性和准确性往往要低于对职位的重要性进行评估时所能达到的水平，因而技能评估的公平性更难以保证。在实践中，对于技能水平明显较高和较低的员工的技能等级评定比较容易，但是对于处于中间状态的员工的技能水平，在评定时有可能会出现一些争议。

（4）为技能评价要比为职位评价更困难。就像在职位薪酬体系下有可能面临市场薪酬水平数据不足的挑战一样，为不同的技能组合进行市场定价同样十分困难，除非企业界普遍实施了技能薪酬，否则，要想从其他企业获得可比数据会非常困难。这显然加大了技能薪酬体系的成本。

（四）技能薪酬体系与组织中的工作设计

技能薪酬体系带来的绝不仅仅是薪酬决定机制的变化。事实上，许多企业的技能薪酬体系设计的过程同时也是组织中的工作再设计过程。传统的职位薪酬体系其工作设计方式（见图 3-2）强调的是每一个人做好自己分内的工作，不要去过问别人的事情。在这种情况下，人是严格与职位或工作相适应的。而在实行技能薪酬体系的组织中，企业所强调的已经不再是每一个人完成自己的职位描述所严格界定的工作内容；相反，它更强调员工完成多种不同工作的能力。这种新的工作设计方式（见图 3-3）打破了传统本位主义思考问题的方式，鼓励员工从工作流程的角度去看待自己所从事的工作，以及自己所从事的工作与同事所从事的工作之间的关系，同时鼓励员工不断学习新的技能。这种新的工作设计方式与工作丰富化和工作扩大化的思路应该是一脉相承的。

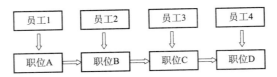

图 3-2　与传统的职位薪酬体系配套的工作设计方式

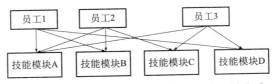

图 3-3　与技能薪酬体系配套的新工作设计方式

二、技能薪酬体系的设计流程

技能薪酬体系设计的重点在于开发一种能够使技能和基本薪酬联系在一起的薪酬计划。其基本流程如下：

（一）建立技能薪酬体系设计小组

制定技能薪酬体系通常需要建立两个层次的组织：一是由企业高层领导小组组成的指导委员会；二是具体执行任务的设计小组。此外，还有必要挑选出一部分员工作为主题专家（subject-matter experts），他们的作用是在设计小组遇到各种技术问题时提供协助。

一种典型的技能薪酬体系通常只是在一个组织的一个或多个单位中实行，而不是在整个组织中实行。因此，为了确保技能薪酬体系与组织整体薪酬哲学之间的一致性，就需要建立一个由企业的高层管理人员组成的委员会。这个委员会的主要作用包括：

（1）确保技能薪酬体系的设计与组织总体的薪酬管理哲学以及长期经营战略保持一致。

（2）制定技能薪酬体系设计小组的章程并且批准计划。

（3）对设计小组的工作进行监督。

（4）对设计小组的工作提供指导。

（5）审查和批准最终的技能薪酬体系设计方案。

（6）批准和支持技能薪酬体系。

设计技能薪酬体系的一个关键点在于，要把技能薪酬体系所覆盖的那些人吸收进来。一个典型的技能薪酬体系设计小组应当由那些将要执行这种薪酬体系的部门的员工组成。小组成员应当能够反映出总体劳动力队伍中的性别比例以及其他一些人口特征。除了这些人之外，设计小组还应当包括来自人力资源管理部门、财务部门、信息管理部门的代表。在存在工会的情况下，设计小组还应当就可能会影响雇用合同条件下的所有问题向作为员工法定代表的工会进行咨询。

虽然设计小组中的一些成员也可能充当问题专家，从而在技能薪酬体系的设计过程中提供信息和资源，但是，设计小组仍然有必要到小组之外寻找能够对方案设计过程中涉及的各种技术问题提供咨询的大量专家。这些专家可以包括员工、员工的上级、人力资源管理部门的代表、组织开发和薪酬方面的专家以及其他一些具备工作流程知识的人。设计小组的规模取决于准备采用技能薪酬体系的每一类职位或者工作的数量。通常情况下，某一种职位或工作中的员工数量越多，则这种类型的员工在设计小组中的人员数量也就越多。一般情况下，设计工作小组至少应当由来自不同层次和部门的五个人组成，才能开展工作。

（二）进行工作任务分析

技能薪酬体系准备支付报酬的对象，应当是对于有效完成任务至关重要的技能。因此，开展技能薪酬体系设计的首要工作是详细、系统地描述所涉及的各种工作任务。如有必要，还需要将工作任务进一步分解为更小的工作要素。根据这些详细的工作描述，就可以分析出与不同层次的绩效水平相对应的技能水平。

为了清楚地了解在一个组织中所要完成的所有工作任务，有必要依据一定的格式规范将这些工作任务描述出来。根据这些标准化的任务描述，我们就能理解为了达到一定的绩效水平所需要的技能层次。在描述工作任务的时候，分析者所面临的一个关键决策是，在任务描述中到底应当使信息详细到什么程度。作为一个一般性的规则，在一份任务描述中所列举的细节的数量取决于编写任务描述的目的。详细的工作任务信息对于培训活动来说是最适合的。但是为了开始进行一项技能分析活动，工作任务描述可以相对简单一些，只要强调所需完成的工作以及完成这些工作所需的必要行为就可以了。

通常情况下，进行工作任务分析，通常主要包括5W1H内容：

（1）要做什么（what）？对所包括的活动进行简要的概括。

（2）为什么要做（why）？所要达成的结果。

（3）对谁做（who）？行动的对象。

（4）在哪里做（where）？行动的地点。

（5）什么时候做（when）？行动的时间。

（6）如何做（how）？详细说明完成工作活动的方法、原材料以及指南。

（三）评价工作任务，创建新的工作任务清单

这一步实际上是要求设计小组在对工作任务进行分析的基础上，评价各项工作任务的难度和重要程度，然后重新编排任务信息，对工作任务进行组合，从而为技能模块的界定和定价打下基础。

技能薪酬体系设计小组通过外部的出版物或者自己进行的工作分析获得了相关职位或工

作的工作任务描述以后，还要根据需要重新对工作任务信息进行编排。

在对工作任务进行评价时需要用到主题专家。比如，在开始运用任务重要性这一尺度对组合起来的任务清单进行评价时，就应当由一位受过训练的工作分析人员去与主题专家进行面对面的交谈。工作分析人员应当原原本本地向主题专家说明工作任务评价的程序，然后促使他们思考还有哪些工作任务需要增加到工作任务清单中去。如果遇到的新的工作任务特别多，那么让主题专家将工作任务加以扩充或者对任务再次进行评价就很有必要。评价结束以后，还需要对工作任务进行重新组合，以便将组合好的工作任务模块分配到不同的技能等级中去，然后再设法对它们进行定价。

对工作任务进行组合的方法有两种：统计方法和观察方法。统计方法是指通过要素分析的方法，运用重要性或者难度两者之中的至少一个评价要素来对工作任务进行分组。不过，遗憾的是，要素分析要求有大量的主题专家参与，并且为了揭示分析的结果，还要对统计学有比较深的理解。尽管如此，我们仍然无法保证这种方法在任何情况下都能够得出工作任务的分组。而观察方法则是指由受过训练的工作分析专家和主题专家一起将工作任务分配到不同的组别之中。在对工作任务进行类别区分的时候通常需要遵循下列几个步骤：

（1）陈述每一项工作任务并分别写在一张纸片或者卡片上（索引卡最好）。

（2）根据一种规则将具有某些共通性的工作任务陈述归并到一起。主题专家应当重点考虑与工作有关的描述性字句。这种描述性字句的例子包括：技术的和人际的、管理的和非管理的、预防和维修、机械的和非机械的、体力工作和脑力工作等。这项工作必须由主题专家来完成，并且至少要有两名以上的主题专家参与。

（3）每一名主题专家都分别对完成归类的工作任务陈述进行比较，从而确定他们对这种分类是赞同还是不赞同。

（4）将主题专家召集到一起来讨论这些任务组合，阐述将这些工作任务划分到或不划分到某些任务类别中去的理由是否充分。

（5）根据讨论结果，通过将工作任务在不同的任务类别之间进行转换或者新建任务类别来重新界定工作任务类别。这一过程应当一直持续到大家的意见一致时为止。

（6）根据每一个工作任务类别所代表的任务类型给每一个任务类别起一个名字。这些工作任务类别所代表的就是不同等级的技能。

（四）确定技能等级模块并为之定价

1. 技能等级模块的界定

所谓技能等级模块（skill block），是指员工为了按照既定的标准完成工作任务而必须能够执行的一个工作任务单位或者一种工作职能。我们可以根据技能模块中所包括的工作任务的内容来对技能模块进行等级评定。

2. 技能模块的定价

对技能模块的定价实际上就是确定每一个技能单位的货币价值。虽然这一操作步骤的重要性得到了广泛的认可，但是至今也没有一种标准的技能等级定价方法，即并不存在一种能够将技能模块和薪酬联系在一起的标准方式。尽管如此，在对技能模块定价的时候，任何组织都需要作出两个基本决定：一是确定技能模块的相对价值；二是确立对技能模块定价的机制。通常情况下，我们可以按照下列几个维度来确定技能模块之间的相对价值：

第一，失误的后果。指由于技能发挥失误所导致的财务、人力资源以及组织后果。

第二，工作相关度。指技能对完成组织认为非常重要的那些工作任务的贡献程度。

第三，基本的能力水平。指学习一项技能所需要的基本的数学、语言以及推理方面的知识。

第四，工作或操作的水平。指工作中所包括的各种技能的深度和广度，其中包括平行工作任务和垂直工作任务。

第五，监督责任。指该技能等级涉及的领导能力、小组问题解决能力、培训能力以及协作能力等的范围大小。

当然，在实际操作过程中，很多企业可能并不会去费力地对每一个技能模块进行定价。更常见的情况是，企业根据一定的规则确定员工的技能水平，然后根据这种技能水平的总体评估来确定员工的薪酬。

（五）技能的分析、培训与认证

设计和推行技能薪酬体系的最后一个阶段是关注如何使员工置身于该计划之中，对员工进行培训和认证。在对员工的现有技能进行分析的同时，还要制订出培训计划、技能资格认证计划以及追踪管理工作成果的评价维度。

1. 员工技能分析

对员工进行技能分析的目的在于确定员工当前处于何种技能水平上。员工技能的评价者应当由员工的直接上级、同事、下级以及客户共同构成。这些人主要从各自不同的角度向被评价员工的上级提供评价意见。不过，有时同事之间的相互评价要慎用，尤其是在同事之间人际关系紧张的时候。同时，在进行实际的技能评价之前，评价的各方应当能够对评价标准达成共识。

2. 培训计划

由于技能分析与评价能够确定每位员工的实际技能水平，因此，它所提供的信息对于制定员工的培训计划来说是相当重要的。员工培训计划需要确定两个要点：一是员工的培训需要；二是采取何种方法进行培训最合适。培训计划的第一个要素是通过技能评价来确定培训需求。要形成一个完善的培训计划，首先要对与工作相关的各项技能进行分析。对培训需求的确定还需要得到员工希望提高的一些其他不足之处（例如，基本能力的缺乏，数学、语言、推理、人际管理和沟通能力的不足等）。第二个要素是确定培训方法。现在可以使用的培训方法有很多。比如在职培训、公司内部培训、师傅辅导计划、工作轮换、供应商提供的培训、大学或学院培训。

3. 技能等级或技能资格的认证与再认证

实施技能薪酬体系的最后一个环节是设计一个能够确定员工技能水平的技能认证计划。该计划应该包含三个要素：认证者、认证所包含的技能水平以及员工通过何种方法表现出自己具备某种技能水平。

在技能薪酬体系中，认证者可以来自内部，也可以来自外部。内部认证者主要是员工的上级和同事以及员工所从事工作领域的专家。通常情况下，在技能薪酬体系中都会组织这样一个认证委员会，因为这种由委员会进行的技能评价与仅仅由上级来主持的技能分析和评价相比会更加公正和客观。外部评价主要是指一些由大学、商业组织以及政府发起的考试和认证计划。这些外部认证机构通常也是比较公正和客观的。但是，由外部人员来对员工的技能进行评价可能会出现的问题是：由于外部评价者缺乏对员工所处工作环境的了解而导致评价失真。此外，员工在工作场合以外的地方获得了某种知识和技能并不意味着他一定能够将其应用到企业的具体工作环境中去。

一方面，技能等级认证和评定很重要；另一方面，在技能认证完成以后，每隔一段时间对员工的技能进行重新认证同样重要，因为只有这样才能确保员工继续保持已经达到的技能水平。与此同时，随着技术的更新，技能等级的含义本身也在发生变化，因此，企业需要根据自身技术水平的更新以及进步情况，随时修订自己的技能等级定义，并且进行技能等级的重新认证。缺乏重新认证规定的技能薪酬体系会很容易遇到机会主义的问题，即已经达到某种技能等级的员工在实际工作中并未发挥相应技能等级的作用，但是他们可以得到与自己曾经达到的技能水平相对应的薪酬水平。这一点在我国的大学中也有体现。比如，我国大学教师的薪酬水平通常与职称存在紧密联系，但是许多大学教师在评上副教授或教授之后，并没有能够继续保持与副教授或教授这一职称相匹配的工作业绩和工作能力，却拿着与之相对应的工资。当然，这种技能等级所带来的报酬在大学中可能还不仅限于薪酬，而且包括过去在福利分房时代可能享受到的副教授或教授级别的住房或住房补贴，还包括出国等其他隐性福利。因此，对大学教师的工作业绩提出明确的要求，就等于是对大学教师所进行的一种技能等级再认证。

最后需要指出的是，虽然技能薪酬体系是薪酬系统中一种很普通的模式，但是很多组织因为没有足够重视该体系的设计和推行过程而以失败告终。这就提醒我们，在实施技能薪酬体系之前，必须认真剖析这种体系设计的各个方面和每一个步骤，以尽量减少体系失败的风险。

第四节　能力薪酬体系

一、能力的概念以及能力模型的建立

（一）能力薪酬体系的基本概念

基于能力的薪酬体系是根据特定职位员工的胜任能力高低（知识、技能、能力的广度、深度和类型）及员工对公司忠诚度的高低来确定薪酬支付水平。基于能力的薪酬体系的设计基础是对员工的工作胜任能力进行评价，即通过衡量与高绩效相关的素质与行为，以及基于职业发展通道的任职资格与职业化行为评价来替代对工作产出（绩效）的衡量。这种薪酬体系适合研发、市场等特殊领域的专业人员。

胜任能力这一概念由哈佛大学心理学家大卫·麦克莱兰在20世纪70年代初期首先引入之后，逐渐成为成功经营战略的一个关键组成部分。尤其是进入90年代以后，随着许多企业的风光不再，兼并、流程再造、精简裁员等随之而来，企业不得不密切关注如何激励员工以及使他们关注企业的战略。在这种背景下，强化能力成为企业实现价值的一个重要途径。许多组织发现，自己对这样一些员工的需求变得越来越紧迫：他们不仅具有很强的能力，而且能够与团队共同工作，能够自己作出决策，同时也能承担更多的责任。此外，对于现代企

业中的员工而言,他们需要掌握的不再仅仅是传统的、单纯的知识和技术,更重要的是那些无法显性化的能力——团队协同工作的能力、实现特定目标的能力、快速解决问题的能力、理解并满足客户需要的能力。

(二)能力模型的类型以及能力指标的界定和分级

很多公司在建立自己的能力模型时,往往会得到一长串非常相似的清单。研究表明,最常用的 20 种核心能力包括:成就导向、质量意识、主动性、人际理解力、客户服务导向、影响力、组织自觉性、分析性思考、观念性思考、自我控制、自信、经营导向和灵活性等。应该说这是很正常的,不同行业中的多家公司很可能会发现,具有某种特定行为类型的人更容易成为一个绩效优秀者。

在实践中,企业可以为整个组织建立一个能力模型,也可以仅仅为某些特定的领域,比如角色、职能或特定职位建立一个能力模型。建立哪一种能力模型,关键取决于企业的需要以及希望达到的目标。能力模型通常包括以下四种类型:

1. 核心能力模型

这种能力模型实际上是适用于整个组织的能力模型,它常常与一个组织的使命、愿景和价值观保持高度一致。这种能力模型适用于组织中各个层级以及各种职位上的员工,非常有利于辨认以及明确与组织的核心价值观相符的那些行为。如果一个组织希望向全体员工强调自己的核心价值观,比如客户服务、团队合作等,那么这种核心能力模型可能是最合适的。此外,这种核心价值观还可以用于引入一种很可能会对整个组织产生深刻影响的大范围的文化变革,它可以向员工清楚地显示出即将塑造出来的新文化和新组织最看重的行为是什么。

2. 职能能力模型

这是一种围绕关键业务职能,比如财务管理、市场营销、信息技术、生产制造等建立起来的能力模型。它适用于同一职能领域中的所有员工,无论这些员工在职能中处于哪一个级别。这种能力模型的意义在于,即使在同一个组织中,在不同的职能领域中取得成功所要求的行为往往也是不一样的。职能能力模型往往有着很强的针对性,即它使一个组织可以非常明确具体地说明自己期望看到的行为,从而推动行为的快速改变。

3. 角色能力模型

这种能力模型适用于一个组织中的某些人所能扮演的特定角色——比如技师、经理等,而不是这些人所在的职能领域。一种比较有代表性的角色能力模型是经理人员的能力模型,这种模型涵盖了对财务管理、市场营销、人力资源管理、生产制造等各种职能领域的管理人员的能力要求。由于这种能力模型是跨职能领域的,因此,它特别适合于以团队为基础组建的组织。团队领导适用于一套能力模型,而团队成员则适用于另外一套能力模型(当然,两者之间会有大量的交叉)。

4. 职位能力模型

这是一种适用范围最狭窄的能力模型,因为它只适用于单一类型的职位。当然,这种能力模型所针对的通常是在一个组织中有很多人从事的那一类职位,比如一家寿险公司针对寿险营销人员开发的能力模型。

这几种能力模型并不是对立的,而是可以相互交叉的。在建立能力模型的同时,还必须将能力指标与一系列可观察的关键行为联系起来,从而将能力指标转换为不同级别的可观察行为，企业需要通过观察和直接询问绩效优异者是如何完成工作或解决问题的，来确定达成优秀绩效的行为特征有哪些，或者说哪些行为表明员工具备某种能力。

专栏3-2

任职资格工资

任职资格包括经验、成果、素质和能力等多项要素，通过整合后可建立能力等级序列，任职资格工资就是基于能力等级序列的工资体系。任职资格通常也称为"技术等级"或"内部职称"，与正式的职位体系一起，成为人力资源管理的基础性平台。员工的培训、薪酬及职业生涯发展都可以和任职资格体系密切联系起来，形成一个综合的基于能力的开发、激励及职业发展系统。

任职资格工资更加综合也更为实用，与技能工资和知识工资相比，任职资格工资承认员工内在特质和动机的重要性；与胜任力工资相比，任职资格工资认为虽然胜任力能够影响绩效，但仍然离不开岗位工作所必备的知识和技能。

二、能力薪酬方案的设计及管理要求

（一）能力薪酬体系的实施前提

目前很多企业都建立起了自己的基于能力模型的人力资源管理系统。然而，虽然许多公司已经将能力作为绩效管理、人员配置或培训开发系统的一个不可分割的组成部分，但是只有很少的企业以非常正式的方式将能力和薪酬决策明确挂钩（当然，很多企业在制定薪酬决策时，都会以隐含的方式综合考虑员工的能力和他们对组织的贡献）。即使是在实行能力薪酬方案的企业里，大家也在能力的定义、将能力与薪酬挂钩的目的及方式、覆盖的员工类型以及执行的力度等方面存在较大差异，并且企业实行这种薪酬方案的失败率比较高。因此，将能力模型应用于薪酬的做法到目前为止仍然处于一种不成熟的探索阶段。虽然从理论上来说，针对企业看重的技能、能力以及行为改变支付薪酬是非常有意义的，但是像其他薪酬体系一样，能力薪酬能否发挥作用，同样要看它的设计和管理是否得当。

对能力薪酬持明确的反对意见者认为，薪酬的确定应当建立在更为客观的基础之上，依据主观、抽象的能力评估来制定薪酬的做法只会导致不公平、无效以及歧视性的后果。这就提醒企业，在实施能力薪酬体系之前，必须非常慎重地考虑一些问题，其中最主要的是以下两点：

1. 是否有必要实行能力薪酬

企业必须从经营的角度认真考虑，自己是否真的需要从原来的薪酬体系转变成能力薪酬体系。如果现有的薪酬体系运转良好，能够满足组织和员工两个方面的需要，企业可能就没有必要实行能力薪酬。因为能力薪酬的效果到底如何还没有定论，从目前的情况来看，它只适合于某些特定的行业和企业。通常情况下，能力薪酬体系比较适合技能和行为对于强化组织的竞争力至关重要的一些行业或企业，比如药品研发、计算机软件以及管理咨询等行业。

在这些行业中,知识型员工以及专业人员占了较大的比重,传统的绩效薪酬体系往往无法在这些员工身上非常有效地发挥作用。同时,这些行业的组织结构往往比较扁平,对灵活性的要求非常高,并且十分强调员工的持续开发和能力的不断提升。

另外,向能力薪酬转变会导致企业必须进行多项重大变革,而变革本身是要付出代价的。因为存在额外的管理和人力资源方面的其他要求,所以如果管理不善,能力薪酬体系的优点很可能会被抵消。例如,能力薪酬体系要求组织建立起对工作或角色进行评价的系统,获得确定薪酬水平的市场数据,创建能够灵活追踪各种浮动薪酬的管理系统等。此外,由于现在不是根据员工的职位而是根据能力等级来确定薪酬水平,因此,一些职位等级暂时不高的员工,薪酬水平反而有可能涨上去。这样,实施能力薪酬方案很有可能会导致成本上升。所以,企业必须确保能力薪酬体系能够给企业带来经济价值,然后再引用能力薪酬体系。

2. 必须将能力薪酬体系作为整体人力资源管理领域的重大变革的一部分来实施

整个人力资源管理体系必须同时向以能力为中心转移,而不能仅仅靠薪酬方案单兵突进,直接把它嫁接在原有的人力资源管理系统之上草草了事。对能力的强调必须贯穿企业的员工招募、晋升、绩效管理、培训开发以及薪酬管理的各个人力资源管理环节当中。单纯采用能力薪酬或以能力薪酬为先导进行能力模型建设,成功的可能性都是非常小的。

如果以能力为中心的整体人力资源管理模式(包括能力薪酬体系)导致能力更强的人得到雇用和晋升,并且受到不断学习和改善绩效的激励,那么,它不仅能够使员工带到工作中或角色上来的附加价值得到报酬,而且有助于组织更好地关注其使命以及卓越绩效对组织使命所产生的重要价值。即使在成本增加的情况下,企业仍然有可能获得更高的利润。

在企业中建立能力模型以及相应的能力薪酬体系的基本流程如图 3-4 所示。

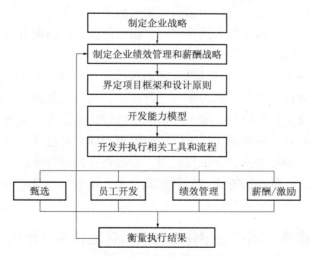

图 3-4 能力模型以及能力薪酬体系设计的基本流程

(二) 能力与薪酬挂钩的几种不同方案

企业常常采取多种不同的形式将能力与薪酬挂钩。其中主要的模式有五种。

1. 职位评价法

将能力与薪酬挂钩的最常见方法是借助职位评价过程来实现,即在传统的要素计点法中,用与能力相关的部分或全部要素替代传统的报酬要素。传统评价要素在衡量管理责任时往往根据管理职位下属的人数或管理的预算规模来进行判断,而与能力有关的职位评价要素则会考虑管理方面的要求以及需要具备什么样的技能才能满足这些管理要求。

2. 直接能力分类法

直接能力分类法完全根据个人的能力情况而不是职位情况来进行基本薪酬等级的划分,是真正意义上的能力薪酬体系。在这种情况下,分类者往往根据员工所扮演的角色——比如普通员工、经理、高级经理——把他们放进某个单一的薪酬宽带中。在每个薪酬宽带中都划分出三四个高低不同的区域,每个区域代表着一种不同的能力水平并且对应着一个特定的薪酬浮动上限和下限。

3. 传统职位能力定薪法

在传统职位能力定薪法中,员工依然会因为开发能力而获得报酬,但是关于职位和薪酬的概念都更为传统,即某一个职位仍然会被确定在某一个薪酬等级之中,这个薪酬等级的薪酬浮动范围不会超过50%或60%。在这样一种狭窄的薪酬区间中,组织会根据员工的能力决定员工的薪酬水平处于这一区间的哪一个位置上。员工如果没有机会进入职位等级的更高阶梯上去,他们可能获得的薪酬增长的空间就要小得多。这样,能力就只能在一个较小的薪酬浮动范围内发挥作用,但薪酬与能力之间的关系仍然是直接的。职能能力模型或职位能力模型最适合采用这种办法。

4. 行为目标达成加薪法

这是根据基于能力的行为目标达成度来确定加薪水平的做法。在这种情况下,组织是通过现实拟定的行为目标,而不是整体能力评价结果来对能力进行评价的,然后根据评价结果确定加薪幅度。这种方法实现了利用多种评价来源进行人力资源开发的目的,同时避免了利用多种评价来源得到的评价结果直接与薪酬挂钩时通常会存在的一些问题,其中主要是评价者在考虑到评价结果会影响被评价人的薪酬时,很可能会刻意扭曲评价结果。

5. 能力水平变化加薪法

这是将员工的薪酬水平直接与对其总体能力水平的变化情况所做的评价相挂钩,即企业首先通过多位评价者对员工的总体能力水平进行评估,然后根据员工的能力水平变化情况直接决定员工的加薪幅度。这可能是将能力和薪酬进行挂钩的最为明显的形式,同时可能也是问题最多的一种挂钩方式,将加薪这样一件严肃的事情建立在这样一种过于主观的评价结果之上,会导致一些个人偏见进入评价过程。对于那些将多位评价者的评价结果用于人力资源开发目的的企业来说,这种挂钩方式的问题尤其突出,因为,一旦能力变化情况直接与薪酬挂钩,评价者可能会有意控制评价结果。

三、能力薪酬体系、职位薪酬体系与技能薪酬体系的比较

能力薪酬体系、职位薪酬体系与技能薪酬体系的比较见表3-2。

表3-2 能力薪酬体系、职位薪酬体系与技能薪酬体系的比较

类别	职位薪酬体系	技能薪酬体系	能力薪酬体系
薪酬结构	以市场和所完成的工作为基础	以经过认证的技能以及市场为基础	以能力开发和市场为依据

续表

类别	职位薪酬体系	技能薪酬体系	能力薪酬体系
价值评价对象	报酬要素	技能模块	能力
价值的量化	报酬要素等级的权重	技能水平	能力水平
转化为薪酬的机制	赋予反映薪酬结构的点数	技能认证以及市场定价	能力认证以及市场定价
薪酬增加	晋升	技能的获得	能力开发
管理者的关注点	员工与工作的匹配晋升与配置通过工作、薪酬和预算控制成本	有效地利用技能提供培训通过培训、技能认证以及工作安排来控制成本	确保能力能够带来价值增值提供能力开发的机会通过能力认证和工作安排控制成本
员工的关注点	寻求晋升以挣到更多的薪酬	寻求技能的提高	寻求能力的改善
程序	职位分析职位评价	技能分析技能认证	能力分析能力改善
优点	清晰的期望进步的感觉根据所完成工作的价值支付薪酬	持续性学习灵活性人员使用数量的精减	持续学习灵活性水平流动
不足	潜在的官僚主义潜在的灵活性不足问题	潜在的官僚主义对成本控制的能力要求较高	潜在的官僚主义对成本控制的能力要求较高

第五节　绩效薪酬体系

一、绩效薪酬概述

绩效工资针对的是相同岗位不同的任职人员，由于个人在工作能力、态度、性格、知识差异、团队意识、敬业精神等方面的差异或是相同岗位同一任职人员在不同工作期内由于本人工作状态（身体状况、情绪等）的差异而导致的工作结果与企业要求的符合程度不同，员工所获得的浮动工资也就不同，它是浮动工资制度的一种形式，前身是计件工资，但它不是简单意义上的工资与产品数量挂钩的工资形式，而是建立在科学的工资标准和管理程序基础上的工资体系。它的基本特征是将员工薪酬收入的部分或全部与个人工作绩效挂钩。工作绩效是一个综合的概念，它的主体是岗位工作任务的完成情况，还包括员工对企业的其他贡献（包括团队合作、忠诚、奉献精神、创新意识等）。

绩效薪酬常用来将业绩和薪酬联系起来，目的在于激励员工更好地工作。绩效薪酬从广义上理解是个人、团队或公司的业绩与薪酬的明确联系，薪酬依据个人、团队和企业业绩的变化而具有灵活的弹性；从狭义上理解，它是员工个人的行为和业绩与薪酬的联系。薪酬根据员工的行为表现和业绩进行相应的变化，由于员工自身的业绩和行为在较大程度上能受到自己的控制，因此，员工可以控制他们自己薪酬总量水平的高低，从而实现薪酬对员工业绩调控的目的。

在工资体系中，绩效工资是岗位价值的一部分，是包含在员工标准工资内的，是员工正常工作应得的报酬。但这部分薪酬不是固定的，是根据个人不同考核期内工作绩效的差异上下浮动的。浮动的基数是员工薪酬的绩效部分，浮动的系数是员工工作绩效的系数。绩效系数是员工实际工作与岗位标准要求的比值，是员工绩效的结果。当员工工作超过岗位要求时，绩效系数就会超过1，员工收入就会超过标准工资，如果员工工作与公司要求不适应或不满足岗位要求，绩效系数就会小于1，员工收入就会小于其标准工资，个人应得收入就会减少。因此，绩效工资是与个人工作业绩挂钩的具有准确核算依据的常规性工资项目，不是效益奖金，也不是利润分红。

（一）绩效薪酬设计的原则与目标

绩效薪酬设计的基本原则是通过激励个人提高绩效来促进组织绩效的提高。即通过绩效薪酬来传达企业绩效预期的信息，刺激企业中所有的员工努力提高绩效来达到企业提高绩效的目的；使企业更关注结果或独具特色的文化与价值观；能促进高绩效员工获得高期望薪酬；保证薪酬因员工绩效的不同而不同。

在设计绩效薪酬时，牢记企业的目标是很有必要的。因为，绩效薪酬设计是基于这样一个假设——员工的绩效因努力与薪酬间的明确关系而提高；因此，其设计的根本目标就是要提高绩效或企业生产力，以及将个人绩效薪酬作为企业进行变革的手段，鼓励价值观的改变。

（二）建立绩效薪酬设计的基础

在设计任何绩效薪酬时都必须做出的关键决策是绩效认可，即薪酬在多大程度上建立在绩效基础上，绩效薪酬的关注对象，决定绩效薪酬的多少与怎样等。在此基础上，企业还应建立绩效管理体系，以使绩效与薪酬有效连接起来，要做到这一点，就必须达到以下要求：

员工的工作绩效是可以度量的；员工之间的绩效差别是可以区分的；可以体会到绩效差别和薪酬差别之间的关系；业绩薪酬增长的前景将激励提高绩效行为的改变；个人和组织绩效之间存在可以建立的联系。

二、基于绩效薪酬的设计

绩效薪酬设计包括绩效薪酬的支付形式、关注对象、配置比例、绩效等级、分配方式以及绩效薪酬的增长方式等。

（一）绩效薪酬的支付形式

绩效薪酬的支付形式表现为企业以怎样的薪酬支付来建立与绩效的联系，这种联系有很多种，而且不同的企业差别很大。可能包括常见的业绩工资、业绩奖金和业绩福利，也可能包括股票或利益共享计划等形式。就实施绩效薪酬不同层次的员工来讲，也存在很大差别。企业可以支付许多不同类型的绩效薪酬，如员工可以因销售的增长、产量的提高、对下属的培养、成本的降低等得到绩效薪酬；一般来讲，企业高层可能更倾向于中长期绩效薪酬激励，而低层员工更倾向于短期的绩效薪酬激励。依据不同的支付形式，企业提供的绩效薪酬频率各不相同，可能是每月进行一次支付，也可能是一季度或一年进行一次支付。

（二）绩效薪酬关注的对象

绩效薪酬是关注个人还是关注团队，或是在关注团队绩效的基础上注重个人业绩。绩效薪酬关注对象的确定受到企业文化价值观和不同发展阶段的战略等因素的影响，如绩效从个人层面上得到衡量，那么每个人得到的绩效薪酬是建立在他的绩效基础上的，个人绩效在企业中得到最大化体现，有利于强化个人的行为与结果，但可能不太能满足团队协作和最大化团队绩效的要求。绩效薪酬也可以通过向一个团队或单位的每一个员工提供一种群体绩效薪酬，即基于团队、业务单位或整个组织的绩效。还可以先衡量团队或单位的绩效来确定绩效薪酬总额，然后依据员工个人绩效对绩效薪酬总额进行划分，员工获得的绩效薪酬是基于自身的绩效。

（三）绩效薪酬的配置比例

由于绩效薪酬种类很多，绩效薪酬在不同部门或不同层次岗位中的配置标准也不一。这里，我们仅以其中一种——业绩工资进行说明。业绩工资的配置标准与各个岗位的工资等级和对应的外部薪酬水平相关；与个人或团队的业绩联动，使得员工或团队可以通过对业绩的贡献来调节总体工资水平。具体配置有两种方法：第一种是切分法，先依据岗位评价和外部薪酬水平确定不同岗位的总体薪酬水平（100%）＝基本固定工资(50%)＋业绩工资（50%）；第二种是配比法，先依据岗位评价和外部薪酬水平确定各个岗位的基本固定工资水平，这时应考虑薪酬水平的市场定位。在这种情况下，基本工资水平应定位于市场薪酬水平的相对低位，再在各个岗位基本工资的基础上上浮一定比例，使各个岗位薪酬的总体水平处于市场薪酬水平的中高水平，如某岗位的薪酬总体水平＝基本固定工资＋业绩工资（业绩工资为基本工资的40%）。这样，在员工没有达到或低于预期业绩标准时，其总薪酬水平低于市场水平；而当达到或高于业绩标准时，其总薪酬水平就会持平或高于市场薪酬水平，从而达到让员工依业绩控制自己的薪酬而激励绩效的目的。

（四）绩效等级

绩效等级是依据绩效评估后对员工绩效考核结果划分的等级层次，一方面，它与具体的绩效指标和标准有关，也与企业考核的评价主体和方法有关；在做到公正、客观地对员工绩效进行评价的基础上，绩效等级的多少和等级之间的差距将会对员工绩效薪酬的分配产生很大影响。另一方面，在设计绩效等级时还要考虑绩效薪酬对员工的激励程度，等级过多造成差距过小，将会影响对员工的激励力度；等级过少造成差距过大，将会影响员工对绩效薪酬的预期，使员工丧失向上的动力。

（五）绩效分布

确定了企业绩效等级以后，还应明确不同等级内员工绩效考核结果的分布情况，即每一等级内应有多少名员工或有百分之几的员工；通常来讲，企业员工的绩效分布基本符合正态分布规律，即优秀的占10%~20%，中间的占60%~70%，而差的占10%左右。严格的绩效分布，一方面，有利于对员工的绩效进行区分；另一方面，也有利于消除绩效评价各方面的模糊业绩，使评价结果趋中。

（六）绩效薪酬分配方式

绩效的分配是指绩效薪酬如何在个人或团队中进行分配；一种是绩效薪酬先在团队间进

行分配，然后再依据个人绩效进行分配。这中间又包含两种形式——完全分配和不完全分配，完全分配是将企业计提的绩效薪酬总额在团队与员工中进行彻底划分，一分不剩；而不完全分配是在控制绩效薪酬总量的情况下，在团队与员工之间依考核等级进行层次分配，绩效薪酬总量存在一定剩余。另一种是绩效薪酬直接依据个人绩效进行分配。

（七）绩效薪酬增长

员工薪酬增长不同是因为企业执行标准各不一样，主要表现为职务晋升调薪、岗位调动调薪、资历提高（工龄或任职资格等）调薪以及绩效调薪等。就绩效薪酬增长来讲，主要有两种方式：一为增加工资标准，二为一次性业绩奖励。在具体处理时，各个企业采用的策略也有所区别，增加工资标准将长久地提高员工的工资水平。随着时间的推移，就变成了员工对薪酬的一种权利，考虑到薪酬刚性的特点——易上难下，这不利于企业薪酬的灵活决策。一次性业绩奖励是对达到企业业绩标准或以上的员工一次性进行奖励支付，在数量上可以与企业的当期收益挂钩，既可以使员工感受到激励的效果，也有利于企业薪酬的灵活决策。

总之，绩效薪酬设计必须明确需要达到的目标，有效利用薪酬策略和绩效与薪酬的密切关联，使企业不必为所有的工作支付高薪，只为那些具备关键技能并能为企业创造高绩效的员工支付高薪，从而使企业能够吸引所需的拥有关键技能的人才和留住高绩效员工以满足战略需要，又能够对企业的成本进行控制。

三、绩效管理体系

基于绩效的薪酬体系设计要关注绩效的管理，绩效管理体系应该包括如下内容：

（一）选择合适的考核工具

根据我们现在的企业情况，采用关键绩效指标法（KI）与平衡计分卡相结合的办法更为合适。在绩效方案实施初期，可以采用动态 KI 指标考核，在 KI 指标逐步选择成熟后再采用静态 KI 指标。采用 KI 对部门业绩进行考核，便于保证各单位工作与公司目标相适应，采用 KI 结合平衡计分法对个人绩效进行考核，有利于从多角度反映员工对企业的贡献。

（二）确定适合企业发展需求的考核效标体系

考核效标体系包括指标、标准、权重及考核的数据来源，这个体系必须具有合理性，必须能够体现岗位工作重点并且能够为大部分员工通过努力实现。所有数据来源必须真实、准确，并且要有可靠的数据来源，才能言之有据，让被考核者认可考核的公正性。

（三）确定合理的考核层次

在当前状况下，一方面，可以考虑采用单层次考核，即考核直接针对个人。对于部门的考核即为对部门负责人的考核，这样有利于增强部门负责人的责任感，考核过程、核算过程较为简单、便于操作，对个人的激励性比较强；另一方面，也可以考虑采用多层次考核，即首先对部门进行考核，再对个人进行考核，部门考核结果将通过某种规则影响个人的绩效。

（四）确定合理的考核程序

确定合理的考核程序即谁考核谁，谁对谁负责。小组考评、360 度考评是理论家推崇的考评程序，却存在着数据量大、难以操作、容易造成单位内部紧张的问题。对于个人的考核，采用直接上司负责制是当前的首选。对于部门考核，要采用逐级考核与协作部门考核相结合的方式。

（五）建立绩效监督机制

绩效监督机制包括对绩效计划执行的监督，也包括对绩效考核结果的监督。在坚持客观公正、注重实绩、员工公认原则的基础上使考核机制不断改进和完善，有效地激发员工的积极性，推动各项工作的落实。在具体实施过程中体现出以下特点：

（1）在考核内容上，坚持注重实绩，全面考核，把实绩考核考实，在确定考核目标时，坚持把握全局，突出重点，通过重点目标的考核，带动工作任务的全面完成。

（2）在考核方法上，坚持考察、核实和员工评议相结合，充分体现员工公认的原则，落实员工的"知情权、参与权、选择权、监督权"。

（3）在考核评价上，坚持分类比较，好中选优，限定比例。

（4）在考核结果的运用上，坚持严格奖惩和员工选拔任用相结合，考核结果的运用是考核激励约束作用的关键。

（六）建立绩效诊断和绩效反馈机制

建立绩效诊断和绩效反馈机制即对绩效结果的全面分析判断，推广优秀经验，改善落后绩效，形成良性循环，同时包括员工绩效申诉制度。

（七）绩效应用及作用

绩效管理体系的建立不是为了奖惩，而是为了提高个人乃至整个组织的绩效。绩效可以应用在工资、奖惩、内部人才筛选、组织学习与培训等方面。具体的作用体现在以下几个方面：

1. 激励作用

绩效考核目标明确、责任到人、注重实绩、奖罚分明，可有效地激发员工的工作热情，增强团队的凝聚力和战斗力，形成良好的工作和用人导向。

2. 推动作用

考核目标涵盖主要工作任务，通过明确责任目标、跟踪监控、考核奖惩，推动工作绩效的进一步提升。

3. 依据作用

实绩考核可以为准确了解、评价和使用员工提供一个比较客观公正的衡量标准，能较好地克服以往的考察评价凭印象、想当然等主观因素。

4. 约束作用

只讲约束，没有激励，难以调动积极性；只讲激励，没有约束，难免会出问题。在考核实践中，考核的标准本身就是对员工的一种教育、一种约束，通过制定考核目标，使员工明确应该做什么、应该达到什么样的要求。

专栏3-3

绩效工资的优缺点

一、优点

（1）有利于将员工工资与工作绩效挂钩，将激励机制融于企业目标和个人工作绩效的联系之中。

（2）有利于打破员工以狭隘的工作任务为工作着眼点的传统工作思维，建立以结果为导向的工作机制，打破部门、岗位界限，加强合作意识。

（3）有利于工资向工作绩效优秀者倾斜，提高企业效率和节省工资成本。

（4）有利于突出团队精神和企业形象，增大激励力度和企业的凝聚力。

一个大公司的经理每天将其70%~80%的时间花在"听说读写"的沟通活动上。

二、缺点

（1）绩效工资会鼓励员工之间的竞争，破坏员工之间的信任和团队精神。员工之间会封锁信息，保守经验，甚至可能会争夺客户。对那些一定需要团队合作才能有好的产出的企业，这种方法就不适用。

（2）绩效工资鼓励员工追求高绩效，如果员工的绩效同组织（部门、公司）的利益不一致，就可能发生个人绩效提高，组织的绩效反而降低的情况，这时候这种方法就失去了价值。

（3）员工可能为了追求高绩效而损害客户的利益。例如，保险公司的业务员，为了达成交易，过度夸大保单价值。当被客户识破后，有可能会要求退保，同时，保户也会对保险公司产生不信任。再如，医生为了增加收益，可能会给病人开高额药方，做不必要的昂贵检查。这种做法有违医院的宗旨，同时也会损害医院的形象。

本章案例研究

某石油销售分公司的薪酬体系

某石油销售分公司将全部岗位划分为六个职系：管理职系、行政职系、财会职系、技术职系、销售职系及加油员职系。相应的薪酬体系分为三个部分，即岗位技能工资制、提成工资制和吨油含量工资制。

（一）岗位工资制

适用的对象是管理、行政、财会及技术职系的员工。由基本工资、岗位工资、技能工资、年功工资、效益工资及各种津贴组成。

1. 基本工资

占20%，以当地最低工资标准确定。

2. 岗位工资

占50%，案例评价。

3. 技能工资

占 10%，按员工技能水平确定。

4. 年功工资

占 10%，按工作年限确定。

5. 效益工资

根据企业效益确定工资总额，再根据岗位分配。

6. 各种津贴

如中餐费等。

（二）提成工资制

适用于销售人员：基本工资＋提成（销售额×10%）。

（三）吨油含量工资制

基础工资：500 元/月。

吨油含量工资 = 全体加油员的工资基数 ÷ 加油站月定额销量

加油站计提吨油含量工资 = 吨油含量工资 × 加油站实际销量

加油员计提吨油含量工资 = 加油站计提吨油含量工资 ÷ 加油站人数

[讨论题]

请对该公司的薪酬体系进行评价。

本章小结

基于职位的薪酬体系，通过职位来确定人在组织中的地位和价值，实现人岗有效配置。建立基于职位价值的薪酬序列，因岗设人，以职位为核心确定人与组织、人与职位之间的关系，以职位所赋予的行政权力来处理上下级关系及组织成员之间的沟通协调关系。

基于技能的薪酬体系，通过个人所掌握的与工作有关的技能、能力以及知识的深度和广度实现基本薪酬的支付。有利于激励员工不断获取新的知识和技能，促使员工在完成同一层次以及垂直层次的工作任务方面具有更大的灵活性和多功能性。

基于能力的薪酬体系，通过薪酬与能力任职资格挂钩，可以促进员工不断提高自身能力；在职位不晋升的情况下，只要能力提高，薪酬就可以得到明显提高，有效地解决了晋升与加薪的矛盾；人才是企业的第一资源，通过员工能力的提高，有利于实现企业的战略目标；可以体现员工的价值，满足员工自我实现的需求。

基于绩效的薪酬体系，通过绩效考核，促使员工不断提高工作质量；通过绩效指标的设定，使员工朝着企业设定的方向努力，实现企业的战略目标；通过绩效管理，使员工发现自身存在的问题并及时改正，有利于企业的长远发展。

复习思考题

1. 薪酬体系包括哪些？
2. 职位薪酬体系有什么特点？实施条件是什么？
3. 能力薪酬体系的实施前提有哪些？
4. 技能薪酬体系有哪些优缺点？
5. 基于绩效的薪酬设计包括哪些内容？

6. 请对不同薪酬体系做简要比较。
7. 职位说明书应该包括哪些要素?
8. 职位薪酬体系有哪些优缺点?
9. 绩效管理体系包括哪些内容?
10. 在实施能力薪酬体系之前,应着重考虑哪两个问题?

第四章

薪酬设计的基本制度

本章内容提要
1. 薪酬设计的内容和目标。
2. 薪酬设计的基本原则和依据。
3. 薪酬设计的方向选择。
4. 薪酬设计的步骤。

引导案例

驴子与骡子的故事

有一位农民,养了一头驴子和一头骡子。平时,他们都干一样的活,驴子拉磨,骡子也拉磨。由于磨坊比较狭窄,骡子的力气也施展不出来,他们磨出的面粉也差不多。但是吃起饲料来,骡子吃的却比驴子要多很多。驴子觉得很不服气。一天,农民带着驴子和骡子去市场上卖面粉。天不亮出发,他们先越过两座大山,又趟过一条大河,刚开始,驴子觉得还很轻松,但随着路途不断地加长,驴子觉得自己背上的面粉越来越重了。在面对眼前又一座大山的时候,已经汗流浃背、气喘吁吁的驴子终于累倒了,再也爬不起来。看着驴子的可怜样儿,骡子二话没说,从驴子背上取下面粉放在自己的背上。甚至还半开玩笑地对驴子说:"小兄弟,你现在知道我为什么平时比你吃的多了吧?"

现实版的驴子与骡子的故事

驴子和骡子的故事有非常多的现实版。位于北京中关村的 JL 公司是一家 IT 公司。公司的主要产品是教育软件。小张和小李是 JL 公司的技术骨干。两个人以前是大学同学,后来又一起进入 JL 公司工作,技术水准相当,在生活中也是好朋友。

小张和小李分别负责不同的产品研发,小张负责 A 产品,小李负责 B 产品。经过一年的艰苦努力,A、B 两个产品同时完成并推向市场。但市场表现却完全不同,A 产品很快被市场所接受，为公司带来了很大的效益，而B产品却表现平平。

由于A产品在市场上出色的表现，年底公司决定为小张增加工资。而小李因负责的产品表现不好，没有增加工资。公司的决定迅速在员工中流传，很快传到了小李的耳朵里。小李找到公司领导谈话。小李认为自己受到了不公正的对待，因为B产品表现不好，并不是因为产品本身的因素，而是B产品被市场接受需要一段的时间，公司为小张增加工资，小李觉得自己的辛勤工作没有得到公司的认可。而公司领导认为市场会评价一切工作，没有接受小李的意见。

没有多长时间，小李离开了公司，加入了竞争对手DD公司，依然负责与B产品类似的产品。半年后，市场开始接受该产品。DD公司在该产品上取得了良好的收益。

能力一定等于绩效吗？

在企业管理中，很多领导都是以结果为导向的，他们认为能力都会从结果上体现出来。其实，这样的理念忽视了一个问题，就是很多能力不会马上体现出来，而需要经过一段时间后才能体现出来。如果采取完全的结果导向，按照结果来激励员工，按照结果来发放工资，就会给拥有这些能力而在短期内没有体现出该能力的员工造成打击。驴子和骡子的故事以及JL公司的案例都说明了这个道理。骡子的力气比驴子大，从力气的角度上讲，骡子大于驴子。但是平时在拉磨的过程中，并没有体现出来驴子和骡子有多大的区别，在长途跋涉去集市的过程中，就充分地体现出了骡子比驴子的能力强。如果主人在平时给驴子和骡子一样的草料，那到了关键时刻，骡子也不可能有力气背更多的面粉。JL公司的小张和小李的技术水平差不多，两个人负责不同的产品项目，小张负责的项目市场接受的时间短，公司从中获利，而小李负责的产品市场接受的时间比较长。由于公司没有考虑小张与小李的能力之间的平衡问题，导致小李因为心理的失衡而跳槽。如果充分考虑了二人之间的平衡，肯定会在B产品上有更多的收获。

[讨论题]

看来企业在薪酬制定中，需要考虑能力的问题。但什么是能力？企业究竟为什么样的能力而付费呢？

第一节　薪酬设计的内容和目标

一、薪酬设计的概念

薪酬设计指在周密调查、征求意见和系统分析的基础上，明确薪酬分配的目标和原则，确定薪酬分配的内容，拟订薪酬方案的实施办法和步骤，使之形成一个用文字表述的，各个组成部分具有内在联系的有机整体的工作过程。薪酬设计从企业视角看，是提供一个支持和保证企业经营战略目标实现的利益分配机制；从薪酬本身来看，是为经常性的利益分配提供一个科学合理的薪酬政策文件，以作为处理日常薪酬支付问题的准则和操作规范。

二、薪酬设计的主要内容

（一）薪酬制度

薪酬设计应围绕薪酬制度进行。薪酬制度由薪酬体系、薪酬结构和薪酬水平组成。

其中，薪酬体系是指薪酬的构成，即一个人的工作报酬由哪几部分构成。前文已具体阐述员工的薪酬主要包括基本薪酬、奖金、津贴、福利四大部分。

薪酬结构是指在同一组织内不同职位或不同技能员工薪酬水平的排列形式，强调薪酬水平等级的多少、不同薪酬水平之间级差的大小以及决定薪酬级差的标准，它反映了企业对不同职务和能力的重要性及其价值的看法。

薪酬水平是指企业内部各类职位和人员平均薪酬的高低状况。薪酬水平反映了企业薪酬相对于当地市场薪酬行情和竞争对手薪酬绝对值的高低。它对员工的吸引力和企业的薪酬竞争力有着直接的影响。

（二）薪酬设计的内容

围绕薪酬制度体系，薪酬设计的内容有以下几个方面：

（1）薪酬分配的指导思想、原则和目标设计，即明确薪酬分配的政策和内容。

（2）薪酬组成项目设计，即薪资总额在基本薪酬、奖金、津贴、福利之间的分配。

（3）薪酬等级制度结构设计，即选择什么模式的薪酬等级制度，是职位型的、能力型的、技术型的还是多元型的。

（4）岗位评价设计与实施，即确定具体的岗位评价方法，并实施岗位评价计划。如果实行以能力为基础的薪资等级结构，则要进行职能评价的设计与实施。

（5）薪酬标准测算，即采取数学测算和市场薪酬调查的方法，确定薪酬和其他支付项目的标准。

（6）薪酬支付形式设计，即确定劳动计量（或称绩效考核）的办法，以及依据实际劳动数量（绩效水平）计算应发工资数量的办法。

（7）特殊劳动者群体薪酬设计，如对经营者（侧重年薪制和长期报酬激励设计）、科技人员、营销人员的薪酬设计。

（8）特殊情况下的薪酬支付政策设计，即对加班加点、各类假期、停工等报酬支付标准的设计。

（9）集团企业子公司分配设计。

（10）奖金方案或绩效工资体系设计。

（11）岗位设计（岗位职责内容、工作标准等）。

（12）整体薪酬设计，即包括基本薪酬、社会保险、基本福利和补充的保险福利在内的一揽子计划。

专栏4-1

韦尔奇的工资构成

1998年，在杰克·韦尔奇的收入中，固定工资约为280万美金、年终奖金720万美金、股权收益2.6亿美金。他的年终奖金和股权收益，即浮动工资与他的固定工资的比例是1%比99%。这样的结构比例提升了薪酬的激励性，同时，使他在做任何决策时，都时刻意识到自己对公司负有的责任。否则，金钱的损失额度将会非常之大。可见，企业要想使薪酬起到有效的激励作用，人力资源部门在进行薪酬管理时，就应该注重薪酬体系的变动层面。

三、薪酬目标

薪酬目标要服务于以下两个目的：

首先，薪酬目标是设计薪酬制度的指导方针。不同的薪酬目标，决定着不同的薪酬政策、薪酬内容、薪酬制度的设计。其次，薪酬目标可以作为衡量薪酬制度成功与否的标准。薪酬制度的基本目标为：效率、公平和合法。

（一）效率

1. 效率目标

将效率目标进一步细化，可分为：

（1）提高绩效；

（2）保证质量；

（3）取悦消费者；

（4）控制成本。

2. 效率涉及三个方面的问题

1）支持战略

首先，绩效工资计划是否支持公司的目标；其次，该计划还应该与人力资源战略和目标正确配合；最后，工资的增幅多大才有意义。

2）结构支持

是否将组织结构分散到足以让不同的业务单元能够对绩效工资计划进行灵活的调整。不同的业务单元可能会有不同的技能要求和不同的竞争优势。

3）绩效标准

设计绩效工资制度的关键在于标准。在具体操作中，需要考虑以下问题：

（1）绩效目标。这些目标是否具体而且灵活，员工们是否发现他们的行为会影响目标的完成；

（2）衡量尺度。员工们是否了解使用什么衡量指标（个人评估、团队评估、企业财务评估等）来评估他们的绩效是否可以领取奖金；

（3）适用性。计划应该覆盖多少人员；

（4）基金。额外支付给员工的收入是否适当。

（二）公平

公平是薪酬制度的基础。"公平对待所有员工"或"按劳分配""同工同酬"，这些表述反映了对公平的关注。它强调在设计薪酬制度时，确保薪酬体系对所有的员工都公平。

对员工来说有两种类型的公平。

1. 公平取决于分配给员工的工资的数量

这种公平称为分配公平。这种公平感来源于实际获得的报酬的数量与按相关标准进行衡量的产出（如生产率）之间的关系。

2. 公平是分配工资的程序公平

这种公平对员工的满意度影响更大，通常使用公平分配和公平程序决定报酬的组织，被认为更可信赖并导致更高的组织承诺水平。

（三）合法

合法作为薪酬决策的目标之一，包括遵守各种全国性的和地方性的法律法规。这是维持和提高企业信誉的关键，也是吸引优秀人才的关键。为了维护良好的信誉，确保绩效工资制度与薪酬法律相吻合是必要的。在薪酬方面，国家的主要政策法规主要体现在最低工资、经济补偿金两大方面。在福利方面，国家和地方的政策法规，主要包括最长工作时间、超时的工资支付，企业代缴的各类医疗、工伤、计划生育、死亡、养老、失业保险等。详细内容应参照全国各地区劳动和社会保障行政主管部门发布的各种相关政策法规文件汇编。其中涉及的主要内容如下：

1. 最低工资

我国是实行最低工资保障线的国家之一。在《劳动法》中明确规定：国家实行最低工资保障制度，同时也明确规定了制定最低工资标准的方法。

确定和调整最低工资标准应综合参考下列因素：

（1）劳动者本人及平均赡养人口的最低生活费用；

（2）社会平均工资水平；

（3）劳动生产率增长率；

（4）劳动就业实际状况；

（5）地区之间经济发展水平的差异。

2. 最长工作时间

在《劳动法》中，明确规定国家实行劳动者每日工作时间不超过 8 小时，平均每周工作时间不超过 40 小时的工时制度。同时也明确指示，一旦超过最长工作时间，用人单位应当按照下列标准支付高于劳动者正常工作时间工资的工资报酬：

（1）安排劳动者延长工作时间的，支付不低于工资的 150% 的工资报酬；

（2）休息日安排劳动者工作又不能安排补休的，支付不低于工资的 200% 的工资报酬；

（3）法定休假日安排劳动者工作的，支付不低于工资的 300% 的工资报酬。

第二节　薪酬设计的基本原则和依据

一、薪酬设计的基本原则

根据公平、效率和合法的薪酬目标，确立企业薪酬设计的基本原则包括：内部一致性、外部竞争性、内部激励性、管理可行性。

（一）内部一致性

内部一致性是指薪酬结构与组织设计和工作之间的关系。它强调薪酬结构设计的重要性，即薪酬结构要支持工作流程，要对所有员工公平，要使员工行为与组织目标相符。

薪酬结构，是指在同一组织内不同职位或不同技能薪酬水平的排序形式。它强调薪酬水平等级的多少、不同薪酬水平之间级差的大小以及决定薪酬级差的标准。

1. 内部一致性的要求

1）支持工作流程

工作流程，是指商品或劳务生产和送达消费者的过程。要设计一个能支持工作流程的薪酬结构是非常重要的，它是企业正常、灵活运营的关键。

2）符合公正原则

（1）企业决定薪酬水平要公正，应注意以下两点：

①实际结果要公正，它强调组织内部员工薪酬之间实际差异的大小是否合理；

②决定薪酬的过程要公正，它强调薪酬设计和管理决策是怎样制定的，制定程序是否一致。

（2）员工对过程公正的认可程度将对他们是否接受结果产生重大的影响，如果员工和企业认为确定薪酬结果的方式是公正的，他们就愿意接受低工资。要做到薪酬过程公正，应遵循以下四点：

①薪酬结构要适用于全体员工；

②允许员工并鼓励员工代表参与薪酬制定过程；

③员工要有对薪酬不满的申诉程序；

④使用的数据要准确。

在公正方面一个关键的因素是沟通。员工们想提前知道组织对他们的期望是什么。他们也需要组织给他们提供一个达到这些期望的机会。同时，如果绩效被判定为与这些标准有差距的话，他们需要一个求助机制。在工会条件下，工会被认为是一种申诉的机制。在一个非工会化的环境下，也需要建立类似的机构。

3）促进员工的行为与组织目标相符

组织内部薪酬结构影响员工的行为。要设计一种能使员工的努力与组织的目标相一致的薪酬结构，应该把每个职位与组织目标之间的关系阐述清楚。员工越是清楚地了解他们的工作与组织目标之间的关系，薪酬结构越能使员工的行为与组织目标保持一致。

2. 内部一致性对薪酬决策的影响

内部一致性决定了薪酬结构。它通过对企业内各个岗位进行岗位分析，编制岗位说明书，依据一定的标准同时考虑组织的战略意图、文化、风俗习惯、经济环境、员工的特征和工作性质等要素对各个岗位进行评价，以确定企业内合理的薪酬结构。

内部一致性既是影响薪酬水平的决定性因素，也影响着其他三个薪酬决策目标：决定着员工的去留；决定着他们是否愿意额外地进行培训投资以使自己更具有适应性；决定着他们是否会承担更大的责任。

（二）外部竞争性

外部竞争性指雇主如何参照市场竞争对手的薪酬水平给自己的薪酬水平定位。它强调的是薪酬支付与外部组织的薪酬之间的关系。它具有相对性，即与其他竞争对手相比。

尽管决定与竞争对手相对的薪酬水平是一个基本决策，但竞争也包括选择多种薪酬形式，如红利、持股、灵活的福利、职业机会、具有挑战性的工作，等等。

在实际运作中，薪酬的竞争力是通过选择高于、低于或与竞争对手相同的薪酬水平来实现的。在组织内，不同职位平均薪酬的排列就是该组织的薪酬水平。

1. 视外部竞争情况而定的薪酬水平决策对薪酬目标具有双重影响

（1）确保薪酬足够吸纳和维系员工。这是对员工态度和行为的影响。一旦员工发现他们的薪酬低于企业内其他同行，他们就很有可能会离开。这就是在劳动力市场上为什么对某种工作没有"通行薪酬水平"或"通行市场工资"的原因。

（2）控制劳动力成本以使本企业的产品或服务具有竞争力。这是对运作成本的影响。在其他条件相同的情况下，薪酬水平越高，劳动力成本越高。由此可见，外部竞争直接影响着企业的效率和内部公平。当然，企业必须在有关法律允许的范围内竞争。

2. 影响外部竞争力的因素可归纳为以下几个方面产生的压力

（1）在劳动力市场上寻求具有某种技能和能力的员工的压力；

（2）产品市场或服务市场的竞争，影响组织的财务状况；

（3）对组织或劳动力特殊的需要。

这些因素共同影响薪酬的决策。

（三）内部激励性

内部激励性是指要拉开员工之间的薪酬差距，使不同绩效的员工在心理上能觉察到这个差距，并产生激励作用。业绩好的员工认为得到了鼓励，业绩差的员工认为值得去改进绩效以获得更好的回报。激励的差异性也叫激励的针对性。即针对不同岗位、不同技能、不同兴趣爱好等差异的员工给予差异性或个性化的薪酬、福利，这样的薪酬激励更具备激励性，会起到事半功倍的效果。

内部激励性是企业对员工业绩的重视。对绩效和（或）工龄的重视程度是一项重要的薪酬决策，因为它直接影响着员工的工作态度和工作行为。清楚地制定了绩效工资政策的企业，在制定薪酬制度时会更为注重绩效工资和激励工资。

员工的绩效取决于以下三个因素：

（1）完成任务的技能和能力；

（2）关于实践、规则、原理和程序的知识；

（3）完成任务的意愿。

（四）管理可行性

薪酬管理运行是薪酬制度的最后一块基石。企业有可能设计一种包括内部一致性、外部竞争性、内部激励性在内的薪酬制度，但如果管理不善，则不可能达到预定目标。管理者必须把各种形式（如基本工资、短期和长期激励工资）规划在该制度之内，做好与员工的沟通，还要对该制度能否达到目标做出准确判断。在实现前面三个基本原则的前提下，企业应当充分考虑自己的财务实力和实际的支付能力，根据企业的实际情况，对人工成本进行必要的控制。一般来说，在企业全员劳动生产率以及经济效益没有明显提高的情况下，不能盲目地提高员工的薪酬水平，企业应当始终坚持"效率优先，兼顾公平，按劳付酬"的行为准则，才能有效地实施薪酬管理。

二、薪酬设计遵循的要素

企业只有关注员工的需求和期望，不断优化调整企业的薪酬管理策略，并通过企业其他制度的补充和促进,提高薪酬的激励作用,才能更好地吸引和留住企业所需的人才,使企业在激烈的市场竞争中立于不败之地。真正优秀的企业薪酬管理体系其实要遵循以下四大要素:

(一)目标性

要使薪酬管理系统具有组织目标性,就要把薪酬管理上升到战略层面,来思考企业通过什么样的薪酬策略和薪酬管理系统来支撑企业的竞争战略,从而帮助组织获得竞争优势。战略性的薪酬管理是帮助企业赢得并保持竞争优势的一种方式,战略性薪酬体系的设计,必须基于组织的战略展开。每个企业的战略不一样,那么薪酬体系设计也就不一样。必须通过对组织薪酬因果链中员工薪酬的管理来实现企业战略薪酬,从而实现组织战略,即实现组织战略目标。有了明确目标,员工才会有努力方向,管理者才能依据目标来对员工进行管理、提高、支持和帮助。也只有这样,大家才会更加团结一致,共同致力于企业目标的实现,更好地服务于企业的战略规划和远景目标。

(二)整体性

薪酬管理的每一个环节就是其系统内的一个子系统,这些子系统是相互联系、相互制约的,任何一部分都是不可或缺的,否则就不能称之为一个完整的系统,也无法达到薪酬管理的目的。另外,它们与人力资源管理的其他职能模块以及整个企业管理系统都是紧密关联的,它们共同构成了一个有机整体,共同为实现企业的目标有序地、协调地运作。

(三)层次性

从薪酬的层次上来看,薪酬可以分为总体薪酬和相关性回报,总体薪酬又由现金薪酬和福利组成。现金薪酬主要由基本工资、绩效加薪和奖金构成。福利主要由收入保障、津贴、工作和生活的平衡三个方面构成的。根据马斯洛的需要层次相关理论可知,基本工资是薪酬管理的最低层次,绩效加薪和奖金则是高一层次的需求。

而福利是更高层次的需求。企业薪酬要能吸引和留住人才,最低层次的薪酬要具有竞争性,同时要保证自己的更高层次的薪酬计划,才能使企业的薪酬具有战略竞争力,进而促成组织战略目标的实现。通过薪酬目标的层层分解和层层实现,可体现薪酬管理系统的层次性特点。

(四)动态性

薪酬管理是一个动态管理过程。在薪酬实施过程中,企业是不断发展的,当企业处在不同发展阶段时,薪酬管理是不同的。根据企业生命周期理论,当企业处在初创期时,企业应当采取低工资高奖金的策略;当企业处在高速增长期时,就应该调整薪酬为高工资高奖金的策略,来吸引更多的优秀人才;当企业进入成熟期时,由于企业具有丰厚的资金,此时就应该采取高工资高奖金的策略;当企业处于衰退期时,企业采取的是高工资低奖金的策略。

企业的薪酬管理是一个不断变化的过程。外部环境的变化、经济的发展、行业工资的提高、国家政策的改变,都要求企业的薪酬管理是一个动态的变化过程。当发现员工有偏离行为时,应对发现的问题及时进行纠正,当发现原先的薪酬目标不再适合时,也应当及时进行合理调整。

三、制定薪酬制度的基本依据

（一）薪酬调查

确定员工薪酬原则时要做到保持一个合理的度，既不能多支付，造成成本增加，也不能少支付，难以保持企业发展所需的人力资源，保持对外竞争力。要做到这点，企业必须进行薪酬调查。了解市场薪酬水平25%点处、50%点处和75%点处，薪酬水平高的企业应注意75%点处甚至是90%点处的薪酬水平，薪酬水平低的企业应注意25%点处的薪酬水平，一般的企业应注意中点（50%点处）的薪酬水平。

（二）岗位分析与评价

工作岗位分析是企业人力资源管理的重要基础和必要前提，它是对企业各个岗位的设置目的、性质、任务、职责、权力、隶属关系、工作条件、劳动环境，以及承担该岗位所需的资格条件等进行系统分析和研究，并制定出岗位规范和工作说明书的过程。工作岗位评价是在岗位分析的基础上，对企业所设的岗位的难易程度、责任大小等相对价值的大小进行评价。

（三）明确掌握企业劳动力供给与需求的关系

了解企业所需要的人才在劳动力市场上的稀缺性，如果供大于求，薪酬水平可以低一些；如果供小于求，薪酬水平可以高一些。

（四）明确掌握竞争对手的人工成本状况

为了保持企业产品的市场竞争力，应进行成本与收益的比较，通过了解竞争对手的人工成本状况，决定本企业的薪酬水平。

（五）明确企业总体发展战略规划的目标和要求

企业薪酬管理的目的是实现企业战略目标，为了使薪酬管理成为实现企业战略目标的关键因素，薪酬管理原则的制定应以企业战略为转移，应该掌握企业战略规划的以下内容：

（1）企业的战略目标，即企业在行业中的定位目标、财务目标、产品的市场定位等；

（2）企业实现战略目标应具备的，以及已具备的关键成功因素；

（3）具体实现战略目标的计划和措施；

（4）明确对实现企业战略目标有重要驱动力的资源（人、财、物）；明确实现企业战略目标需要的核心竞争能力；

（5）根据企业战略目标，确定激励员工具备企业需要的核心竞争能力的方法论；确定员工实现战略目标、激励员工产生最大绩效的方法论。

（六）明确企业的使命、价值观和经营理念

企业价值观和经营理念统领企业的全局，指导着企业经营管理的诸多方面，对企业薪酬管理及其策略的确定具有重大的影响，其中最主要的是企业对薪酬作用、意义的认知，它要通过薪酬形式向广大员工传递何种信息和指引，同时薪酬也反映企业对员工特征、本性和价值的认知程度。

例如，企业的价值观是提倡团队合作，如果薪酬管理的原则是拉大同等级薪酬差距，就是与企业价值观背道相驰的薪酬管理原则;再如企业的价值观是迅速扩张,人才引进,相应的薪酬管理原则应是工资水平位于市场中上等水平;再比如企业价值观是重视质量和客户的满意程度,那么将奖金与销售业绩紧密挂钩的薪酬管理原则就是不正确的。

(七)掌握企业的财力状况

根据企业战略目标、企业价值观等方面的总方针和总要求,从企业财务实力状况出发,切实合理地确定企业员工的薪酬水平。

采用什么样的薪酬水平,不仅要根据薪酬市场调查的结果,明确把握不同地区、同行业同类或者不同行业同类岗位薪酬的市场总水平,还要充分分析各类岗位的实际价值,最终决定企业某类岗位薪酬水平的定位,是定位在90%点处、75%点处,还是50%点处、25%点处。

(八)掌握企业生产经营特点和员工特点

企业生产经营特点和员工特点也会影响企业薪酬管理。如果企业是劳动密集型企业,如物业公司等,大多数员工是生产工人,每个工人的工作业绩不受其他人的影响,可以采用量化的指标来考核,工作业绩完全取决于个人的能力和主动性,那么企业薪酬管理的原则将是主要以员工的生产业绩(生产量、生产值或生产质量)决定其薪酬。如果企业是知识密集性企业,如咨询公司,员工大多是高素质的人才,对于企业来说,员工所承担的岗位的重要程度并不是非常重要,重要的是员工能力的大小,如果员工能力强,在业内非常知名,则会给企业带来更多的收益,这些企业在进行薪酬管理时可以以提高员工能力、吸引高能力的人才为目的,制定基于员工能力的薪酬制度。

总之,企业应当根据企业战略、企业价值观对人员的要求、企业生产经营特点和员工特点,考虑竞争对手的人才竞争策略,以及劳动力市场上人才的供求状况,在保证企业财力能够支付的前提下,提出薪酬管理的具体原则,制定出符合企业战略发展要求的薪酬管理制度。

第三节　薪酬设计的方向选择

一、薪酬制度与企业战略

薪酬制度是提高企业竞争优势的潜在手段,即如何支持经营战略和适应外部压力,它的最终目的是使企业赢得竞争优势,保持竞争优势。薪酬体系应随着企业战略的改变而改变。如果薪酬战略的一个基本前提是把薪酬体系和经营战略联系起来,那么,不同的经营战略就会具体化为不同的薪酬方案。

企业的竞争优势源于两种思路:

(一)价值增加

薪酬决策为企业增加价值主要是通过吸纳和留住关键人才、控制成本、激励员工不断学习和提高绩效来实现的。

（二）适应性

这是企业竞争优势的关键源泉，包括以下几点：

（1）企业经营战略与薪酬体系之间如何适应；

（2）薪酬与人力资源其他活动之间如何适应；

（3）薪酬体系如何实施。

二、战略性薪酬的基本要求

从职能或制度的层次来看，整体薪酬如何帮助我们赢得并保持竞争优势成为企业最基本的战略性选择。战略性薪酬的基本要求：一是支持经营战略；二是适应外部压力，即能承受周围环境中来自社会、市场竞争以及法律法规等各方面的压力。

创新战略强调冒险，其方式是不再过多地重视评价和衡量各种技能和职位，而是把重点放在激励工资上，以此鼓励员工在新的生产流程中大胆创新，缩短从产品设计到顾客购买产品之间的时间差。

成本领先战略以效率为中心，强调少用人，多办事，其方式是降低成本、鼓励提高生产率、详细而精确地规定工作量。

以顾客为核心的战略强调取悦顾客、按顾客满意度给员工付酬。

总之，不同的薪酬战略要求有不同的薪酬制度，并不存在放之四海而皆准的薪酬制度。

当运用薪酬模型分析企业管理者面临的战略性薪酬决策问题时，可以分别以薪酬目标和四种基本薪酬决策进行思考。

1. 薪酬目标

薪酬应该怎样支持企业战略，又该如何适应整体环境中的文化约束和法规约束。

2. 内部一致性

同一企业内部不同的工作性质及技能水平之间的差别如何在薪酬上得以体现。

3. 外部竞争性

整体薪酬应定位在什么水平来与同行相抗衡。

4. 内部激励性

加薪的根据是什么？是个人或团队的业绩，还是员工不断丰富的经验，知识的不断增长或技能的不断进步，或者是生活费用的上涨，个人需求增加（如住房补贴、交通补贴、医疗保险），或者经营单位的绩效。

5. 管理可行性

薪酬决策应在多大程度上向所有的员工公开和透明化；谁负责设计和管理薪酬制度。

基于以上五个问题的所有决策，相互交织形成一个完整的格局，形成了企业薪酬战略。

三、外部薪酬策略的选择

（一）领先型薪酬策略

领先型薪酬策略能最大限度地发挥组织吸纳和留住员工的能力，同时，把员工对薪酬的不满减少至最低。而且，它能弥补工作中令人感到乏味的因素。

（二）跟随型薪酬策略

跟随型薪酬策略是竞争者通常采用的方式。原因有以下三点：

(1) 薪酬水平低于竞争对手会引起员工的不满；

(2) 薪酬水平低会限制组织的招聘能力；

(3) 支付市场薪酬水平是管理者的责任。

没有工会组织的企业通常采用领先型或跟随型薪酬策略。跟随型的薪酬策略力图使本组织的薪酬成本接近产品竞争对手的薪酬成本；同时使本组织吸纳员工的能力接近产品竞争对手吸纳员工的能力。这种策略能使企业在产品定价或保留高素质员工队伍方面避免劣势，但它并不能使企业在劳动力市场上处于优势。

（三）滞后型薪酬策略

滞后型薪酬策略也许会影响企业吸纳潜在员工的能力。但是，如果采用滞后型薪酬策略的企业能保证员工将来可以得到更高的收入，那么员工的责任感会提高，团队精神也会增强，从而企业的劳动生产率也会提高。

（四）混合型薪酬策略

混合型薪酬策略是根据不同的职业类别制定不同的薪酬策略。如目前许多企业给不同的技能制定不同的薪酬策略：对组织成功至关重要的技能，他们采取领先型策略；对组织成功不很重要的技能，他们采取跟随型策略；对在当地劳动力市场上很容易招聘到的人员职位，他们采取滞后型策略。或根据不同的薪酬形式制定不同的薪酬策略。如总薪酬高于市场价值，但基本工资略低于市场平均水平，而激励工资远远高于市场平均水平。

（五）企业的抉择

企业的抉择比其他薪酬策略都要复杂。因为他要在一个更广泛的范围内（包括各种工作报酬）界定薪酬。因此，组织的定位是以工作总报酬为基础的。如微软公司的基本工资是滞后型的，业绩奖金是跟随型的，创造财富的员工持股却是领先型的。此外，它还给员工提供了富有挑战性的工作。可见微软公司是把竞争策略看作人力资源策略的一部分。

四、企业不同发展阶段薪酬策略的选择

（一）发展阶段

在处于迅速发展阶段的企业中，经营战略是以投资促进企业发展。为了与此发展阶段的特点相适应，薪酬策略应该具有较强的激励性。要做到这一点，企业应该着重将高额报酬与中、高等程度的刺激和激励结合起来。虽然这种做法风险较大，但是，企业可以迅速发展，回报率也高。

（二）成熟阶段

处于成熟阶段的企业，其经营战略基本上应以保持利润和保护市场为目标。因此，与此相适应，薪酬策略要鼓励新技术开发和市场开拓，使基本薪资处于平均水平，奖金所占比例应较高，福利水平保持中等。

这样可以保证在留住优秀人才的同时，不断激励他们努力开辟新市场，为企业的发展创造新的天地。已经达到了相当的规模,占领了一部分市场的企业,要想使企业的经营业绩重上一个台阶却比较难,尤其是当竞争对手的实力与自己相当时更是如此。这时采取成熟阶段的薪酬计划,争取做到稳中求变,稳中求胜,稳中发展。

（三）衰退阶段

当企业处于衰退阶段时,最恰当的战略是争取利润并转移目标,转向新的投资点。与这一战略目标相适应,薪酬策略应实行较低于中等水平的基本薪资、标准的福利水平,同时使适应的刺激与鼓励措施直接与成本控制联系在一起。

企业在不同的发展阶段,应推行不同的企业经营战略,同时,设计与各发展阶段相适应的薪酬策略。

第四节 薪酬设计的步骤

根据薪酬设计的原则和制定依据,设计出合理科学的薪酬体系和薪酬制度,一般要经历以下几个步骤。

一、岗位分析和岗位评价

岗位分析是确定薪酬的基础。结合公司经营目标,公司管理层要在业务分析和人员分析的基础上,明确部门职能和职位的关系,人力资源部和各部门主管合作编写职位说明书。

职位评价（职位评估）重在解决薪酬的对内公平性问题。它有两个目的：一是比较企业内部各个职位的相对重要性,得出职位等级序列；二是为进行薪酬调查建立统一的职位评估标准,消除不同公司间由于职位名称不同,或即使职位名称相同但实际工作要求和工作内容不同所导致的职位难度差异,使不同职位之间具有可比性,为确保工资的公平性奠定基础。它是职位分析的自然结果,同时又以职位说明书为依据。

职位评价的方法有许多种。比较复杂和科学的,是计分比较法。它首先要确定与薪酬分配有关的评价要素,并给这些要素定义不同的权重和分数。不同的咨询公司对评价要素有不同的定义和相应分值。科学的职位评价体系是通过综合评价各方面因素得出工资级别,而不是简单地与职务挂钩,这有助于解决不同类型工作的等级差异问题。比如,高级研发工程师并不一定比技术研发部经理的等级低。前者注重于技术难度与创新能力,后者注重于管理难度与综合能力,二者各有所长。

二、薪酬调查

薪酬调查重在解决薪酬的对外竞争力问题。企业在确定工资水平时,需要参考劳动力市场的工资水平。公司可以委托比较专业的咨询公司进行这方面的调查。外企在选择薪酬调查咨询公司时,往往集中在美国商会、William Mercer（伟世顾问）、Watson Wyatt（华信惠悦）、Hewitt（翰威特）、德勤事务所等几家身上。一些民营的薪酬调查机构正在兴起。

薪酬调查的对象,最好是选择与自己有竞争关系的公司或同行业的类似公司,重点考虑员工的流失去向和招聘来源。薪酬调查的数据,要有上年度的薪资增长状况、不同薪酬结构对比、不同职位和不同级别的职位薪酬数据、奖金和福利状况、长期激励措施以及未来薪酬走势分析等。只有采用相同的标准进行职位评估，并各自提供真实的薪酬数据，才能保证薪酬调查的准确性。

薪酬调查的结果，是根据调查数据绘制的薪酬曲线。在职位等级—工资等级坐标图上，首先标出所有被调查公司的员工所处的点；然后整理出各公司的工资曲线。从这个图上可以直观地反映某家公司的薪酬水平与同行业相比处于什么位置。

三、薪酬水平确定

经过薪酬调查，在分析同行业的薪酬数据后，需要做的是根据企业状况选用不同的薪酬水平，确定企业内每一职务具体的薪资范围。

影响公司薪酬水平的因素有多种。从公司外部看，国家的宏观经济、通货膨胀、行业特点和行业竞争、人才供应状况甚至外币汇率的变化，都对薪酬定位和工资增长水平有不同程度的影响。在公司内部，盈利能力和支付能力、人员的素质要求是决定薪酬水平的关键因素。企业发展阶段、人才稀缺度、招聘难度、公司的市场品牌和综合实力，也是重要的影响因素。

同产品定位相似的是，在薪酬定位上，企业可以选择领先策略或跟随策略。在薪酬设计时有个专用术语叫 25P、50P、75P，意思是说，假如有 100 家公司（或职位）参与薪酬调查的话，薪酬水平按照由低到高排名，它们分别代表着第 25 位排名（低位值）、第 50 位排名（中位值）、第 75 位排名（高位值）。一个采用 75P 策略的公司，需要雄厚的财力、完善的管理、过硬的产品相支撑。因为薪酬是刚性的，降薪几乎不可能，一旦企业的市场前景不妙，将会使企业的留人措施变得困难。

四、薪酬结构设计

经过岗位评价这一步骤，无论采用哪种方法，总可得到表明每一工作对本企业相对价值的顺序、等级、分数或象征性的金额。企业根据薪酬水平，将众多类型的职务薪资归并组合成若干等级，形成一个薪资等级（或称职级）系列。工作的完成难度越高，对本企业的贡献也越大，对企业的重要性也就越高，就意味着它的相对价值越大。使企业内所有工作的薪资都按同一的贡献率原则定薪，便保证了企业薪资制度的内在公平性。

职位工资由职位等级决定，它是一个人工资高低的主要决定因素。职位工资是一个区间，而不是一个点。企业可以从薪酬调查中选择一些数据作为这个区间的中点，然后根据这个中点确定每一职位等级的上限和下限。例如，在某一职位等级中，上限可以高于中点 20%，下限可以低于中点 20%。

相同职位上不同的任职者由于在技能、经验、资源占有、工作效率、历史贡献等方面存在差异，导致他们对公司的贡献并不相同，因此技能工资有差异。所以，同一等级内的任职者，基本工资未必相同。如上所述，在同一职位等级内，根据职位工资的中点设置一个上下的工资变化区间，就是用来体现技能工资的差异。这就增加了工资变动的灵活性，使员工在不变动职位的情况下，随着技能的提升、经验的增加而在同一职位等级内逐步提升工资等级。

五、激励性薪酬的设计

绩效工资是对员工完成业务目标而进行的奖励,即薪酬必须与员工为企业所创造的经济价值相联系。绩效工资可以是短期性的,如销售奖金、项目浮动奖金、年度奖励,也可以是长期性的,如股份期权等。此部分薪酬的确定与公司的绩效评估制度密切相关。

许多跨国公司在确定人员工资时,往往要综合考虑三个方面的因素:一是其职位等级,二是个人的技能和资历,三是个人绩效。在工资结构上与其相对应的,分别是职位工资、技能工资、绩效工资。

综合起来说,确定职位工资,需要对职位做评估;确定技能工资,需要对人员资历做评估;确定绩效工资,需要对工作表现做评估;确定公司的整体薪酬水平,需要对公司盈利能力、支付能力做评估。每一种评估都需要一套程序和办法。所以说,薪酬体系设计是一个系统工程。

不论工资结构设计得怎样完美,一般总会有少数人的工资低于最低限或高于最高限。对此可以在年度薪酬调整时进行纠偏,比如对前者加大提薪比例,而对后者则少调甚至不调。

六、薪酬体系的实施和控制

企业薪资制度一经建立,如何投入正常运作并对之实行适当的控制与管理,使其发挥应有的功能,是一个相当复杂的问题,也是一项长期的工作。控制与管理的内容是对薪酬的评估及成本控制。从本质意义上讲,劳动报酬是对人力资源成本与员工需求之间进行权衡的结果。

世界上不存在绝对公平的薪酬方式,只存在员工是否满意的薪酬制度。在制定和实施薪酬体系的过程中,及时的沟通、必要的宣传或培训是保证薪酬改革成功的因素之一,还需动态地及时修正。在确定薪酬调整比例时,要对总体薪酬水平做出准确的预算。为保证薪酬制度的适用性,规范化的公司都对薪酬的定期调整做了规定。

本章案例研究

高级度假村技术人员薪酬制度设计

某高级度假村位于郊区,是集餐饮、客房、娱乐为一体的休闲、度假、旅游、会议接待场所,始建于20世纪80年代。该度假村具有事业单位性质,下属于某市政府,承担接待重要官员的任务。

该度假村硬件条件非常优秀。其占地面积3 000余亩①,三面环山,一面临水,环境优美,风景如画。度假中心设施完善而舒适,建有标准客房、高级标准客房、高级套间、别墅。设有会议室、多功能厅供顾客使用。配备中央空调、卫星接收电视、程控电话、电子门锁等现代安全设施。餐厅经营川、鲁、粤等各式菜肴。娱乐项目多样,有保龄球馆、台球、乒乓球、壁球馆、室内网球馆、室内羽毛球馆、室内游泳馆。设有歌厅、KTV功能的休息

---

① 1亩=666.67平方米。

室、健身、自动棋牌室等一系列娱乐活动。

该度假村有一定的历史，薪酬制度比较落后，特别是在技术人员的薪酬激励方面，存在着诸多问题。因此，该度假村求助于华恒智信咨询公司，以期改进薪酬制度，解决问题，获得长远发展。

一、现状问题

该度假村的技术人员主要指厨师、工程维修人员。原先，度假村技术人员的基本工资采用的是岗位加能力的工资制，按照岗位级别和能力级别发放工资。能力级别的区分则是基于个人是否拥有能力证书和拥有证书的等级，对于厨师来说，评价标准就是厨师等级证书。无论实际烹饪水平如何，厨师长比普通厨师的工资都高，有厨师证书的厨师工资比没有证书的高，特一级的厨师工资就比一级的厨师高。工程维修人员也是如此。度假村领导本以为这种工资制度能够有效激励员工提高工作能力，但在实际工作中却发现，诸多人员通过买卖证书，而非提高自身能力来获得高薪酬，员工持有假证书的现象普遍。此外，技术工人的流失率也居高不下。基于证书的能力工资制似乎并没有起到预期的作用。

此外，由于度假村的服务多样，客房、娱乐设备齐全，工程维修人员的工种设置也很全面，包括水工、电工、管道工、木工，等等。一方面，度假村花费了较高的成本雇佣这一批维修人员；另一方面，当某地同时出现几个维修问题的时候，往往需要派出多个维修人员同时前往。由于度假村占地面积广，各设施之间距离间隔较远，一来一回需花费较长时间，因而度假村时常出现工程维修人员短缺或维修不及时的问题，严重影响了度假村的有序经营。

二、问题分析

通过对该单位存在问题的深入分析之后，调查人员发现，造成这种问题的原因主要有以下两个方面：

（一）技术工人薪资没有与实际工作能力挂钩

技术工人薪资的多少依赖于有无技能证书以及技能证书级别高低，而证书却不能代表员工的实际工作能力。低能力者通过买卖证书获得高薪酬；有能力而不愿意购买假技能证书的员工，薪酬反而比一些能力不及自己的员工高。薪酬制度没有真正体现实际工作能力，无法起到激励作用，部分有能力的技术工人感到受到不公平的对待，再加上该度假村的薪酬水平普遍偏低的现状，不少技术工人选择跳槽到其他的能给出更高薪资和发展前景的企业或单位，员工流失率高。人才的流失无疑是企业的损失，极大降低了该单位的实际工作效率和质量，还带来了重新招聘和培养新员工的高额成本。

（二）薪酬制度未能激励技术工人一专多能

调查发现，该单位工程维修人员普遍技能单一。依照该单位原有的薪资制度，技术能力多样的技工，能够完成相对较多的任务，但其拿到的钱却与其他员工没有区别，因为工资的高低只与是否拥有证书和拥有证书的等级有关，而与个人的工作量无关。因此对技术工人而言，拥有一项专长就足够了，没有必要去学习其他类别的技能、承担更多的工作。再加上度假村各区域之间路途较远的现状，度假村不得不雇佣很多工种的工人，但仍然时常出现人员短缺的现象。如果一个技工能同时拥有多项能力，当某处出现多种问题时，管理人员就可以只派一人前往处理问题，而其他的人员则可派往其他的地方处理另外的问题。不仅可以减少雇佣人数，还能提高维修效率。因此，工程维修人员不能一专多能，这给该单位精简人员、优化分配资源、提高服务效率和质量带来了不小的问题。

三、建议及解决方案

华恒智信的专家们就该单位存在的问题，经过探讨提出了以下对薪酬制度改进的建议：

（一）采用能力分级与基于能力的基本工资

取消原先由证书决定能力水平的做法，打破岗位级别，建立能力工资制。度假村每两年进行一次技能比赛，并通过技能比赛对员工的能力进行定级，以确保能力在工资中有较好的体现。员工的基本工资由其能力等级来决定。此外，技能评比应由内外部专家共同界定，以保证评比结果的公正公平。评比定级每两年一次，既避免了考核过于频繁给员工和度假村带来的压力，又避免了员工"考一次定终身"的问题，也可以鼓励员工不断进步。

基于能力的基本工资制有效地改善了原有技术工人薪资与实际工作能力不相匹配的问题；而且，两年一次的技能比赛能够激励员工在工作中提升自己的技能专业水平，以期在下一次的技能比赛中发挥得更好，得到更高的评级，获得更可观的薪资。对于那些安于现状、不思进取的技术人员，则很可能在下一次技能比赛中降低级别，该建议也警示、提醒技术人员要不断完善自身的专业技能，否则就会被降级淘汰，这极大地提升了薪资的公平、公正性，而且能起到很好的激励效果。

（二）积分制的"一专多能"津贴制度

对于工程维修人员，除了采取基于能力的基本工资制之外，还特别设置了积分制的津贴制度，用于鼓励工程维修人员"一专多能"。维修人员由基本工资由"一专"，即主专业的能力分级结果决定；津贴则由"多能"的积分情况决定。

1. 按能力发放津贴

对工程维修人员包括主专业在内的各项技能按高、中、低三个级别进行分级，不同级别对应不同的分值，根据每个人的积分之和对应具体的级别，并以此确定津贴发放的多少。不同专业的等级所对应的积分不尽相同，这还要考虑该项技能的难易程度。比如，电工高级对应的积分是10分，如果水工高级技能的取得比电工高级容易，那么水工高级对应的积分可能只有8分。

2. 干活才有津贴

这主要是为了保证员工的实际工作量，也就是在工作期间，技术工人完成了非自身专业的维修任务之后，才能获得非自身专业的津贴奖励。如果仅仅靠员工的能力积分发放津贴的话，员工可能会为了多拿津贴而学习多种技能，但是却不承担相应工作，造成干得少、拿得多的问题。因而，"一专多能"津贴还应考虑到员工实际承担的工作量。

具体来说，若某技工主专业为高级电工，副专业为初级水工。高级电工计10分，初级水工计1分，共计11分。若该技工在当月不仅有维修电工方面的任务，也参与了水工方面的维修任务，则该技工可以得到11分对应的津贴，否则得10分对应的津贴。

积分制的津贴制度激励了工程维修工人学习其他专业的技能，承担多样的工作，改善了该单位工程维修人员普遍技能单一的现状，有利于该单位精减人员，优化分配资源，提高服务效率和质量。

四、思考与总结

（一）合理的薪酬制度十分重要

如果组织薪酬制度合理，不仅可以优化资源配置，降低成本，还可以提升员工的工作积极性，引导员工和资源向组织管理者希望的方向运动；相应地如果一个组织的薪酬制度不合理，则会导致资源的浪费，挫伤员工的工作积极性，甚至导致人才的外流。

(二) 薪酬设计有智慧

把组织希望员工具备的能力反映到薪酬设计中去，以此来激励员工不断完善自己，提高自己的能力。而且，通过薪酬的方式来激励，效果显著，可以发挥员工的主观能动性，让员工自愿做事。

经过华恒智信顾问团队与该酒店管理人员的共同努力，实现了技术人员薪酬制度的有效落地。华恒智信的专家们针对技术人员的核心工作职能及工作特点，所设计的薪酬制度，显著提高了技术人员的工作积极性与主观能动性，在技术人员提高个人绩效的同时，也为酒店带来了更多的收益，实现了员工与企业的双赢。由此可见，设计一个合理有效的技术人员薪酬制度，是酒店实现长远发展的重要环节。

[讨论题]

专家们针对度假村存在的问题，对薪酬制度提出了哪些改进建议？

本章小结

薪酬设计是一项理论性、政策性和技术性很强的工作，是人力资源工作者应当掌握的基本技能。从实际工作和实际需求来看，薪酬设计的核心是为从事不同工作岗位及其任职的人员定价，即确定薪酬标准。本章主要是根据薪酬设计的一般要求，阐述薪酬设计的几个基本问题。

复习思考题

1. 薪酬设计的主要内容有哪些？
2. 薪酬设计的目标是什么？
3. 薪酬设计的原则和基本依据是什么？
4. 外部薪酬策略的选择有哪几种？
5. 企业在不同发展阶段的薪酬策略选择是怎样的？
6. 薪酬设计的步骤和环节有哪些？

第五章

薪酬水平设计和薪酬调查

本章内容提要
1. 薪酬水平的内涵和类型。
2. 薪酬水平的影响因素。
3. 薪酬水平的外部竞争性和衡量。
4. 薪酬调查。

引导案例

薪酬经理的难题

刘经理是一家国有商业银行地区分行的薪酬经理。这几年随着国家对商业银行控制政策的放松,各大商业银行得到了飞速的发展。随着企业的飞速发展,各大股份制商业银行的进入,乃至外资银行的加入,使银行业对人才的竞争也进入了白热化,而主要的竞争工具就是"高薪"。刘经理所在的银行现在也面临着不少业务骨干投奔外资银行的现状,还留在企业内的优秀员工也是股份制和外资银行"虎视眈眈"的对象。同时,企业发展所需要的人才也不愿意来。为此,行长要求他拿出一个具体的方案来解决目前留不住人和招不到人的状况。

众所周知,国有商业银行由于企业性质和历史的原因,不可能在货币薪酬上与某些股份制银行和外资银行完全接轨,但是如果不进行货币薪酬水平的调整,那么骨干员工的流失率就更高,优秀人才进入的可能性就更小。现在摆在刘经理面前的是:如何对企业传统的讲求内部团结的薪酬政策进行全面改革?改革的依据和参照物是什么?在政策范围内对现有薪酬水平进行调整的幅度有多大?薪酬结构调整的原则又是什么?

本章将为刘经理提供一个有力的工具——薪酬调查,通过一个全面的市场薪酬调查,刘经理可以了解行业和地区内部不同性质、不同规律的竞争对手所确定的薪酬政策、实施的薪酬水平、采用的薪酬结构,找到适合其所在银行支付能力和政策的全面薪酬系统。

[讨论题]
对刘经理面临的问题,你有哪些建议?

第一节 薪酬水平的内涵和类型

一、薪酬水平的内涵

薪酬水平是指从某个角度按照某种标志考察的某一领域内员工薪酬的高低程度，它决定了企业薪酬的对外竞争力，对员工队伍的稳定性也有一定的影响。

薪酬水平包括企业内部各岗位薪酬水平和企业在劳动力市场上的薪酬水平。内部岗位薪酬水平指组织之间的薪酬关系，组织相对于其竞争对手的薪酬水平的高低。薪酬的外部竞争力实质上是指薪酬水平的高低以及由此产生的企业在劳动力市场上所形成的竞争能力大小。

二、薪酬水平的类型

企业在确定薪酬水平的时候会受到来自外部劳动力市场和产品市场的双重压力，但是企业仍然有一定的选择余地。这个选择余地的大小取决于组织所面临的特定的竞争环境，在选择余地较大的情况下，企业需要作出的一个重要战略性决策就是：到底是将薪酬水平定在高于市场平均薪酬水平之上，还是将其定在与市场平均薪酬恰好相等或稍低一些的水平上。下面，对几种常见的市场薪酬水平定位进行进一步的分析。

（一）薪酬领袖政策

薪酬领袖政策又称为领先型薪酬政策，采用这种政策的企业通常具有这样的特征：规模较大，投资回报率较高，薪酬成本在企业经营总成本中所占的比例较低，在产品市场上的竞争者少。首先，大型企业或投资回报率高的企业之所以能够向员工提供较高的薪酬，一方面，在于企业往往具有更多的资金和相应的实力，因而不会因为员工薪酬水平高而造成资金周转不灵；另一方面，这种做法能够提高组织吸引和保留高质量劳动力的能力，同时还可以利用较高的薪酬水平来抵消工作本身所具有的种种不利特征，比如工作压力大或者工作条件差等。

当薪酬成本在企业总成本中所占的比例较低时，薪酬支出实际上只是企业成本支出中一个相对不那么重要的项目。在这种情况下，企业很可能会乐意通过提供高水平的薪酬来减少相关劳动问题的出现，从而把更多的精力投入到那些较薪酬成本控制更为重要和更有价值的项目中去。最后，在产品市场上竞争者少，一般意味着企业面临的产品或服务需求曲线是弹性较小的甚至是无弹性的，企业可以提高产品价格，而不用担心消费者会减少对自己的产品或者服务的消费。企业实际上可以通过提高产品价格的方式将较高的薪酬成本转嫁给消费者。

薪酬领先政策的实现方式之一是，在每年年底调薪时考虑下一年度全年当中市场薪酬水平的变动走势，大体根据预测到的下年年底时的市场平均薪酬状况来确定本企业下年度全年的薪酬水平。这样就可以确保本企业的薪酬水平在全年中都高于市场平均水平。

（二）市场匹配政策

市场匹配政策（也叫市场追随政策），实际上就是根据市场平均水平来确定本企业薪酬定位的一种常用作法。事实上，这是最为通用的一种薪酬政策，大多数企业都是这种政策的执行者。实施这种薪酬水平政策的企业往往既希望确保自己的薪酬成本与产品竞争对手的成本保持一致，从而不至于在产品市场上陷入不利地位，同时又希望自己能够维持一定的员工吸引和保留能力，不至于在劳动市场上输给竞争对手。采取这种薪酬政策的企业面临的风险可能是最小的，它能够吸引到足够数量的员工为企业工作，只不过在吸引那些非常优秀的求职者方面没有什么优势。

市场匹配政策的实现方式之一是，在每年年底调薪时考虑下一年度全年当中市场薪酬水平的变动走势，大体根据预测到的下年年中时的市场平均薪酬状况来确定本企业下年度全年的薪酬水平。这样就可以确保本企业的薪酬水平在年初高于市场水平，在年底略低于市场水平，而在年中等于市场平均水平，全年的薪酬水平与市场水平大体持平。

（三）拖后政策

采用拖后政策的企业往往规模较小，大多处于竞争性的产品市场上。边际利润比较低，成本承受能力很弱。很多这类企业属于中小型企业。由于产品的利润率较低，企业没有能力为员工提供高水平的薪酬，这是企业提供拖后型薪酬政策的一个主要原因。当然，有时拖后型薪酬政策的实施者并不是真的没有支付能力，而是没有支付意愿。

虽然滞后于竞争性水平的薪酬政策会削弱企业吸引和保留潜在员工的能力，但如果这种方法是以提高未来收益作为补偿的，那么反而有助于提高员工对企业的承诺度，培养他们的团队意识，进而改进绩效。比如，在信息以及其他一些高科技企业中支付给员工的基本薪酬可能会低于市场水平，但是员工可以获得企业的股票或者股票期权。这种拖后型基本薪酬政策和未来的较高收入结合在一起的薪酬组合不但不会影响企业的员工招募和保留能力，反而有利于增强员工的工作积极性和责任感。此外，这种薪酬政策还可以通过与富有挑战性的工作、理想的工作地点、良好的同事关系等其他因素相结合而得到适当的弥补。

（四）混合政策

混合政策企业在确定薪酬水平时，是根据职位或员工的类型或者总薪酬的不同组成部分来分别制定不同的薪酬水平决策，而不是对所有的职位和员工均采用相同的薪酬水平定位。比如，有些公司针对不同的职位族使用不同的薪酬决策。对核心职位族采取市场领袖型薪酬战略，而在其他职位族中则实行市场追随型或市场拖后型的基本薪酬政策。

企业为关键人员如高级管理人员、技术人员提供高于市场水平的薪酬，对普通员工实施匹配型的薪酬政策，为那些在劳动力市场上随时可以找到替代者的员工提供低于市场价格的薪酬。此外，有些公司还在不同的薪酬构成部分之间实行不同的薪酬政策。比如，在总薪酬的市场价值方面处于高于市场的竞争性地位，在基本薪酬方面处于稍微低一点的拖后地位，同时，在激励性薪酬方面则处于比平均水平高很多的领先地位。

第二节 薪酬水平的影响因素

一、组织薪酬水平的影响因素

影响企业薪酬水平的因素主要是外部因素，如劳动力市场的供求水平、地区工资水平、生活水平和物价水平、行业工资水平等。企业内部经营状况、财务支付能力及企业产品的市场竞争力也会影响企业的薪酬水平。组织薪酬水平的主要影响因素如表5-1所示。

表5-1 企业整体薪酬水平影响因素一览表

影响因素	详细说明
劳动力市场的供求水平	劳动力市场供大于求,企业可以以较小的代价招到合适的人选,劳动力市场供不应求,企业将要花费较高的代价来满足企业生产对人力资源的需求
地区工资水平	企业应参考所在地居民生活水平、薪酬水平,不能将本企业各岗位的薪酬水平定位于低于所在地区同行业企业同岗位的薪酬水平,否则会失去对外竞争力
生活水平和物价水平	企业在制定薪酬标准时,要考虑到社会物价水平的上涨,必须能满足企业员工基本的生活需要,保证其基本购买力
行业工资水平	除了考虑同行业的薪酬水平之外,不同行业的薪酬水平也可作为企业薪酬水平的制定标准,如朝阳产业薪酬水平较高,夕阳产业薪酬水平较低一些
企业内部经营状况	企业内部经营状况好,薪酬水平可高一点;企业内部经营状况差,薪酬水平可低一点;
财务支付能力	员工薪酬水平原则上应该控制在企业财务承受能力范围之内,并且与企业的生产率增长保持步调一致,企业经济实力强,可以支付较高的薪酬水平,企业经济实力弱,则只能支付较低的工资水平,如此才能保证企业长期稳定的发展
企业产品的市场竞争力	若企业薪酬水平过高的话,产品生产成本较高,则企业产品的价格就要偏高,进而企业产品的竞争力就不是很强,价格低了,企业利润没有保障

二、个人薪酬水平的影响因素

在企业内部各职位之间的薪酬水平,即员工个人的薪酬水平也有着很大的区别,这些区别的主要影响因素来源于职位本身和员工本人。职位本身是影响员工个人薪酬水平的外在因素,如该职位在企业内部的价值;职位任职者本人是影响个人薪酬水平的内在因素,如员工个人客观存在的一些潜在能力是其中的一部分,员工主观意愿付出的是另外一部分。

员工个人客观存在的内在潜质、主观意愿付出程度以及所担任的职务性质等与个人薪酬水平之间存在一定的关系,具体如表5-2所示。

表5-2 员工个人薪酬水平影响因素一览表

影响因素	具体说明
员工个人贡献大小	员工能力有差异,给企业带来的价值也不相同,在相同条件下,只有参照员工给公司带来的工作质量和数量的大小来衡量员工个人贡献大小
员工职务有高低	职务是权利和责任大小的象征,所以职务不同,员工薪酬水平也不同,一般是职务越高,薪酬水平就会越高
员工所在职位的相对价值	职位的存在能决定企业的存亡,如核心技术岗位,职位价值相对较高,薪酬水平也会相对较高

续表

影响因素	具体说明
技术水平的高低	技术水平高的员工给企业带来的价值会更高。基于技术水平的薪酬差距应能弥补技术水平低的员工为增长技术水平而耗费的精力、体力、时间,以及为了学习而减少的机会成本,只有这样才能保证员工不断地学习新知识,提高生产率
工作时间	一般来讲,从事季节性与临时性工作的人员薪酬水平比从事长期工种的人员要略高,以维持员工歇工时的正常生活
补偿性工资差别	从事某些岗位工作的员工因为其工作场所或工作性质的特殊性,影响了员工的生命安全或人身健康的,要给予一定的经济补偿
年龄与工龄	年龄与工龄也是影响薪酬水平的重要因素之一,通常,较多企业采用早期低工资,晚期高工资的薪酬策略

第三节　薪酬水平的外部竞争性和衡量

一、薪酬水平的外部竞争性

（一）薪酬水平的外部竞争性概念

薪酬水平的外部竞争性,实际上是指一家企业薪酬水平的高低以及由此产生的企业在劳动力市场上的竞争能力的大小。在现代市场竞争中,薪酬的外部竞争性不是一个笼统的概念,而是一个具体的概念。进一步说,把一个企业所有员工的平均薪酬水平与另一家企业的全体员工的平均薪酬水平进行比较的意义越来越小,薪酬的外部竞争性的比较基础更多地要落在不同企业中的类似职位或者类似职位族之间;也就是说,笼统地说甲企业的平均薪酬水平比乙企业高,因此甲企业的薪酬外部竞争性一定比乙企业强是不正确的,这是因为,也许甲企业的平均薪酬水平确实很高,但是该企业的内部薪酬差距很小,重要职位和不重要职位之间的薪酬收入没有太大差异;而在乙企业中,虽然其平均薪酬水平低于甲企业,但是该企业对重要职位所支付的薪酬水平远远高于甲企业,而对不重要职位支付的薪酬水平则低于甲企业。

（二）薪酬水平外部竞争性的作用

具体来讲,薪酬水平及其外部竞争性的重要性主要体现在以下几个方面：

1. 吸引、保留和激励员工

如果企业支付的薪酬水平过低,企业将很难招募到合适的员工,而勉强招到的员工往往在数量和质量方面也不尽如人意;过低的薪酬水平还有可能导致企业中原有的员工忠诚度下降。如果企业的薪酬水平比较高,企业可以很方便地招募到自己所需要的人员,同时也有利于员工流动水平的下降,这对于企业保持自身在产品和服务市场上的竞争优势是十分有利的。较高水平的薪酬还有利于防止员工的机会主义行为,激励员工努力工作,同时降低企业的监督管理费用。这是因为,一旦员工偷懒或消极怠工的行为以及对公司不利的其他行为被公司发现并导致员工被解雇,员工就很难再在市场上找到其他能够获得类似薪酬的新职位。

2. 控制劳动力成本

薪酬水平的高低和企业的总成本支出密切相关，尤其是在一些劳动密集型的行业和以低成本作为竞争手段的企业中。显然，在其他条件一定的情况下，薪酬水平越高，企业的劳动力成本就会越高；而相对于竞争对手的薪酬水平越高，则提供相同或类似产品、服务的相对成本也就越高，在市场上的竞争地位也就会越不利。

3. 塑造企业形象

薪酬水平对塑造企业形象的意义也很大。它不仅直接体现了企业在特定劳动力市场上的相应定位，同时也显示了企业的支付能力以及对于人力资源的态度。支付较高薪酬的公司不仅有利于树立在劳动力市场上的良好形象，而且有利于公司在产品市场上的竞争。公司的薪酬支付能力会增强消费者对企业以及企业所提供的产品和服务的信心，从而在消费者的心目中造成一种产品差异，起到鼓励消费者购买的作用。在大多数市场经济国家中，政府在最低薪酬水平等方面都有明文规定，为了确保自身经营的规范性和合法性，企业在确定薪酬水平时会遵守这些规定。

专栏 5-1

沃尔玛的员工分享计划

作为全球最大的私人雇主，沃尔玛没有把员工当作"雇工"来看待，而是将员工视为重要的"合伙人"。合伙人的概念表明沃尔玛的管理者和员工之间是为了共同的目标而努力的合作伙伴，而不是矛盾敌对的双方；是共生共赢的关系，而不是你赢我输的局面。

基于"员工是合伙人"的概念，沃尔玛提出了三个相互补充的计划：利润分享计划、员工购股计划、损耗奖励计划。这些计划帮助员工参与经济利润的分享。沃尔玛认为，管理层如何对待他们的员工，员工就如何对待顾客。因此，只有和员工一起分享公司的利润，让员工有主人翁的感觉，员工才会以主动、热情的态度去对待顾客，使企业赢得顾客，获得更多的利润和更大的发展空间。

利润分享计划：凡是加入公司一年以上、每年工作时数不低于1000小时的员工，都有权分享公司的一部分利润。公司根据利润情况，按员工工薪的一定百分比提留，一般为6%，用于购买公司股票。由于公司股票价格随着业绩越来越好而提高，当员工离开公司或是退休时，就可以得到一笔数目可观的现金或公司股票。一位1972年加入沃尔玛的货车司机，20年后的1992年离开公司时得到了70.7万美元的利润分享金。

员工购股计划：本着自愿的原则，员工可以购买公司的股票，并享有比市价低15%的折扣，可以交现金，也可以从工资中扣。目前，沃尔玛80%的员工都持有公司的股票，真正成了公司的股东，其中有些成为百万和千万富翁。沃尔玛的许多员工通过这两个计划获得了高额收益。沃尔玛把员工和企业结合成一个利益共同体，增强了员工对公司的认同感，从而使员工更加努力地工作。

> 损耗奖励计划:为了降低损耗率和失窃率,控制经营开支,沃尔玛又提出了损耗奖励计划。如果商店可以把损耗控制在公司既定的目标之内,则该店每个员工都可以得到奖金,最多可达200美元。这个计划实施后,公司的耗损率大幅度下降,只有同行业平均水平的一半。员工之间的信任感也大大加强。

(三)外部竞争与确定薪酬的方法

具备对外竞争力的薪酬水平是企业吸引、留住优秀人才的重要筹码,更是企业促进并维持高效生产率的重要手段。企业在确定薪酬水平时通常采用以下方法:

1. 根据企业经济能力确定薪酬水平

以企业的经济承受能力为主导确定薪酬水平,主要是指结合劳动力市场的薪酬调查数据,从企业的实际经营状况出发进行调整。

市场对产品的需求是企业对劳动力需求的根源。市场对产品的需求决定了企业的薪酬水平。产品的需求价格弹性越大,企业越注意与竞争对手采取一定的价格策略,对产品进行成本控制,意味着对人工成本也要控制,进而需要对企业内部薪酬水平进行控制。

2. 根据市场薪酬水平确定本企业薪酬水平

以市场薪酬水平为导向来确定企业的薪酬水平,关键是对本企业竞争对手的薪酬水平进行摸底。竞争对手主要是指同行业生产同类产品或类似、替代品的企业,使用类似技术的企业,因为他们对劳动力市场的需求是相似的、有竞争的,因此只有这样的企业才有可竞争性。

通过市场调查获取相关数据并在分析后确定本企业的薪酬策略,进而测算每个岗位的薪酬水平,结合企业的经济承受能力确定本企业的总体薪酬水平。

所以在确定企业薪酬水平时,首先要考虑企业薪酬水平的对外竞争力和企业的实际承受能力,其次要考虑员工的基本生活费用和人力资源市场行情等。

二、薪酬水平的衡量

(一)薪酬平均率

指实际平均薪酬与薪酬幅度中间数的比值。薪酬平均率的数值越接近于1,则实际平均薪酬越接近于薪酬幅度的中间数,薪酬水平越理想;当薪酬平均率等于1时,说明用人单位所支付的薪酬水平符合平均趋势;当薪酬平均率大于1时,表示用人单位支付的薪酬水平过高。

薪酬平均率的计算公式为:

$$薪酬平均率 = \frac{实际平均薪酬}{薪酬幅度的中间数}$$

薪酬平均率效应表如表5-3所示。

表 5-3 薪酬平均率效应表

薪酬平均率等于 1	用人单位所支付的薪酬水平符合平均趋势
薪酬平均率大于 1	用人单位支付的薪酬水平过高，因为实际的平均薪酬超过了薪酬幅度的中间数
薪酬平均率小于 1	用人单位实际支付的薪酬水平较薪酬幅度的中间数要小，大部分职位的薪酬水平是在薪酬中间数以下

（二）平均增薪额

平均增薪额是指组织全体员工薪酬平均增长的数额。计算公式为：

$$平均增薪额 = 本年度的平均薪酬水平 - 上一年度的平均薪酬水平$$

平均增薪额越大，说明组织平均薪酬水平增加的强度越大，反之，说明组织平均薪酬水平增加的强度越小。强度的强弱应充分考虑组织的经济实力和竞争的要求以及调动劳动者积极性的需要。要注意将平均增薪额控制在组织所能承受的范围内。

（三）平均增薪率

平均增薪率又称增薪幅度，指薪酬水平递增的速率。

$$平均增薪率 = 平均增薪额 / 上年平均增薪水平$$

平均增薪率越快，说明组织的人工成本增长的越快，平均增薪率过小，则说明组织的平均薪酬水平比较稳定，人工成本变化很小。但这也可能意味着该组织是一个处于停滞中的组织，仅是维持了生存，而没有发展。在这种情况下，必须弄清原因，采取有效的措施激励员工提高绩效，促进组织的不断发展。因此，将企业的增薪幅度控制在合理的范围内，使其既不超出企业的承受能力，又能激励员工努力工作，为企业的发展作出贡献，应作为薪酬水平确定的重要目标。

第四节 薪酬调查

一、薪酬调查的概念

广义的薪酬调查，对外是收集在产品、劳动力市场上相竞争的相关企业的薪酬数据，并对此数据进行统计分析的系统过程，对内是员工薪酬满意度调查的系统过程。前者帮助企业了解本企业薪酬体系的外部公平性和竞争性，后者帮助企业了解薪酬的内部公平性和一致性。

薪酬调查帮助企业了解其薪酬水平在市场中的位置，把握相关企业的薪酬政策和薪酬结构，了解薪酬管理中的最新实践，其调查结果作为企业调整薪酬系统的重要依据正受到广泛关注。过去主要是大型外资企业实施正规、全面的薪酬调查，现在很多大中型国有企业、民营企业也参与其中。尽管由于许多限制，一些企业无法或没有进行规范、完全的薪酬调查，但仍然试图通过各种官方的、公开的或个人的渠道来了解市场薪酬水平，为本企业的薪酬政策提供参考。

二、薪酬调查的功能

薪酬调查的功能主要有以下几个方面：为企业的薪酬调整提供参考；为企业新岗位的薪酬定位提供依据；估计竞争对手的人力成本；为特定的人力资源问题提供解决方案。

（一）为企业的薪酬调整提供参考

薪酬调整包括对薪酬水平、薪酬结构，甚至薪酬政策、薪酬管理实践的调整。通常企业会定期根据消费者价格指数的变化、国家劳动法有关薪酬政策的变化，如最低工资，以及企业的经营绩效进行薪酬水平的调整，企业可以参照相关的公开数据以及企业内部的财务指标进行这类调整。更多的时候是因为产品、人才市场上有竞争关系的企业进行了调整，为了保持人才吸引力或不至于在人才竞争中处于劣势，企业不得不进行调整。通过调查，企业可以了解竞争对手薪酬变化的信息，获得本企业与竞争对手在相同或相似岗位上的薪酬差异信息，了解它们的薪酬构成，包括货币薪酬的构成要素、非货币薪酬的构成要素以及各要素间的配比。

（二）为企业新岗位的薪酬定位提供依据

企业在业务发展壮大或进入新的市场、行业时一般会产生新的岗位，这些新的岗位都是关系到企业扩张战略能否成功的关键岗位。例如：对于多数从建筑行业通过纵向一体化而进入房地产行业的企业来说，营销策划岗位、景观设计岗位等都是全新的岗位，并且对企业的产品市场竞争力起关键作用。尽管通过内部岗位的价值分析企业可以给出满足薪酬内部一致性的薪酬标准，但如果这些标准与市场的标准，即满足薪酬外部一致性的薪酬水平有较大差异的话，企业根本招不到优秀的、能促使企业实现扩张战略的人才，因此只有通过薪酬调查了解房地产行业相关企业类似岗位的薪酬水平、结构，才可能制定出有市场竞争力的人才价格，吸引到符合企业发展需要的人才。

（三）估计竞争对手的人力成本

企业的薪酬成本和其总成本密切相关，通常企业可以通过"薪酬成本＝雇员总数×（人均现金薪酬＋人均福利成本）"来对竞争对手的总体成本进行大致估计。对于知识密集型的企业，如咨询公司、软件企业等，其人力成本均占企业总成本的50％，或者对于竞争十分激烈、产品需求随产品价格变动大的行业，如零售业、建材业、家电制造业等，这种估计尤其有价值的。企业可以借助薪酬调查的结果对竞争对手的产品定价、利润水平等进行推测。

（四）为特定的人力资源问题提供解决方案

在企业实践中有许多让管理者头痛的人力资源问题，例如：留不住人才（离职率居高不下）、引不进人才（招不到合适的员工）、激励不了员工的积极性（员工的工作积极性不高、绩效低下、主动性差、人力成本产出比率低）等。这其中很重要的原因是企业没有一个适合的薪酬水平及有激励作用的薪酬结构和薪酬政策。例如：企业的薪酬水平定得低于市场水平，员工感到自己的贡献被企业低估，员工不满而另谋高就；不了解关键岗位的任职者对薪酬体系最关心的是什么，是一个短期的货币收入还是一个长期的与企业共同发展的机会；企业的薪酬水平达到市场水平但薪酬结构有问题，达不到激励员工的目的。不同类型的员工有不同的薪酬分配偏好，企业需要在以资历和业绩还是工作能力为主要分配依据之间进行选择。薪酬调查给出了一个比较各种选择的结果，让企业重新审视自己的薪酬体系，实现效用最大化。

薪酬调查除了可以满足企业的上述需要之外，还可以帮助企业把握行业薪酬水平的变化趋势，帮助企业制定人力成本预算，了解其他企业在薪酬管理上的最新实践。简而言之，薪酬调查为企业的薪酬决策提供重要的参考，为企业保留、吸引和激励员工提供依据，建立在薪酬调查基础上的经济合理的薪酬成本为保持企业产品的竞争力提供必要的保障。因此，企业愿意投入人力、物力和财力进行薪酬调查。

三、薪酬调查内容

薪酬调查包括以下几方面的内容：

（1）国家宏观经济政策及国民经济发展的有关信息，包括国家财政政策、货币政策、消费者物价指标（CPI）、国民生产总值增长率等，这些信息对企业制定和调整薪酬政策都具有非常重要的作用；

（2）区域内同行业企业尤其是竞争对手的薪酬策略、薪酬水平、薪酬结构、薪酬构成以及变化情况，如果区域内没有同行业企业，可参照其他区域同行业企业；

（3）区域内同行业典型岗位市场薪酬数据，如果没有相应数据，可以调查区域内相关行业的薪酬数据，或者其他地区同行业的薪酬数据；

（4）上市公司有关薪酬数据调查分析，分析同行业上市公司员工薪酬水平，尤其是高层管理人员的薪酬水平；

（5）企业薪酬管理现状调查，调查员工对企业目前薪酬管理方面的意见和建议，了解员工对薪酬体系的哪些方面不满，从而为薪酬设计提供基础信息。

四、薪酬调查方法

薪酬包括内部薪酬和外部薪酬。内部薪酬反映了员工工作时的心理状态，外部薪酬既包括货币薪酬又包括非货币薪酬。由于内部薪酬反映的是员工所体验的工作意义、对工作成果的责任和从工作中获得知识等心理状态，难以衡量，而且操作性不高，因此，薪酬调查针对的是外部薪酬调查。企业可以从多种渠道获得外部薪酬数据的有关信息，常见的方法如下：

（一）外部公开信息查询

可以查看政府及有关人力资源机构定期发布的人力资源有关数据，包括岗位供求信息、岗位薪酬水平、毕业生薪酬、行业薪酬、区域薪酬数据，也可以查看上市公司高管薪酬数据，这些薪酬数据对公司薪酬政策及薪酬水平的制定有参考意义。

（二）企业合作式相互调查

同行业企业之间建立合作关系，共享薪酬数据有关资料信息，同时可以共同开展薪酬调查活动，这样可以节约成本，相互受益。

（三）招聘时采用问卷调查及面谈期望薪酬等方式，对外部人力资源市场价格有大致了解

一般情况下，这个信息的准确度还是比较高的，因为大多数应聘者对行业内该岗位薪酬

水平是有了解的，同时也会非常慎重地提出薪酬要求。如果企业经常因为薪酬原因不能招聘到最优秀的员工，那么说明企业提供的薪酬水平的确没有竞争力。

（四）聘请专业的市场调查公司进行

可以委托专业市场调查公司来进行，这种方法数据准确，但成本高。

（五）外部数据购买

向专业薪酬服务机构购买有关薪酬数据。很多市场调查公司、咨询公司都有自己的薪酬数据库，薪酬数据库往往按区域、行业、岗位、时间编排，可以查询任意区域、任何行业、任何岗位有关的薪酬数据以及变化趋势数据。

五、薪酬调查过程

薪酬调查过程包括确定薪酬调查目的、确定调查范围、选择调查方式、薪酬数据筛选修正以及薪酬数据分析处理等几个环节。

（一）薪酬调查目的

要根据薪酬调查的目的制定具体的薪酬调查计划，通常，薪酬调查可以用于薪酬整体水平的调整、薪酬结构的调整、薪酬构成的调整、薪酬支付政策的调整以及薪酬晋级政策的调整等方面，针对不同的目的，薪酬调查应该有所侧重。

（二）确定调查范围

根据调查的目的，有针对性地确定调查范围。调查范围包括调查岗位、调查内容两个方面。

1. 典型岗位选择

在市场薪酬调查中，典型岗位市场薪酬调查是最重要的方面。典型岗位就是组织中能够直接与外部市场薪酬状况进行比较的岗位，原则上不应选择过多，否则会增加薪酬调查的成本。

一般情况下，从企业不同序列、不同层级岗位中选择1~2个典型岗位即可。典型岗位一般分为两类：一类是体现行业特点的岗位，如机械制造企业的机械工程师；一类是不同行业通用的岗位，如会计、总经理等。

2. 薪酬调查内容

典型岗位薪酬调查内容包括组织基本信息、有关岗位信息两部分。组织基本信息包括企业名称、所在区域、所属行业、组织规模、组织结构及财务状况等方面。岗位信息包括岗位职责、任职资格、任职者经验资历、薪酬数据（固定工资、绩效工资、奖金、福利）以及最新薪酬变动情况。

（三）选择调查方式

根据确定的调查岗位和调查内容，选择合适的调查方式，获得真实、有效的样本数据。需要注意的是，每个岗位需要选择若干个调查对象，一般情况下，每个岗位超过20个以上的数据才会有统计意义。在选择调查对象时，首先选择区域内同行业有关数据，如果区域内同行业数据不足，那么可以对其他区域或其他行业有关数据进行调查。

(四) 薪酬数据筛选修正

外部薪酬数据调查完成后，就要对薪酬数据进行检验分析，核对岗位匹配程度，判断调查对象的岗位职责是否与本公司的相匹配，如果岗位职责差别太大，即使岗位名称相同，也应当作无效样本剔除。

对于岗位职责比较匹配的数据，还应进行区域匹配、行业匹配及任职资格匹配分析，对薪酬数据进行修正。根据匹配情况，修正系数取1.2、1.1、1、0.9和0.8。下面以行业匹配为例进行说明，其他匹配同理进行。

如果调查区域薪酬水平明显低于企业所在地，修正系数取1.2；如果调查区域薪酬水平稍微低于企业所在地，修正系数取1.1；如果调查区域薪酬水平与企业所在地基本持平，修正系数取1；如果调查区域薪酬水平稍微高于企业所在地，修正系数取0.9；如果调查区域薪酬水平明显高于企业所在地，修正系数取0.8。

(五) 薪酬数据分析处理

按上述方法将数据进行修正后，每个典型岗位薪酬对应着一系列数据，将这些数据从高到低排序，找出典型岗位对应的25%分位、50%分位、75%分位的薪酬数据，如表5-4所示。

表5-4 市场薪酬调查数据

元

岗位	初级设计师	中级设计师	高级设计师	资深设计师
数据1	1800	2500	3300	4800
数据2	2000	2600	3200	5000
数据3	1600	2400	3500	5600
数据4	1700	3000	3800	3900
数据5	1900	2100	3000	4900
数据6	2600	1900	2900	5000
数据7	1900	1700	3100	5500
数据8	1700	3200	3600	6000
数据9	2300	2500	3000	3900
数据10	2200	2600	2800	4400
25%分位数据	1700	2000	2950	4150
50%分位数据	1900	2500	3150	4950
75%分位数据	2250	2800	3550	5800

本章案例研究

某合资企业的薪酬体系

B公司是一家合资企业，公司主要生产经营中成药、保健品、中药原料药等，并拥有进出口自营权，先后通过GMP、ISO9001、ISO14001等多项认证，是中药制药行业的龙头企业，目前公司可生产4个剂型、45个品种。公司营销网络覆盖全国，设有大区办事处17个，特区办事处3个，地区办事处33个，现有营销人员近350个。

目前公司生产系统采用的是计件工资方式。行政系统是结构工资，工资总收入＝70%基础工资＋30%绩效工资，但由于公司的考核跟不上，绩效考核没有发挥其应有的作用，每个员工在绩效部分都能拿到满额工资。销售系统采用的是提成工资，月薪收入＝底薪＋提成。销售人员的差旅费、渠道维护费等均包括在提成中，公司不再另行支付。

另外，公司的薪酬水平已落后于社会平均水平。如行政系统一般管理人员工资仅为1500元，而当地行政部门的平均工资已达到2000元以上，部分岗位的工资甚至只达到最低生活保障的标准线。

公司虽然设置了薪酬等级，但是除了中层岗位以外，几乎所有的岗位都处于同一等级，同一级别中的所有岗位的薪酬总额也都是一样的，没有与岗位的工作业绩相联系，对其岗位的劳动量、责任、创造价值的大小等差别性没有考虑，也没有根据岗位要求的知识、技能、经验等因素设定不同的薪酬标准。

员工没有月、季、年终奖金，对日常工作出色或有贡献的员工也无特殊奖励，这种情况使员工工作热情大幅降低。同时，公司实行25天工作日，每周只允许休息一天，周末上班不算加班，不支付加班工资。至于带薪假、住房公积金等更无从谈起。另外，由于生产系统实行的是计件工资制，员工为了得到更高的工资，往往只关心产品产量，忽视了产品质量。

[讨论题]

B公司的薪酬体系存在哪些问题？如果让你给公司设计薪酬结构，为了得到良好的激励效果，你有什么建议？

本章小结

薪酬水平是指从某个角度按照某种标志考察的某一领域内员工薪酬的高低程度，它决定了企业薪酬的对外竞争力，对员工队伍的稳定性也有一定的影响。薪酬的外部竞争性对于组织吸引、保留以及激励员工是非常重要的。在薪酬水平方面，企业可以选择薪酬领袖政策，也可以选择市场匹配政策，在一些特殊情况下，还可以选择适当拖后政策。

影响企业薪酬水平的因素主要是外部因素，如劳动力市场的供求水平、地区工资水平、生活水平和物价水平、行业工资水平等。企业内部经营状况、财务支付能力及企业产品的市场竞争力也会影响企业的薪酬水平。员工个人客观存在的内在潜质、主观意愿付出程度以及所担任的职务性质等与个人薪酬水平之间也存在一定的关系。

薪酬调查是企业薪酬水平决策的重要依据。它是系统了解竞争对手以及市场上各种薪酬信息，然后据之确定本企业薪酬水平的过程。薪酬调查过程包括确定薪酬调查目的、确定调查范围、选择调查方式、薪酬数据筛选修正以及薪酬数据分析处理等几个环节。薪酬调查通常是借助第三方机构，是一种综合性的薪酬调查或对总薪酬调查。

复习思考题

1. 什么是薪酬水平？
2. 薪酬水平的决策有哪几种？各自有什么特点？
3. 什么是薪酬调查？薪酬调查的功能有哪些？

4. 薪酬调查的方法有哪些？
5. 薪酬调查可以分为哪几个环节？
6. 如何衡量一个企业的薪酬水平？
7. 影响企业薪酬水平的因素有哪些？
8. 什么是薪酬水平的外部竞争性？它具有哪些作用？
9. 企业在确定薪酬水平时通常采用哪些方法？
10. 什么是薪酬平均率？薪酬平均率与企业支付的薪酬水平有什么关系？

第六章

薪酬结构设计和岗位评价

本章内容提要
1. 薪酬结构的内涵和类型。
2. 薪酬结构的影响因素。
3. 薪酬结构设计的步骤。
4. 工作分析和岗位评价。
5. 宽带薪酬。

引导案例

某广告公司的薪酬战略

某广告公司成立于20世纪90年代,公司现有员工60余人,营业额超过4000万元人民币,是当地最大的广告公司,同时还被权威广告杂志评为近年来中国成长最快、最具代表性的本土广告公司之一。其服务范围主要包括:专业的媒体广告排期及分析咨询;代理国内外各类广告;企业公关活动策划及实施;CIS企业形象方略;市场调查及产品销售策略;平面广告创意;编导、摄制广告电视片、资料片;广告评估及信息反馈;承办各类展销会、展览会及室内外装饰的设计施工;制作发布路牌、霓虹灯、立柱灯箱、橱窗等各类户外广告等。该公司的薪酬福利制度如下:

一、薪酬体系

(1) 公司实行年薪制,依据岗位制定工资级数,公司于年初制订当年的薪酬计划。
(2) 年薪=月薪+节日月薪+节日红包,员工的年薪收入一般为14~17个月月薪。
(3) 员工工资级数确定与绩效考评挂钩。
(4) 员工个人工资涨幅每年在20%~70%。
(5) 每月10—15日为发薪日,法定假日加班的倍数月薪会在五一、国庆及春节之前发放。

二、补贴体系

（1）公司实行岗位补贴制，有电话费补贴、交通费补贴、午餐补贴等。
（2）补贴属报销性质，凭票据限额由公司报销。
（3）集体活动、紧急事件等发生费用，经中心总监签字后由公司给予报销。
（4）员工特殊疾病、家庭意外等，公司均可视情况给予特殊假期及经济补偿。
（5）因家庭急需，员工可以预支一个月的薪水。
（6）公司按实际金额报销员工加班回家的车费，并给予十元的误餐补贴。
（7）法定休息日的加班，可给予等时间的换休。

三、福利体系

（1）服务期一年以上的员工，享受公司提供的健康保险。
（2）服务期一年以上的员工，可享受公司为其提供的每年一次的免费国内旅游；年度优秀员工可以和各总监一起赴国外旅游，费用全部报销。
（3）公司备有药品箱和急救箱，员工可按需领用，费用由公司全额负担。
（4）对公司经营和发展有突出贡献的员工，经公司管委会全体讨论，可给予相应的住房奖励或购车奖励。
（5）员工可享受的节日福利：春节、圣诞节、元旦、五一、国庆节、端午节、中秋节及个人生日，福利形式主要包含假期、礼品或过节费。
（6）员工可享受的带薪假期：婚假、产假、丧假、年休假。

薪酬结构是对同一组织内部的不同职位或者技能之间的工资率所做的安排，强调的是组织内部薪酬的一致性问题。本章主要从薪酬范围、职等数量、薪酬数值、薪级等级等几方面探讨薪酬结构的设计。

[讨论题]

薪酬制度包括哪些方面？薪酬结构设计需要考虑哪些问题？

第一节 薪酬结构的内涵和类型

一、薪酬结构的内涵

薪酬结构实际上是对同一组织内部的不同职位或者技能之间的工资率所做的安排。因此，一个完整的薪酬结构通常都是由薪酬等级、薪酬范围及相邻薪酬等级间的交叉重叠关系构成的。换句话说，薪酬结构就是指在同一组织内不同职位或不同技能员工薪酬水平的排列形式，强调薪酬水平等级的多少、不同薪酬水平之间级差的大小以及决定薪酬级差的标准，它反映了企业对不同职务和能力的重要性及其价值的看法。

薪酬结构的研究主体虽然是某一组织内部的薪酬水平一致性问题，但是在确定薪酬结构的过程中，也并不排除对于薪酬外部竞争性的考虑。因此，薪酬结构的确定其实是对内部一致性和外部竞争性的综合考量。在具体实践应用中，对于两者的具体偏好要根据企业面临的实际情况来定，有时对内部一致性因素的考虑多些，有时会更偏向于对外部竞争性因素的考虑。

二、薪酬结构的相关概念

（一）薪酬变动范围与薪酬变动比率

薪酬变动范围又称作薪酬区间，是指在某一薪酬等级内部允许薪酬变动的最大幅度，即在同一薪酬等级内部，最低薪酬水平和最高薪酬水平之间的绝对差距。而薪酬变动比率则是指同一薪酬等级内部最高值和最低值之差与最低值之间的比率，即：

薪酬变动比率 =（最高薪酬 - 最低薪酬）/最低薪酬

有时为了使用方便，也会借助中值来计算薪酬变动比率。具体有：

上半部分薪酬变动比率 =（最高值 - 中间值）/中间值

下半部分薪酬变动比率 =（中间值 - 最高值）/中间值

如图 6-1 所示，某组织内部，最高薪酬为 9600 元/月，最低薪酬为 6400 元/月，中值为 8000 元/月，其薪酬变动比率的计算如下所示：

上半部分薪酬变动比率 =（最高值 - 中间值）/中间值 = 20%

下半部分薪酬变动比率 =（中间值 - 最高值）/中间值 = 20%

薪酬变动比率 =（最高值 - 最低值）/最低值 = 50%

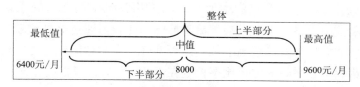

图 6-1　某组织内部薪酬变动范围与薪酬变动比率

从图 6-1 可知，该组织内部的薪酬变动比率为 50%，其中薪酬区间中值两侧的薪酬变动比率都为 20%。在实际应用中，不同薪酬等级的变动比率并不一定要一致。企业在进行薪酬结构决策时，可能会根据不同的情况来分别确定不同薪酬等级的薪酬变动比率，不同薪酬等级的薪酬变动比率通常在 10% ~ 150%。

薪酬变动比率的大小取决于特定职位所需的技能水平等综合因素，与技能水平呈正相关。那些所需技能水平高的职位所在的薪酬等级的变动比率要大一些，而所需技能水平较低的职位所在的薪酬等级的变动比率要小一些。例如：在同一组织内部，薪酬变动比率随着职位技能水平的提升而增大。生产、维修、服务类等岗位的薪酬变动比率为 20% ~ 25%，专家、中层管理人员的薪酬变动比率为 40% ~ 50%，而高层管理人员的薪酬变动比率通常在 50% 以上。这主要是因为，在较低职位上，员工需要掌握的技能水平不高，能够通过短期学习很快掌握，其承担的责任及对企业的贡献也比较有限，如果在这些薪酬等级上确定比较大的薪酬变动比率，既不利于企业控制成本，也不符合这些职位对企业的实际贡献以及外部劳动力市场上的平均薪酬水平状况。然而，由于从事这些职位工作的员工通常在组织中还会有较大的晋升空间。因此，如果员工希望获得超过这些薪酬等级上限的薪酬水平，他们可以通过谋求晋升或者提高技能来进入更高一层的薪酬等级。相反，对于已经达到较高职位等级的员工来说，一方面，这些职位所承担的责任以及对企业的贡献比较大，所要求的技能难以掌握，需要花费的时间较长，并且在这些职位上工作的员工的努力程度对企业的经营结果影响很大,因此,较大的薪酬变动比率有利于对绩效不同的员工支付不同的薪酬,从而鼓励他们努力工作;另一方面,担任这些职位的员工的晋升空间已经比较小了,在晋升可能性不大的情况下,企业可以利用薪酬的不断增长来激励和留住资深的优秀员工。

(二)薪酬比较比率与薪酬区间渗透度

1. 薪酬比较比率

薪酬比较比率(compa-ratio)(以下简称比较比率)是薪酬区间中值的延伸使用,表示员工实际获得的基本薪酬与相应等级的薪酬中值间的关系,或薪酬区间中值与市场平均薪酬水平之间的关系。我们通常用这一数值来衡量员工获得薪酬的相对水平的高低。薪酬比较比率是考察员工或组织薪酬水平的一个有用的指标,是基本薪酬或工资结构定位的参考指标。通常用薪酬比较比率来表示员工实际获得的基本薪酬与相应薪酬区间的中值或者是薪酬区间中值与市场平均薪酬水平之间的关系。具体来说,薪酬比较比率有如下两个含义:

(1)薪酬比较比率表示员工实际获得的基本薪酬与相应薪酬区间中值之间的比较关系。它是一种内部比较关系,可用于员工个人或不同类型的员工群体的薪酬比较。员工个人的薪酬比较比率往往取决于员工的资历、先前的工作经验和实际工作绩效。通常任职时间比较长、绩效比较好的员工,薪酬比较比率要高于新进员工。

(2)薪酬比较比率表示薪酬区间中值与市场平均薪酬水平之间的比较关系。这是一种外部比较关系,常常用于整个组织或某类员工群体的比较。通过这种比较,可以分析在组织整体或某种职位、某类员工群体薪酬定位上是否准确。大多数组织会力图将自己的平均薪酬水平与市场平均薪酬水平之间的比较比率控制在100%左右,以保持本组织基本薪酬水平与市场水平的一致性。

薪酬比较比率=实际所得薪酬/薪酬区间中值(或薪酬区间中值/市场平均薪酬水平)

当薪酬比较比率值为1时,意味着等级内员工的平均薪酬水平和薪酬中值是恰好相等的。当比较比率大于1时,就说明因为这样或那样的原因,企业给员工支付的薪酬水平偏高:也许是因为人工成本控制不当,也许是多数员工的绩效表现确实突出,或是因为其他别的种种原因。而当该数值小于1时,薪酬支付不足的情况就显而易见了。

以员工甲为例,该员工的基本薪酬为8000元,薪酬区间最高值为13000元,薪酬区间最低值为7000元,则薪酬区间中值为1000元,那么员工甲的薪酬比较比率为80%,即8000/10000。

比较比率的概念不仅适用于员工个人,也适用于整个组织。表6-1是同一种职位和市场平均薪酬水平的比较比率。

表6-1 同一种职位和市场平均薪酬水平的比较比率

项目	公司内部/元				其他公司/元
	平均	员工甲	员工乙	员工丙	
基本薪酬	2400	2400	2300	2500	2580
薪酬区间中值	2400	2400	2400	2400	2400(市场平均水平)
薪酬比较比率/% (实际基本薪酬/中值)	100	100	95.83	104.17	107.50

通常来说，那些任职时间较长、工作经验丰富、绩效比较好的员工的薪酬比较比率较高（一般大于100%），而那些任职时间较短、工作经验缺乏的新进员工的薪酬比较比率则相对较低（一般小于100%）。企业将薪酬比较比率作为控制薪酬成本的有效工具，通常会努力将其控制在100%左右。这是为了使本企业的基本薪酬水平和市场水平保持一致。这样一来，公司薪酬只在薪酬区间中值发生变化，从而导致公司在薪酬比较比率低于100%的时候才需要提高基本薪酬。

2. 薪酬区间渗透度

薪酬区间渗透度（range penetration）是企业用以分析同一薪酬区间内部薪酬水平的另一个重要工具。它通过计算员工实际基本薪酬与薪酬区间的实际跨度（最高薪酬－最低薪酬）间的比值来反映员工在其所在薪酬区间中的相对地位。薪酬区间渗透度的计算如下：

薪酬区间渗透度 = （实际所得薪酬－区间最低值）/（区间最高值－区间最低值）

因此，假设某员工的基本薪酬为8000元，该员工对应薪酬等级中的最高薪酬为13000元，最低薪酬为7000元，则该员工的薪酬区间渗透度为16.67%。

通过对薪酬区间渗透度和薪酬比较比率的综合考察，我们可以分析出某位员工的长期薪酬变化趋势。

（三）薪酬等级间的交叉与重叠

在同一薪酬结构体系中，相邻薪酬等级之间的薪酬区间可以设计成有交叉重叠和无交叉重叠两种。无交叉重叠的设计通常分为衔接式（上一薪酬等级的薪酬区间下限与下一薪酬等级的薪酬区间上限持平）和非衔接式（上一薪酬等级的薪酬区间下限高于下一薪酬等级的薪酬区间的上限）两种，如图6-2所示。

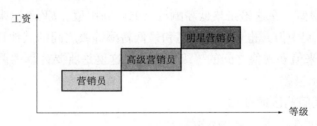

图6-2　无交叉重叠薪酬体系

假设图6-2中各级员工的工资如下：

营销员工资500~1200元；

高级营销员工资1200~2500元（或1300~2500元）；

明星营销员工资2500~4000元（或2600~4000元）；

营销经理工资4000~6000元（或4100~6000元）。

有交叉重叠是指除了最高薪酬等级的区间最高值和最低薪酬等级的区间最低值之外，其余各相邻薪酬等级的最高值和最低值之间往往有一段交叉和重叠的区域，如图6-3所示。

假设图6-3中各级员工的工资如下：

营销员工资500~1800元；

高级营销员工资1200~3000元；

明星营销员工资 2600~4500 元；
营销经理工资 4000~8000 元。

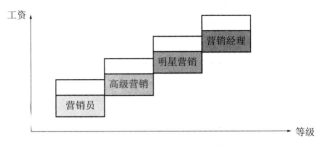

图 6-3 有交叉重叠薪酬体系

企业在实践中通常倾向于将薪酬结构设计成有交叉重叠的，尤其是对于中层以下的职位。薪酬等级之间的薪酬区间交叉与重叠程度取决于两个因素：一是薪酬等级内部的区间变动比率；二是薪酬等级的区间中值之间的级差。

1. 不同薪酬等级间的中值极差

薪酬区间中值极差是指相邻薪酬等级之间的区间中值变动百分比，在最高薪酬等级的中值和最低薪酬等级的中值一定的情况下，各薪酬等级中值之间的极差越大，则薪酬结构中的等级数量就越少；反过来，各薪酬等级中值之间的极差越小，薪酬结构中的等级数量就越多。假设最高薪酬等级（或除最低薪酬等级之外的其他任何一个薪酬等级）的区间中值和最低薪酬等级的区间中值以及准备划定的薪酬等级数量都已经确定，就可以运用现值公式计算出一个恒定的中值级差。其计算公式如下：

$$PV = FV / (1 + i)^n$$

式中，PV 表示现值，在这里是最低薪酬等级的区间中值；FV 表示未来值，在这里可以是最高薪酬等级的区间中值，也可以是最高和最低薪酬等级之间的其他任何一个薪酬等级的区间中值；n 表示未来值和现值之间的等级数量，在这里是所要计算的两个薪酬等级之间的薪酬等级数量；i 表示极差。

2. 不同薪酬等级间的区间叠幅

薪酬等级的重叠度的计算公式为：

薪酬等级的重叠度 =（下一级高位薪酬 - 上一级低位薪酬）/
（下一级高位薪酬 - 下一级低位薪酬）×100%

通常，薪酬等级的区间中值极差越大，同一薪酬区间的变动比率越小，则薪酬区间的交叉与重叠区域就越小。相反，薪酬等级的区间中值极差越小，同一薪酬区间的变动比率越大，则薪酬区间的交叉与重叠区域就越大。

相邻薪酬等级的区间存在适当交叉和重叠的做法，一方面可以避免因晋升机会不足而导致的未被晋升者的薪酬增长局限；另一方面又为被晋升者提供了更大的薪酬增长区间而对被晋升者提供了奖励。其设计原理是：在下一个薪酬等级上技能较强的、绩效较高的员工对企业的价值贡献比在上一个等级上新晋级员工的贡献更大；而且，薪酬区间的重叠还有利于人工成本的控制。

然而，重叠的区域也不应该太大，如果薪酬区间重叠度过大，会出现薪酬压缩现象，即不同职位或技能之间的薪酬差异太小，不足以反映它们之间的价值差别。具体表现为：在某一等级上已获得最高薪酬值的员工当晋升到上一薪酬等级之后，发现薪酬水平没有提高多少，甚至降低。这样做的结果会导致晋升效能减弱。因此，一些专家认为，薪酬区间的重叠度一般不宜超过50%，即较低薪酬等级的薪酬范围的最高值低于相邻最高薪酬等级范围的中值。

第二节 薪酬结构的影响因素

企业的薪酬结构是在特定的经济社会环境中形式的，具体的载体是企业，最终作用的对象是员工，要使调整后的薪酬结构能充分发挥预期的作用，提高可行性以及认同感，就需要统筹考虑，具体包含企业特性（个性）、员工特性（个性）等。

一、企业特性

纵观企业的薪酬管理实践，企业的特性（个性）直接影响着薪酬战略的制定与实施，是企业薪酬结构调整的重要影响因素。企业特性主要体现在以下两个方面：

（一）企业的经营战略

通常包括成本领先战略、差异化战略、创新战略，经营战略的转变会直接影响企业的薪酬结构。在成本领先战略之下，企业注重提高生产经营效率，将薪酬战略目标定位于薪酬成本控制，同时为了不影响员工的工作效率及工作稳定性，往往会强调薪酬的内部一致性，主张用基本薪酬稳定员工，此时，企业倾向于推行弹性比例较小、薪酬差距较小的薪酬结构，薪酬偏向保障功能；在差异化战略指导下，企业强调提高服务，赢得竞争优势，引导员工改善行为、提高绩效，企业的薪酬目标在于激励员工提高服务的质量与效率，主张弹性较大、薪酬差距较大的薪酬结构，薪酬偏向激励功能；在创新战略指导之下，企业将薪酬战略目标定位于维持和吸纳勇于创新的员工，而不注重强化内部的职位等级结构和工作评价等管理行为，重视员工参与及信息公开，主张弹性较大、薪酬差距小的薪酬结构，薪酬策略是在保障的同时发挥部分激励作用。

（二）企业的生命周期理论

企业的生命周期一般分为创立期、成长期、发展期、衰退期。成长期和发展期的企业都处于上升阶段，在这期间，企业都需要激励员工为企业的持续快速发展服务，因此，此处将这两个阶段合并为发展期，企业的生命周期理论只有创立期、发展期和衰退期三个阶段。当企业处于创立期时，流动资金短缺，企业一般会采取成本战略，在薪酬上重视人工成本控制，主张用基本薪酬稳定员工，但需要激励员工投入市场开拓及产品开发，企业倾向于推行弹性比例较大、薪酬差距较小的薪酬结构；当企业处于成长期时，企业强调创新与推出满足个性化差异的产品，扩大市场占有额，企业薪酬结构重在激励员工创新与提高服务，呈现激励化倾向；当企业处于衰退期时，企业注重控制成本，回收资金，企业薪酬结构也倾向于基本保障作用，维持稳定。

二、员工特性

薪酬策略的直接作用对象为员工,薪酬的满足在一定程度上表明其能力发挥得到了补偿,人力资本价值得到了实现,这有利于调动员工工作积极性。制定薪酬策略时要充分考虑员工特性,即员工的开发程度和知识共享程度。

(一) 开放程度

指员工个性的外向爽快或内向不爽快。个性外向爽快的员工乐于采取合作的方式工作,且愿意主动与别人沟通,适于合作性的、团队形式的工作,弹性比例较小、薪酬差距较小的薪酬结构适合这类员工;个性内向不爽快的员工不愿意与别人沟通或合作,却适于竞争性的工作,弹性比例较大、薪酬差距较大的薪酬结构更适用这类员工。竞争性、合作性薪酬结构会影响组织成员间的知识共享,组织成员的个体特性对这种关系具有调节作用。企业往往也可以通过设定特定模式的薪酬结构来引导员工的行为,使其适于企业的发展要求,具有合作性或竞争性。

(二) 知识共享程度

在知识经济时代,知识对于组织的重要性不言而喻,个体之间的知识共享有效地促进了组织的知识创造。知识共享程度也直接影响了企业的生产经营管理,共享程度越高,就越需要确保员工围绕知识开展合作,贡献独享的知识。绩效工资对团队合作性工作中个人工资影响甚小,有助于提高员工知识共享的程度,反之,对于知识共享低的竞争性工作,绩效工资的影响力则更大一些。因此,员工知识共享程度高的企业倾向于推行弹性比例较大、薪酬差距比较小的薪酬结构。因为企业需要鼓励员工围绕知识开展合作,形成工作团队,消除紧张和不公平感,同时通过扩大薪酬结构的弹性来激励不同的工作团队加大工作投入,服从结果导向。反之,企业会倾向于推行弹性比例较小、薪酬差距较大的薪酬结构。

三、其他

除员工个性和企业个性外,影响薪酬结构的因素还可以分为组织的外在因素和内在因素两大类。

(一) 外在因素

影响薪酬结构的外在因素主要有以下几个:

1. 国家的政策和法规

组织制定薪酬政策时,必须考虑国家的有关政策法规。例如,企业在制定员工薪酬政策时,必须不低于国家规定的最低薪资标准。对于员工的加班,必须给予国家规定的相应补贴。

2. 劳动力或人才市场供求情况

劳动力市场中的供求关系往往左右着员工的薪酬水平,当劳动力市场供过于求时,员工不得不接受较低的薪酬;供不应求时,员工往往可以得到较高的薪酬待遇。

3. 当地生活水准

员工工作首要的目的是获得劳动报酬以支持生存。因此,企业制定薪酬政策时还应考虑当地生活水平和消费水平。当地生活水平较高时，为了保证组织内员工的生活水平，组织必须适当上浮员工的薪酬。而对于生活消费水平较低的地区，企业不会选择支付太高的薪酬。一般而言，在同一行业中，我国西北内陆地区的薪资水平远低于沿海发达地区；即使在同一企业内部，同职级同岗位的员工获得的薪酬也会受地区生活水平的影响而有差异。

4. 当地收入水平（市场薪酬水平）

员工在比较劳动报酬时，不仅会考虑是否与自己的劳动价值相匹配，还会与当地市场水平作比较。如果员工发现自己的薪酬低于市场平均水平，心中就会产生不满，降低工作积极性，甚至会导致员工离职，而高于市场平均水平的薪酬支付又会增加企业的运营成本。因此，为了稳定人力资源，留住人才，组织在制定薪酬时必须使员工的薪酬与当地收入水平保持相当。

（二）内在因素

影响薪酬结构的内在因素主要有以下几个：

1. 支付能力

即企业的经营状况和经济实力。它往往与员工薪酬水平成正比。通常来说，盈利水平较高的企业具有较高的薪酬支付能力，他们往往比经营状况不良的企业更愿意支付给员工更高的薪资水平以确保人才的积极性和忠诚度。

2. 工作性质的差异性

不同工作在复杂程序、技能要求、工作强度或负荷方面都存在着差异。这种差异是组织确定薪酬差异的重要依据。通常来讲，技术员工的薪酬要高于一线员工，而企业中的高层管理者所获得的薪酬水平也远远高于基层管理者。

3. 员工情况的差异性

员工之间的工龄、年龄、文化程度、性别、专业技能等差异也是组织确定薪酬差异的重要依据。企业在制定薪酬政策的过程中通常会将员工的在职时间、学历、技能水平等因素作为确定薪酬等级和薪酬区间等的重要指标。当然，这些因素的具体权重要根据岗位的实际情况进行考虑，因为并不是所有工龄30年的老员工对企业的贡献都大于新进的员工；同理，并非所有的女性经理人的能力和绩效都不如男性经理人。

4. 组织对人性的假设

如果组织把员工看成"经济人"，组织的薪酬形式会采用经济性薪酬；如果组织把员工看成"社会人"或"复杂人"，员工的薪酬形式就会更多使用非经济性薪酬，如节日礼物、荣誉奖章、领导关怀等。

综上所述，企业在确定组织中员工薪酬结构的时候，必须充分考虑各种影响因素，力图保持员工薪酬内部一致性和外部竞争性的有机统一，既起到激励员工提高绩效的作用，又将企业的薪酬成本控制在合理的范围内，实现企业用人效用的最大化。

第三节　薪酬结构设计的步骤

薪酬结构设计属于薪酬体系中的一个子模块，因此在设计薪酬结构时必须服从薪酬体系所要达到的目标这个大前提。薪酬结构设计主要有两个目的：确保企业合理控制成本、帮助企业有效激励员工。

一、薪酬结构设计的准备工作

（一）企业在进行薪酬结构设计之前，应做好以下准备工作

（1）在分析公司战略的基础上，确定人力资源战略，进而制定企业的薪酬策略。

（2）完成工作分析，并得到三份成果，即岗位说明书、岗位分类（包括岗位群落图和岗位职级表）、岗位编制。

（3）通过外部对比、内部诊断，做好企业内外部薪酬调查。企业薪酬水平的确定和调整标准也应建立在内外部公平的基础之上。

（二）岗位类别

一般而言，岗位性质的不同，决定了企业薪酬结构的差异。根据工作内容、工作性质不同，将岗位按性质归为五类：

1. 管理序列

从事管理工作并拥有一定管理职务的职位。通俗的理解是"手下有兵，因其承担的计划、组织、领导、控制职责而成为主要的企业付薪依据"。例如在一般企业中使用的比较粗放的"中层和高层"的概念。

2. 职能序列

从事职能管理、生产管理等职能工作且不具备或不完全具备管理职责的职位。与上述"管理序列"的区别在于该岗位下可能有下级人员，但企业付薪的主要依据不是因为其承担的计划、组织、领导、控制职责，而是其辅助、支持的职责。

3. 技术序列

从事技术研发、设计、操作的职位，表现为需要一定的技术含量，企业付薪的主要依据是该岗位所具备的技能，一般付薪的项目不体现为计件的形式，但不排除少量的项目奖金。

4. 销售序列

指在市场上从事专职销售的职位，一般工作场所不固定。

5. 操作序列

指在公司内部从事生产作业或销售的职位，一般工作场所比较固定。

二、薪酬结构设计的步骤

企业在设计薪酬结构的实践过程中，应着重平衡薪酬内部一致性和外部竞争性两方面的要求。本节，我们以计点法为例进行岗位评价，从而构建相应的薪酬结构。

需要知道的是，薪酬结构的设计主要包括制定薪酬政策线、确定职等数量和薪酬中值、确定薪酬浮动幅度等几个方面，这几个因素确定后，职等薪酬增长率、薪酬变动比率、薪级数目以及薪级级差就都确定下来了。因此，我们首先对薪酬政策线的制定给予解释。

（一）薪酬政策线的制定

根据市场薪酬线，结合公司的薪酬策略，可以制定薪酬政策线。公司薪酬政策线是用于指导公司薪酬设计的重要工具，薪酬政策线反映公司薪酬水平政策和薪酬结构政策两个方面

的内容。如图6-4所示。

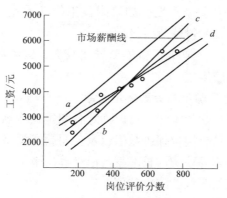

图6-4 薪酬政策线

图6-4中 a、b、c、d 四条直线分别反映不同的薪酬政策。a线和b线与市场薪酬线是平行的，因此a线和b线的薪酬结构政策和市场是一致的，不同层级之间薪酬差距和市场一致；但a线反映的薪酬水平高于市场平均值，是竞争性薪酬策略；而b线反映的薪酬水平低于市场平均值，薪酬没有竞争力。c线和d线反映的整体薪酬水平与市场是一致的，但薪酬结构不一样。c线斜率更大一些，反映不同职等间薪酬差距大于市场平均水平；而d线斜率更小一些，反映不同职等间薪酬差距小于市场平均水平。

（二）薪酬结构设计的步骤

薪酬结构设计的步骤如图6-5所示。

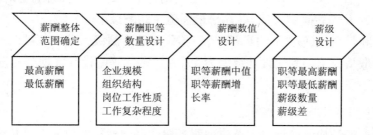

图6-5 薪酬结构设计的步骤

1. 确定薪酬整体范围

薪酬整体范围即由薪酬最高值和薪酬最低值确定的薪酬区间。根据薪酬调查数据，结合企业实际情况，确定整个薪酬体系的最高薪酬和最低薪酬，在这个过程中，需要考虑区域及行业人力资源市场供求状况的影响并判断薪酬水平发展趋势，使今后若干年公司所有人员工资水平不会超出这个范围。

2. 设计工资职等数目

根据岗位评价结果以及外部薪酬调查数据，将公司所有岗位划分为若干职等，薪酬等级的数目应适中。职等的划分要结合目前岗位所在层级状况，岗位层级差别较大的岗位尽量不要归在一个职等，将岗位评价价值相近的岗位归入同一个职等。确定职等数量一般需要考虑以下因素：

（1）企业的规模以及组织结构。企业规模越大、管理层级越多的组织，薪酬职等数目应该多些;反之,企业规模小、扁平化的组织,薪酬职等数目就少些。

(2) 岗位工作性质、工作复杂程度。如果岗位工作性质差异大,工作复杂程度高,那么就应多设薪酬等级,反之,少设薪酬等级。

(3) 企业薪酬策略。如果企业员工薪酬差异比较大,则薪酬等级应多些;如果企业员工薪酬差异小,则薪酬等级应少些。

3. 设计工资职等中位值及确定职等薪酬增长率

薪酬等级确定后,根据薪酬政策线,可以确定各职等的薪酬中位值。实际上,可以根据典型岗位市场薪酬数据,并结合岗位评价数值以及公司薪酬策略,制定出每个职等工资中位值。各职等中位值确定后,职等薪酬增长率就可以计算出来了。各职等薪酬增长率等于两个相邻职等中位值差额除以较低等级薪酬中位值。

一般情况下,各职等薪酬增长率应大致相等,如果差别较大,应对职等薪酬中位值数据进行一定调整,使各职等薪酬增长率大致相同,体现内部公平特征。

4. 设计薪酬幅度、薪级数目及薪级差

确定薪酬幅度,即薪酬中值确定后,确定每个职等最低薪酬与最高薪酬。由于同一职等内对应很多岗位,同时应给岗位工资晋升留出空间,因此薪酬幅度要适中,满足薪酬调整的需要。通常,用薪酬变动比率来衡量薪酬变化幅度。

$$薪酬变动比率 = (薪酬最大值 - 薪酬最小值) \div 薪酬最小值 \times 100\%$$

一般情况下,薪酬最大值和最小值是根据薪酬中位值以及薪酬变动比率计算出来的:

$$薪酬最小值 = 薪酬中位值 \div (1 + 薪酬变动比率 \div 2)$$

$$薪酬最大值 = 薪酬中位值 \div (1 + 薪酬变动比率 \div 2) \times (1 + 薪酬变动比率)$$

$$薪酬中位值 = (薪酬最大值 + 薪酬最小值) \div 2$$

薪酬最大值和最小值确定后,同一职等一般设定若干薪级,薪级差可以等比设计,也可以等差设计。一般情况下,等比设计级差为5%~10%,等差设计根据公司薪酬策略可以分为5~10级。

(三) 薪酬结构设计的注意事项

企业在进行薪酬结构的设计时,还应列明各职位序列薪资发放的名目及设立的目的。通常来说,包括管理、技术、职能、销售及计件工资制的技术职位序列名目,具体构成框架如表6-2所示。

表6-2 各职位序列薪酬结构的整体框架

序列名称	收入构成	详细名目
管理/职能序列年总收入	年基本收入	月固定工资
		月绩效工资
		年度延迟支付工资
	年其他收入	企业业绩分享
		工龄工资
		各类补贴或补助

续表

序列名称	收入构成	详细名目
技术序列年总收入	年基本收入	月固定工资
		月绩效工资
		项目奖金
		年度延迟支付工资
	年其他收入	企业业绩分享
		工龄工资
		各类补贴或补助
销售序列年总收入	年基本收入	月固定工资
		佣金
		销售奖金
		年度延迟支付工资
	年其他收入	工龄工资
		各类补贴或补助
计件工资制下技术序列年总收入	年基本收入	月固定工资
		计件工资
	年其他收入	年度延迟支付工资
		工龄工资
		各类补贴或补助

需要注意的是，名目中的每一个组成因素也需要阐释清楚，有助于企业薪酬政策的顺利实施。常见的名目主要为以下 8 种：

1. 月固定工资

（1）月固定工资的设立目的：保障员工基本生活收入的目的。

（2）月固定工资的下限：一般具体下限数字必须大于当地最低生活标准线。

（3）月固定工资总收入的比例：综合考虑年基本收入和职级，一般而言，职级较低的员工固定工资的比例较高。

2. 月绩效工资

（1）月绩效工资的设立目的：相对于年工资的延迟支付，属于较短周期的检查和激励员工工作的方式，主要与工作完成的及时性和质量挂钩，具体考核指标可以分为定量指标和定性指标、临时性重点任务指标。

（2）月绩效工资的上限：由于与考核结果相挂钩，因此属于浮动的不确定收入，由于管理需要综合考虑多方面的成本，如果浮动比例过大，员工会由于感觉不安全而增加流动概率，此外主观上抵制考核，从而增加考核的难度，起不到考核改善绩效的终极目的。

（3）月绩效工资总收入的比例：综合考虑年基本收入和职级，一般而言，职级较低的员工绩效工资的比例较低。

3. 年度延迟支付工资

（1）年度延迟支付工资的设立目的：相对于月绩效工资，属于较长周期的检查和激励员工工作的方式，由于某些工资在短期内无法见到实效，需要较长的一段时间才能反映出结果，因此预留部分基本收入作为对该部分工作的考核。由于年前的流动率相对较高，因此年度延迟支付工资在某些公司还可以作为降低流动率的手段缓解企业日常现金流压力。

（2）年度延迟支付工资的比例：一般为10%～20%，可以用年底双薪等科目发放。

4. 企业业绩分享

（1）企业业绩分享的设立目的：体现内部收入的公平性，使计件制和佣金制员工的收入与自身业绩直接挂钩，在企业超额完成既定计划时，需要设置该科目协调内部公平，体现员工收入与企业的业绩呈正向关系。企业未完成既定计划时，可以通过降低年度迟延支付工资的数量来实现；企业超额完成既定计划时，可以通过该科目来实现。

（2）企业业绩分享的权重：具体金额和权重没有限制，但总体上金额和权重不宜过大，应有以丰补歉的预留机制，另外收入具有刚性，必须考虑企业的可持续发展，且企业业绩分享属于锦上添花，因此比重不宜过大。

5. 工龄工资

（1）工龄工资的设立目的：嘉奖员工对企业的忠诚度，增强企业的凝聚力。

（2）工龄工资的上限：一般上限设定在10年，因为企业时刻都有成本控制的压力。人员价值有折旧，培训只能延迟价值衰减的程度，因此需要鼓励员工适当流动。企业需要听取来自不同地方的声音，需要不断冲击旧思维旧习惯。

（3）工龄工资的比例：工龄长短不代表员工实际能力的高低，与公司为职位价值付酬的设计思路有冲突，因此工龄工资的比重一般不宜过大，小于15%。

6. 各类补贴或补助

（1）各类补贴或补助的设立目的：属于保健因素，如果缺失，将影响员工满意度。

（2）各类补贴或补助的上限：由于属于企业额外的人工成本开支，因此应严格控制，具体金额需要根据当地的通信计费实时调整。

（3）各类补贴或补助科目的设置：具体科目的增减可以根据企业的实际情况，例如在重点改善企业学历结构的时期，可以增设学历工资。

7. 销售奖金

销售奖金的确定首先要考虑销售额的达成，通常只有超过一定的销售保底才能领取奖金。其次考虑客户开拓、货款回收速度、市场调查报告、客户投诉状况、企业规章执行等指标进行综合评定。

8. 计件工资

由生产操作类员工依据产品实际产量、质量、成本总额、安全、现场管理等综合确定，用以激发生产人员的积极性，提高生产效率，改善产品质量，降低生产成本。

第四节　工作分析和岗位评价

工作分析与岗位评价是人力资源管理中的重要组成部分。企业往往通过工作分析与岗位评价为招人、留人、育人、激励人提供基础和依据。

一、工作分析

工作分析是指从企业发展战略、组织结构以及业务流程出发,对组织中各工作岗位的设置目的、工作内容、工作职责、工作权限、工作关系等工作特征以及对任职者的知识技能、工作经验、能力素质等方面进行调查、分析并描述的过程。工作分析的结果是岗位说明书。

不同的企业其岗位说明书有不同的形式,但一般都应包括岗位概述、岗位职责、岗位职权、工作关系、工作条件及任职资格等方面。任职资格包括知识技能、工作经验和能力素质等几个方面。

(一) 工作分析的意义

1. 工作分析是人力资源管理的基础,对其相关职能提供了基础支持

1) 为人力资源预测和规划提供依据

人力资源规划的一个核心环节就是对现有岗位设置的必要性进行分析。工作分析可以产生岗位描述和岗位规范等有关工作的基本信息,这些信息为人力资源预测和规划提供了依据。

2) 为人员招聘、任用提供依据和标准

工作分析产生的一系列人力资源文件如岗位说明书,对各岗位工作的任务、性质、特征以及任职者的能力素质要求都做出了详细的规定说明,因而在招聘、任用员工时就有了明确的选聘依据和标准。

3) 为绩效考核提供前提和依据

工作分析以岗位为中心,分析和评定了各岗位的功能和要求,明确了各岗位的职责、权限和任职者必需的资格条件。一方面是绩效考核展开的前提;另一方面为绩效考核项目、内容和指标体系的确定提供了依据。

4) 为薪酬设计提供参数依据

在进行薪酬设计时,薪酬通常都是与工作的复杂性、工作本身的难度、职责大小和岗位的任职资格等紧密联系的,而工作分析则通过工作说明书对各岗位的信息给予全面评估,使得薪酬政策的制定有的放矢。

5) 为人力资源培训与开发设立目标

工作分析可以提供关于做好该项工作所需的能力素质的信息,从而为分析任职者的培训需求提供了依据。工作分析的结果是岗位培训的客观依据,对员工具备的技能以及任职资格条件提出了要求。

6) 为人员配置提供参考

工作分析可以明确岗位对人的要求,将最合适的人放在最合适的岗位上,从而提高整个企业的效率以及长远竞争力。

2. 工作分析促进企业的战略落地与组织结构优化

工作分析对于企业的战略落地与组织结构优化具有非常重要的意义,主要表现在以下几个方面:

1) 提高工作效率

工作分析中对于工作关系和权责的确定有助于明确某一岗位在流程中的具体角色、作用和权限，消除由于岗位设置不合理或岗位界定不清晰造成的流程不畅、效率不高的现象。

2）界定岗位，验证岗位设置是否合理

通过工作分析，可以清晰界定各岗位的具体职责与权限，避免权责的真空与重叠。对于工作分析中发现的岗位设置问题可及时优化并确定岗位编制。

3）实现战略传递

通过工作分析，可以明确岗位设置的目的、价值，明确如何支持企业的总体战略目标和部门目标的实现，从而落实企业战略。

4）实现权责对等

工作分析明确了岗位的权利与责任，一旦发生任何事情，都有相应的人享受对应的权利，并承担与权利对等的责任。

（二）工作分析的流程

工作分析是一项技术性很强的工作，需要做周密的准备。同时还需具有与组织人事管理活动相匹配的科学的、合理的操作程序。一次完整的工作分析活动包括筹划准备、信息收集、资料分析、结果整理、运用、控制六个阶段，详细见图6-6。

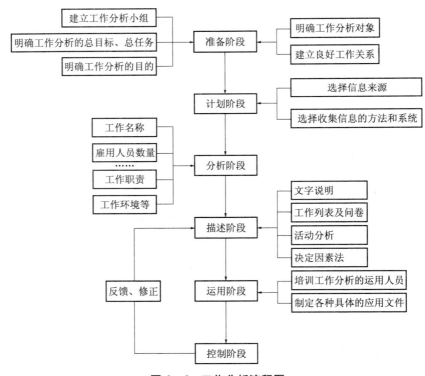

图6-6 工作分析流程图

1. 准备阶段

由于工作分析人员在进行分析时，要与各工作现场或员工接触。所以，分析人员应该现场研究该工作的书面资料。同时，要协调好与工厂主管人员之间的合作关系，以免导致摩擦或误解。在这一阶段，主要解决以下几个问题：

1）建立工作分析小组

小组成员通常由分析专家构成。所谓分析专家，是指具有分析专长，并对组织结构及组织内各项工作有明确概念的人员。一旦小组成员确定之后，赋予他们进行分析活动的权限，以保证分析工作的协调和顺利进行。

2）明确工作分析的总目标、总任务

根据总目标、总任务，对企业现状进行初步了解，掌握各种数据和资料。

3）明确工作分析的目的

有了明确的目的，才能正确确定分析的范围、对象和内容，规定分析的方式、方法，并弄清应当收集什么资料，到哪儿去收集，用什么方法去收集。

4）明确工作分析对象

为保证分析结果的正确性，应该选择有代表性、典型性的工作。

5）建立良好的工作关系

为了搞好工作分析，还应做好员工的心理准备工作，建立起友好的合作关系。

2. 计划阶段

分析人员为使研究工作迅速有效，应制订并执行计划。同时，要求管理部门提供有关的信息。无论这些信息来源与种类如何，分析人员都应将其予以编排，也可用图表的方式表示。这一阶段包括以下几项内容：

1）选择信息来源

信息来源的选择应注意以下几点：

（1）不同层次的信息提供者提供的信息存在不同程度的差别；

（2）工作分析人员应站在公正的角度听取不同的信息，不要事先存有偏见；

（3）使用各种职业信息文件时，要结合实际，不可照搬照抄。

2）选择收集信息的方法和系统

信息收集的方法和分析信息适用的系统由工作分析人员根据企业的实际需要灵活运用。由于分析人员有了分析前的计划，对可省略和重复之处均已了解，因此可节省很多时间。但是分析人员必须切记，这种计划仅仅是预定性质，以后必须将其和各单位实际情况相验证，才不会导致错误。

3. 分析阶段

工作分析是收集、分析、综合组织与某个工作有关的信息的过程。也就是说，该阶段包括信息的收集、分析、综合三个相关活动，是整个工作分析过程的核心部分。

1）工作名称

该名称必须明确，使人看到工作名称，就可以大致了解工作内容。如果该工作已完成了工作评价，在工资上已有固定的等级，则名称上可加上等级。

2）雇用人员数目

同一工作所雇用工作人员的数目和性别，应予以纪录。如雇用人员数目经常变动，其变动范围应予以说明，若所雇用人员是轮班使用，或分于两个以上工作单位，也应分别说明，由此可了解工作的负荷量及人力配置情况。

3）工作单位

工作单位是显示工作所在的单位及其上下左右的关系，也就是说明工作的组织位置。

4）工作职责

就是这项工作的权限和责任，主要包括：对原材料和产品的职责；对机械设备的职责；对工作程序的职责；对其他人员的工作职责；对其他人员合作的职责；对其他人员安全的职责。分析人员应尽量采用"量"来确定某一工作所有职责的情况。

5）工作知识

工作知识是工作人员为圆满完成某项工作应具备的实际知识。这种知识应包括任用后为执行其工作任务所需获得的知识，以及任用前已具备的知识。

6）智力要求

智力要求指在执行过程中，所需运用的智力，包括判断、决策、警觉、主动、积极、反应、适应等。

7）熟练及精确度

该因素适用于需用手工操作的工作，虽然熟练程度不能用"量"来衡量，但熟练与精确度关系密切，在很多情况下，工作的精确度可用允许的误差加以说明。

8）机械设备工具

在从事工作时，所需使用的各种机械、设备、工具等，其名称、性能、用途，均应记录。

9）经验

工作是否需要经验，如有需要，则以何种经验为主，其程度如何，都应说明。

10）教育与训练

（1）内部训练：是由雇主所给予的训练，无论是否在本企业中举行，只要该训练是为企业中某一专门工作而开办的，就属于内部训练。

（2）职业训练：由私人或职业学校所进行的训练。其目的在于发展普通或特种技能，并非为任何企业现有某一特种工作而训练。

（3）技术训练：指在中学以上含有技术性的训练。

（4）一般教育：指所接受的大、中、小学教育。

11）身体要求

一些工作有必须站立、弯腰、半蹲、跪下、旋转等消耗体力的要求，应加以记录并作具体说明。

12）工作环境

包括室内、室外、湿度、宽窄、温度、震动、油渍、噪声、光度、灰尘、突变等，各有关项目都需要做具体的说明。

13）与其他工作的关系

表明该工作与同机构中其他工作的关系，由此可表示工作升迁及调职的关系。

14）工作时间与轮班

该项工作的时间、工作的天数、轮班说明都是雇用时的重要信息，均应予以说明。

15）工作人员特性

这是指执行工作的主要能力，包括手、指、腿、臂的力量及灵巧程度，感觉辨别能力，记忆、计算及表达能力。

16）选任方法

此项工作，应用何种选任方法，也应加以说明。

总之，工作分析的项目很多，凡是一切与工作有关的资料均在分析的范围之内，分析人员可视不同的目的，全部予以分析，也可选择其中必要的项目予以分析。

4. 描述阶段

仅仅研究分析一组工作，并未完成工作分析，分析人员必须将获得的信息予以整理并写出报告。通常工作分析所获得的信息以下列方式整理：

1）文字说明

将工作分析所获得的资料以文字说明的方式表述和描述，列举工作名称、工作内容、工作设备与材料、工作环境及工作条件等。

2）工作列表及问卷

工作列表是把工作加以分析，以工作的内容及活动分项排列，由实际从事工作的人员加以评判。或填写工作分析所需的时间及发生次数，已了解的工作内容。列表或问卷只是处理的形式不同而已。

3）活动分析

该分析实质上就是作业分析。通常是把工作的活动按工作系统与作业顺序一一列举，然后根据每一作业进一步加以详细分析。活动分析多以观察及面谈的方法对现有工作加以分析，所有的资料作为教育及训练的参考。

4）决定因素法

该种方法是把完成某项工作最重要的几项行为加以列表，在积极方面说明工作本身特别重要的因素，在消极方面说明亟待排除的因素。至于工作分析的报告，其编排应该根据分析的目的加以选择，以简短清晰的字句，撰写成说明式的报告初稿，送交有关主管和分管人员，获取补充建议后，再予修正定稿。

5. 运用阶段

此阶段是对工作分析的验证，只有通过实际的检验，工作分析才具有可行性和有效性，才能不断适应外部环境的变化，从而不断地完善工作分析的运行程序。此阶段的工作主要有两部分：

（1）培训工作分析的运用人员。这些人员在很大程度上影响着分析程序运行的准确性、运行速度及费用，因此，培训工作分析的运用人员可以增强管理活动的科学性和规范性。

（2）制定各种具体的应用文件。

6. 控制阶段

控制活动贯穿着工作分析的始终，是一个不断调整的过程。随着时间的推移，任何事物都在变化，工作也不例外。组织的生产经营活动是不断变化的，这些变化会直接或间接地引起组织分工协作体制发生相应的调整，从而也相应地引起工作的变化。因此，一项工作要有成效，就必须因人制宜地做些改变。另外，工作分析文件的适用性只有通过反馈才能得到确认，并根据反馈修改其中不适应的部分。所以，控制活动是工作分析中的一项长期重要活动。

（三）工作分析的方法

当目标计划等规划方面的东西确定下来以后，实施就成为重中之重，而实施过程中采用的方法又是实施成败的关键。同样，在岗位分析的过程中，根据目标、岗位特点、实际条件等选择采取合适的分析方法也就成了关键。目前岗位分析的方法有很多种，这里只讨论几种比较常用的方法。

1. 访谈法

访谈法是访谈人员就某一岗位与访谈对象，按事先拟订好的访谈提纲进行交流和讨论。访谈对象包括：该职位的任职者、对工作较为熟悉的直接主管人员、与该职位工作联系比较密切的工作人员、任职者的下属。

为了保证访谈效果，一般要事先设计访谈提纲，事先交给访谈者准备。

1）访谈法的种类

访谈法分为以下几种：

（1）个体访谈：结构化、半结构化、无结构；

（2）一般访谈、深度访谈；

（3）群体访谈：一般座谈、团体焦点访谈。

2）进行访谈时要坚持的原则

（1）明确面谈的意义；

（2）建立融洽的气氛；

（3）准备完整的问题表格；

（4）要求按工作重要性程度排列；

（5）面谈结果让任职者及其上司审阅修订。

3）访谈法的一些标准

麦考米克于1979年提出了访谈法的一些标准，它们是：

（1）所提问题要和职位分析的目的有关；

（2）职位分析人员语言表达要清楚、含义要准确；

（3）所提问题必须清晰、明确，不能太含蓄；

（4）所提问题和谈话内容不能超出被谈话人的知识和信息范围；

（5）所提问题和谈话内容不能引起被谈话人的不满，或涉及被谈话人的隐私。

4）访谈法的优点缺点

其优点是可以得到标准和非标准的、体力、脑力工作以及其他不易观察到的多方面信息。其不足之处是被访谈者对访谈的动机往往持怀疑态度，回答问题时有所保留，且访谈者易从自身利益考虑而导致信息失真。因此，访谈法一般不能单独使用，最好与其他方法配合使用。此外，分析者的观点影响对工作信息的正确判断；职务分析者问些含糊不清的问题，影响信息收集。该方法适合于不可能实际去做某项工作，或不可能去现场观察以及难以观察到某种工作时使用。既适用于短时间的生理特征的分析，也适用于长时间的心理特征的分析，而且适用于对文字理解有困难的人。访谈法也适合于脑力职位者，如开发人员、设计人员、高层管理人员等。

2. 问卷调查法

问卷调查法就是根据岗位分析的目的、内容等，事先设计一套岗位问卷，由被调查者填写，再将问卷加以汇总，从中找出有代表性的回答，形成对岗位分析的描述信息。问卷调查的关键是问卷设计。问卷设计的形式分为开放型和封闭型两种。

开放型：由被调查人根据问题自由回答。

封闭型：调查人事先设计好答案，由被调查人选择确定。

1）设计问卷时要注意的事项

（1）提问要准确；

（2）问卷表格要精炼；

（3）语言通俗易懂，问题不可模棱两可；

（4）问卷表前面要有指导语；

（5）把能引起被调查人兴趣的问题放在前面，问题排列要有逻辑。

2）问卷调查法的具体实施步骤

职位分析人员首先要拟订一套切实可行、内容丰富的问卷，然后由员工进行填写。在正式进行工作分析前，考量各部门的工作内容及可行时间，先行拟定进行时间表，若不可行，则可弹性调整。

（1）问卷发放。

发放各部门的工作分析问卷时，先集合各部门的各级主管进行半小时的说明，说明的内容有工作分析的目的、工作分析问卷填答要求及问题解答，并清楚告知进行此次活动不会影响到员工现有的权益，确定各主管皆明了如何进行后，由主管辅导下属进行工作分析问卷的填答。

（2）填答期间。

虽然在工作分析问卷填答前有过详细的说明，也进行了问题答疑，但是仍有许多问题产生，因此，在此期间必须注意各部门的填写状况，并予以协助。

（3）问卷回收及整理。

对于回收的问卷，首先必须检查是否填写完整，并仔细查看是否有不清楚、重叠或冲突之处，若有，便由工作分析人员与人力资源主管进行讨论，判断是否对此任职者或其主管进行面谈，以确认资料收集的正确性。如果事先已请填写者将内容转换成计算机档案，则工作分析人员只需以原档案进行修改即可，不需再花费许多时间将问卷内容转换成计算机文书文件，且只要资料确认无误，即可完成职务说明书的撰写。

（4）工作分析成果。

依据工作分析的目的进行分析所获得的成果即为职务说明书。

问卷调查法在岗位分析中使用最为广泛，其优点是费用低、速度快，调查范围广，尤其适合对大量工作人员进行岗位分析，调查结果可实现数量化，进行计算机处理。它免去了长时间观察和访谈的麻烦，也克服了职务分析的工作人员水平不一的弱点。但这种方法对问卷设计要求较高，设计比较费工，也不像访谈那样可以面对面地交流信息，因此，不容易了解被调查对象的态度和动机等较深层次的信息。

问卷法还有三个缺陷：一是不易唤起被调查对象的兴趣；二是除非问卷很长，否则就不能获得足够详细的信息；三是需经说明，否则会因理解不同，产生信息误差。该方法适用于对工作进行量化排序，并与工作报酬相联系的工作分析。

3. 观察法

观察法就是工作分析人员在不影响被观察人员正常工作的条件下，通过观察将有关工作的内容、方法、程序、设备、工作环境等信息记录下来，最后将取得的信息归纳整理为适合使用的结果的过程。利用观察法进行工作分析时，应力求观察的结构化，根据工作分析的目的和组织现有的条件，事先确定观察的内容、观察的时间、观察的位置、观察所需的记录单等，做到省时高效。

1）观察法的类别

（1）直接观察法。

工作分析人员直接对员工工作的全过程进行观察。直接观察法适用于工作周期很短的工作。如保洁员，他的工作基本上是以一天为一个周期，工作分析人员可以一整天跟随着保洁员直接进行工作观察。

（2）阶段观察法。

有些员工的工作具有较长的周期性，为了能完整地观察到员工的所有工作，必须分阶段进行观察。比如行政文员，他需要在每年年终时筹备企业总结表彰大会。工作分析人员就必须在年终时再对该职位进行观察。有时由于间隔时间跨度太长，工作分析人员无法拖延很长时间，这时采用工作表演法更为合适。

（3）工作表演法。

工作表演法对于工作周期很长和突发性事件较多的工作比较适合。如保安工作，除了有正常的工作程序以外，还有很多突发事件需要处理，如盘问可疑人员等，工作分析人员可以让保安人员表演盘问的过程，来进行该项工作的观察。

2）应用观察法的要求

（1）注意所观察的工作应具有代表性。

（2）观察人员在观察时尽量不要引起被观察者的注意。在适当的时候，工作分析人员应该以适当的方式将自己介绍给员工。

（3）观察前应确定观察计划，在计划中应含有观察提纲、观察内容、观察时刻、观察位置等。

（4）观察时思考的问题应结构简单，并反映工作有关内容，避免机械记录。

（5）在使用观察法时，应将工作分析人员用适当的方式介绍给员工，使之能够被员工接受。

采用观察法进行工作分析，结果比较客观、准确，但需要工作分析人员具备较高的素质。当然，观察法也存在一些弊端，如不适用于工作循环周期很长的工作，难以收集到与脑力劳动有关的信息。一般来说，观察法适用于外显特征较明显的岗位工作，如生产线上工人的工作、会计员的工作等。不适合对长时间的心理素质的分析，不适用于工作循环周期很长的、脑力劳动的工作，偶然、突发性工作也不易观察，且不能获得有关任职者的重要信息。

4. 关键事件法

关键事件法要求工作分析人员或其他有关人员描述能反映其绩效好坏的"关键事件"，

即对岗位工作任务造成显著影响的事件,将其归纳分类,最后就会对岗位工作有一个全面的了解。关键事件的描述包括:导致该事件发生的背景、原因;员工有效的或多余的行为;关键行为的后果;员工控制上述后果的能力。

采用关键事件法进行岗位分析时,应注意三个问题:调查期限不宜过短;关键事件的数量应足够说明问题,事件数目不能太少;正反两方面的事件都要兼顾,不得偏颇。

关键事件法直接描述工作中的具体活动,可提示工作的动态性;所研究的工作可观察、衡量,故所需资料适应于大部分工作。归纳事例需耗大量时间;易遗漏一些不显著的工作行为,难以把握工作整体情况,该方法适用于员工太多,或者职位工作内容过于繁杂的工作。

5. 参与法

参与法是指工作分析人员直接参与某一岗位的工作,从而细致、全面地体验、了解和分析工作特征及工作要求的方法。与其他方法相比,参与法的优势是可获得工作要求的第一手真实、可靠的数据资料。获得的信息更加准确。但由于工作分析人员本身的知识与技术的局限性,其运用范围有限,只适用于较为简单的工作岗位分析。

该方法只适用于在短期内可掌握的工作、专业性不是很强的工作,不适于需进行大量的训练或有危险性工作的分析。

6. 工作日志法

工作日志法是让员工以工作日记或工作笔记的形式记录日常工作活动而获得有关岗位工作信息资料的方法。

其优点在于,如果这种记录记得很详细,那么经常会揭示一些其他方法无法获得或者观察不到的细节。工作日志法最大的问题可能是工作日志内容的真实性问题。该方法适用于高水平、性质复杂工作的分析,可以显示出其比较经济与有效的功用。

7. 交叉反馈法

交叉反馈法,即由工作分析专家与从事被分析岗位的骨干人员或其主管人员交谈、沟通,按企业经营需要,确定工作岗位;然后由这些主管人员或骨干人员根据设立的岗位按预先设计的表式,草拟工作规范初稿。再由工作分析专家与草拟者和其他有关人员一起讨论,并在此基础上起草出二稿;最后由分管领导审阅定稿。访谈对象最好是从事比所需要了解岗位工作高一个层次的岗位工作的人员或从事该项工作的关键人员,这样反映问题比较全面、客观。

该方法的优点在于,工作规范描述准确,可执行性强;工作关系图、工作流程的描述相对清晰;能够较好地与实际工作相吻合。不足之处在于,所需花费时间较多,反馈周期较长,工作任务量大。这种方法适合于发展变化较快,或工作职责还未定型的企业。由于企业没有现成的观察样本,所以只能借助专家的经验来规划未来希望看到的工作状态。

专栏6-1

德尔菲法

德尔菲法(Delphi method),是采用背对背的通信方式征询专家小组成员的预测意见,经过几轮征询,使专家小组的预测意见趋于集中,最后做出符合市场未来发展趋势的预测结论。德尔菲法又名专家意见法或专家函询调查法，是依据系统的程序，采用匿名发表意见的方式，即团队成员之间不得互相讨论，不发生横向联系，只能与调查人员发生关系，以反复地填写问卷，来集结问卷填写人的共识并搜集各方意见，可用来构造团队沟通流程，是一种应对复杂任务难题的管理技术。

德尔菲法，又称专家规定程序调查法。该方法主要是由调查者拟定调查表，按照既定程序，以函件的方式分别向专家组成员进行征询；而专家组成员又以匿名的方式（函件）提交意见。经过几次反复征询和反馈，专家组成员的意见逐步趋于集中，最后获得具有很高准确率的集体判断结果。德尔菲法有以下特征：

（1）吸收专家参与预测，充分利用专家的经验和学识；

（2）采用匿名或背靠背的方式，能使每一位专家独立自由地作出自己的判断；

（3）预测过程几轮反馈，使专家的意见逐渐趋同。

（4）资源利用的充分性。

由于吸收不同的专家参与预测，充分利用了专家的经验和学识，保证了最终结论的可靠性。由于采用匿名或背靠背的方式，能使每一位专家独立地做出自己的判断，不会受到其他繁杂因素的影响，保证了最终结论的统一性。预测过程必须经过几轮的反馈，使专家的意见逐渐趋同。德尔菲法的这些特点使它成为一种最为有效的判断预测法。

正是由于德尔菲法具有以上这些特点，使它在诸多判断预测或决策手段中脱颖而出。这种方法的优点主要是简便易行，具有一定科学性和实用性，可以避免会议讨论时产生的害怕权威随声附和，或固执己见，或因顾虑情面不愿与他人意见冲突等弊病；同时也可以使大家发表的意见较快收集，参加者也易接受结论，具有一定程度的综合性和意见的客观性。

二、岗位评价

岗位评价是依照一定的程序和标准，对组织中各岗位的价值贡献做出量化或排序的过程。岗位评价是薪酬设计的基础，因为只有对岗位价值做出判断，才能解决内部公平问题。岗位评价的目的有两个：一是比较企业内部各岗位的相对重要性，对岗位进行科学测评，判定岗位价值大小，得出岗位薪酬等级序列，解决内部公平问题；二是通过岗位薪酬调查，将公司岗位评价分数与外部薪酬建立联系，进而为薪酬设计提供依据，为建立公平、合理的工资和奖励制度提供基础。

（一）岗位评价的方法

岗位评价的方法主要有排序法、分类法、因素比较法和要素计点法四大类。

1. 排序法

排序法是由岗位评价人员，根据其对企业各项工作的经验认识和主观判断，对各岗位的相对价值大小进行整体比较，并由高到低进行排序。在对各岗位价值进行比较时，一般要求岗位评价人员充分考虑以下各项因素：工作职责、工作权限、任职资格、工作条件及环境等因素。排序法有两种方法：交替排序法和配对比较法。排序法只对岗位价值大小进行排序，不能精确量化岗位价值,得到的是定序结果。

排序法岗位评价的优点是不必请专家即可自行操作,且操作简单,统计方便,岗位评价成本较低。排序法岗位评价的不足之处如下:

(1) 操作缺乏定量比较,显得主观性偏多,给人说服力不强之感;

(2) 只能按相对价值大小排序,不能指出各级间差距的具体大小,因此不能直接转化为每个岗位具体的薪酬数额。

排序法适合于岗位评价中岗位数量不太多的情况,以及组织中包含差别较大的不同子组织的情况,这时可以对不同子组织内部岗位进行排序;对于某一岗位序列人员,如操作工人、技术工人、基层管理人员等,采用排序法也比较有效。

2. 分类法

分类法是事先建立工作等级标准,并给出明确定义,然后将各岗位工作与这一设定的标准进行比较,从而将待评岗位确定到各种等级中去。对岗位进行分类的同时,将岗位价值进行排序,得到的是分类定序结果。

分类法是一种简单、易操作的岗位评价方法,对各岗位等级进行了定义和描述。分类法岗位评价不是凭主观简单排序,但仍然存在较多主观成分。分类法仍不能指出各级之间岗位差距的大小,不能精确度量岗位价值大小,因此不能直接转化为每个岗位具体的薪酬数额。分类法岗位评价适合于小型的、结构简单的企业。

3. 因素比较法

因素比较法是一种量化的岗位评价方法,是在确定标杆岗位和付酬因素的基础上,运用标杆岗位和付酬因素制成的因素比较尺度表,将待评岗位付酬因素与标杆岗位进行比较,从而确定待评岗位的付酬标准。

因素比较法是一种较为系统和完善的岗位评价方法,可靠性较高,并且根据评价结果可以直接得到工资数额;每个因素无上下限的限制,比较灵活,可以根据企业特点和具体职务的特殊情况做特殊处理。但是因素比较法应用起来难度较大,需要专业的培训和指导;开发初期非常复杂且难度大,成本很高,中间也有许多主观因素,员工有时不易理解,容易怀疑其准确性、公平性。

下面以表6-3为例,说明用因素比较法进行岗位评价的过程。

表6-3 因素比较尺度表

工资标准/(元·小时)$^{-1}$	智力	体力	技能	责任	工作环境
0.5					
1			标杆岗位4		标杆岗位3
1.5	标杆岗位1	标杆岗位2		标杆岗位1	标杆岗位4
2	标杆岗位4				标杆岗位2
2.5	标杆岗位3	标杆岗位3	标杆岗位1	标杆岗位2	标杆岗位1
3					
3.5	标杆岗位2	标杆岗位1		标杆岗位4	
4		标杆岗位4	标杆岗位3		

续表

工资标准/（元·小时）⁻¹	智力	体力	技能	责任	工作环境
4.5				标杆岗位3	
5					
5.5			标杆岗位2		

（1）确定评价的主要因素：一般情况下，评价因素包括智力因素、体力因素、技能因素、责任因素和工作环境因素。

（2）选择标杆岗位：确定标杆岗位作为比较的基础；标杆岗位一般选择那些在组织中普遍存在、工作内容相对稳定、工资标准公开、合理的岗位；标杆岗位一般应选择10个以上，本例为方便说明，选择4个岗位。

（3）编制因素比较尺度表：将标杆岗位的5个因素进行比较，得到各因素价值最大的岗位，根据公司薪酬水平，给这5个因素赋予不同的工资标准；之后，选出各因素价值最小的岗位，根据情况，给这5个因素赋予不同的工资标准。

在本例中，智力因素和技能因素最大的是标杆岗位2，体力因素最大的是标杆岗位4，责任因素最大的是标杆岗位3，工作环境因素最大的是标杆岗位1；智力因素和责任因素最小的是标杆岗位1，体力因素最小的是标杆岗位2，技能因素最小的是标杆岗位4，工作环境因素最小的是标杆岗位3。

给智力因素赋予最大值3.5元/小时，体力因素赋予最大值4元/小时，技能因素赋予最大值5.5元/小时，责任因素赋予最大值4.5元/小时，工作环境因素赋予最大值2.5元/小时；智力因素赋予最小值1.5元/小时，体力因素赋予最小值1.5元/小时，技能因素赋予最小值1元/小时，责任因素赋予最小值1.5元/小时，工作环境因素赋予最小值1元/小时。

各因素最大、最小岗位对应的工资标准确定后，再确定各因素其他岗位对应的工资标准。

（4）将待评岗位同标杆岗位的各项报酬因素逐个比较，确定各待评岗位在各项报酬因素上应得的报酬金额。

（5）将待评岗位在各项报酬因素上得到的报酬金额加总，得出待评岗位的工资水平。假设有×岗位，其工资标准确定计算过程如表6-4所示。由表6-4可知，×岗位相应的工资标准是14元/小时。

表6-4 ×岗位工资标准确定

因素	比对	工资标准
智力	与标杆岗位2类似	3.5/小时
体力	介于标杆岗位1和标杆岗位3之间	3元/小时
技能	与标杆岗位1类似	2.5元/小时
责任	介于标杆岗位2和标杆岗位4之间	3元/小时
工作环境	与标杆岗位2类似	2元/小时
总计		14元/小时

4. 要素计点法

要素计点法是把反映岗位价值的构成因素进行分解,然后按照事先设计出来的因素分级表对每个岗位的报酬因素进行估值。要素计点法有翰威特评价法、美世评价法、海氏评价法和 28 因素评价法等。要素计点法包括以下操作步骤:

(1) 选取合适的报酬要素;
(2) 对每一种报酬要素的各种不同程度、水平或层次加以界定;
(3) 确定不同报酬要素在职位评价体系中所占的权重或者相对价值;
(4) 确定每一种报酬要素的不同等级所对应的点值;
(5) 运用这些报酬要素来分析和评价每一个职位;
(6) 将所有被评价职位根据点数的高低进行排序,建立职位等级结构。

(二) 要素计点法应用案例

AM 公司是一家集技术研发、产品生产、销售于一体的企业,该企业应用要素计点法进行岗位评价,具体如下:

1. 选取合适的报酬要素(见表 6-5)

表 6-5 报酬要素定义表

报酬要素名称	报酬要素定义
知识	通过学习培训积攒的经验和能力,能够在没有主管帮助的情况下独自完成任务或解决问题
身体能力	身体的灵活性、平衡性及肢体的协调性等
体力耗费	对力量和身体器官的耗费和使用
对其他人的责任	主要指监督、协助其他员工的工作
沟通	沟通的效率、方法和频率等,包括内部沟通和外部沟通
责任	一方面承担管理责任,另一方面对结果负责
工作条件	包括温度、湿度、噪声或伤害危险等物理化学环境对人体的干扰
自主性	获得监督指导的类型和频率,职位承担者对信息的运用等

2. 界定各项报酬要素的程度、水平或层次(以沟通要素为例)(见表 6-6)

表 6-6 报酬要素(沟通)界定举例

等级	定义
1	顺畅进行部门内部沟通
2	能够与部门内员工沟通,与不同部门员工沟通
3	能够与部门内员工、不同部门员工及组织领导管理层沟通

3. 确定不同报酬要素的权重分配（见表6-7）

表6-7 报酬要素权重分配

报酬要素	权重/%
知识	10
身体能力	10
体力耗费	10
对其他人的责任	10
沟通	15
责任	15
工作条件	15
自主性	15

4. 确定各报酬要素不同等级的点值（见表6-8）

表6-8 要素计点法报酬要素各等级点值

报酬要素	要素等级	点值（600）
知识	1	15
	2	30
	3	45
身体能力	1	10
	2	15
	3	20
体力耗费	1	12
	2	15
	3	18
对其他人的责任	1	20
	2	30
	3	40
沟通	1	30
	2	40
	3	50
责任	1	20
	2	25
	3	30
工作条件	1	10
	2	15
	3	20

续表

报酬要素	要素等级	点值（600）
自主性	1	20
	2	30
	3	40

5. 运用报酬要素分析和评价职位（见表6-9）

表6-9　职位（管理者）评价结果

报酬要素	要素等级	点值（233）
知识	2	30
身体能力	3	20
体力耗费	3	18
对其他人的责任	2	30
沟通	3	50
责任	3	30
工作条件	2	15
自主性	3	40

6. 将所有被评价职位按点值由高至低排序，建立职位等级结构（见表6-10）

表6-10　各职位等级结构（部分）

职级	薪点范围	管理类	生产类	研发类	销售类
3	220~240			研发骨干	销售明星
2	200~220	财务主管			
1	180~200				

专栏6-2

案例分析：西游记取经队伍的奖金分配

在西游记这个家喻户晓的经典故事中，我们对于调皮机灵、诡计多端的老孙；有时心软、有时固执的唐僧；大腹便便、嗜食如命的老猪；老实忠厚、谦虚谨慎的老沙，以及默默无闻的小白马都比较熟悉。现在唐僧师徒四人历尽千辛万苦从西天取经归来，以如来、观音菩萨为首的董事会经过研究决定，奖励唐僧师徒四人——西天取经项目小组50万元激励奖金。

考虑到取经路途遥远，困难重重，虽然他们都能扮演好自己的角色，对目标的实现做出了贡献。但是，每个人的贡献是有差异的，而激励奖金就是对这些差异设计公平的分配方式，进一步肯定他们对目标的贡献和他们的自身价值，增强他们工作的满意程度。本着奖金设计激励导向兼顾公平的分配制原则，请讨论最符合这个团队的绩效考核（奖金的分配）方案。

用要素计点法对绩效考核（奖金分配）的步骤如下：

（一）选择报酬要素（业绩评估指标）

选择合适的考核（报酬）要素是要素计点法的第一步，是整个评价方法的基础。

考核（报酬）要素指的是一个组织愿意为之支付报酬的那些绩效，认为在多种不同的职位中都包括的一些对其有价值的特征。这就要求我们在确定绩效（报酬）要素之前，要明确组织的目标战略，且选择的特征要素一定要与实现组织总目标联系在一起。另外，选择的绩效（报酬）要素必须对准备在某一既定职位评价系统中进行评价的所有职位具有共通性，且能够清晰地界定和衡量，即这些报酬要素既要有共性，又要有个性。

用什么方法来确定绩效（奖金分配的报酬）要素？

我们可以通过无领导小组讨论、问卷调查法、主观经验法等方法确定绩效（报酬）要素。

现根据唐僧师徒各自的表现特点和取得真经所做出的贡献，用无领导小组讨论和主观经验的方法，从他们可以做多少事、每个人的工作要求和所处的环境三方面提取绩效（报酬）要素。（见表6-11）。

表6-11 对西游记团队的职位评价要素选取的举例表

绩效（报酬）要素名称	绩效（报酬）要素定义
凝聚力	对共同目标的认同程度，号召其他成员团结起来
决策能力	面对问题，特别是重要的问题时，是否能迅速地做出选择，能从多种备选方案中选择最优方案
沟通能力	运用正式和非正式的方法去解决问题的能力，可以通过自己的言行举止激励或影响他人的思想或行为以及达到组织的战略目的
概念技能	统观全局，运筹帷幄，具有长远的目光，认清为什么要做某事的能力，即洞察组织与环境相互影响的复杂性的问题，主要是指对环境和问题的观察、分析、处理和决断的能力
技术技能	掌握与运用某项工作的基本操作能力，以及工作所需的特殊能力，主要是面对危险时所具备的求生、解决问题的能力
人际技能	处理人际关系的技能，有广阔的人际交往，能协调和周围人的关系
危机处理	处理突发事件的能力，反应迅速，懂得如何运用各种知识、技能等方法全方位地处理问题和控制信息，使损失降低至最低限度，保持整体的稳定
责任	根据分工与协作的要求，规定员工在本岗位范围内对事对物或对人所承担的各种义务，在做好分内事的基础上协助他人完成各种任务，强调各职位上的人所承担的职责的重要性

第六章 薪酬结构设计和岗位评价

（二）等级界定（业绩评估指标的标准）

确定绩效（报酬）要素后，对每一种绩效（报酬）要素的各种不同程度、水平或层次加以界定，等级的数量取决于组织内部所有被评价职位在该绩效（报酬）要素上差异的大小。

现以危机处理要素为例，针对唐僧师徒在发生危险时的不同做法和表现，把该要素分为五个等级（见表6-12）。

表6-12　报酬要素（危机处理）的等级界定举例表

等级	描述
5级	处于领导地位，能有效控制事情的发展，保持团体稳定、团结，并能及时运用各方面的技术和技能处理危机，使损失降至最低限度
4级	有较高的能力和主见，只有受自身素质影响，运用方法、技能解决问题时才会受到一定限制，但可借助他人或同他人合作的机会，共同处理解决危机
3级	有自己处理危机的方法和能力，但控制能力不强，方法不到位，导致造成一定损失
2级	缺乏主见，处理危机能力不足，只能依附他人，听从他人指挥，易造成较大的损失
1级	无危机意识，只关注自身利益不受损，动摇团体的稳定性

（三）设置权重

界定每种绩效（报酬）要素后，确定不同绩效（报酬）要素在职位评价体系中所占的权重或相对价值。

测评指标在测评体系中的重要性或测评指标在总分数中所应占的比重叫作指标权重。一般以百分比的形式表示。

指标权重在评价中具有重要的作用，绩效（报酬）要素在职位评价体系中所占的权重代表的是不同绩效（报酬）要素对总体职位评价结果的贡献程度或者所扮演角色的重要性程度。

根据各个组织不同的特点，可以通过主观经验法、等级排序、对偶加权法、倍数加权法、权值因子判断表法等方法确定指标权重。

权重分配应按照唐僧师徒在求取真经过程中的表现以及成功取得真经的关键要素，运用经验法和对偶加权法，就报酬要素权重分配达成共识，分配如下（见图6-7）。

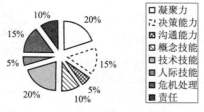

图6-7　报酬要素及其权重分布举例表

（四）计算点值

确定各种绩效（报酬）要素的权重以后，组织要为即将使用的职位评价体系确定一个合适的总点数或总分，比如1000点、800点或是500点。然后再确定每一种绩效（报酬）要素的不同等级所对应的点值。一般情况下，若被评价的职位数量较多，价值差异比较大，则需要使用的总点数就应该比较高一些；否则，则反之。

计算点值通常运用算术方法和几何方法（见表6-13）。

1. 算术方法

首先确定绩效（报酬）要素的最高等级（即表6-15中的第五级）的点数，界定为该绩效（报酬）要素在职位评价体系中的总点数；然后，算出不同等级之间的点值级差，即为最高等级总点数与总等级数（在表6-13中为五级）的商；最后，将前一级的点值依次减去点值级差，就可以得出每一级的点值。

例如：

我们选1000点为总职位的总点数，

则可求出危机处理第五级的点值（最高点值）＝1000×15％＝150

点值级差：150/5＝30

第四级的点值＝150－150/5＝120

第三级的点值＝120－150/5＝90

2. 几何方法

几何方法则要在每一绩效（报酬）要素内部的等级递增幅度上保持相同的百分比。首先，要确定不同绩效（报酬）要素等级之间的点值比率差（我们假定这种比率差为30％）；然后，换算成十进制的表示法（1＋30％＝1.3）；最后，将第五级的点值依次除以比率差，则可以得出剩下的四个等级点值。

例如：

危机处理第五级的点值（最高点值）＝1000×15％＝150

第四级的点值＝150/1.3＝115

表6-13　要素计点法报酬要素等级的点数确定

绩效（报酬）要素	绩效（报酬）要素等级	几何方法	算术方法
凝聚力	1	70	40
	2	91	80
	3	118	120
	4	154	160
	5	200	200
决策能力	1	52	30
	2	68	60
	3	88	90
	4	115	120
	5	150	150

续表

绩效（报酬）要素	绩效（报酬）要素等级	几何方法	算术方法
沟通能力	1	18	10
	2	23	20
	3	30	30
	4	38	40
	5	50	50
概念技能	1	35	20
	2	45	40
	3	59	60
	4	77	80
	5	100	100
技术技能	1	70	40
	2	91	80
	3	118	120
	4	154	160
	5	200	200
人际技能	1	18	10
	2	23	20
	3	30	30
	4	38	40
	5	50	50
危机处理	1	52	30
	2	68	60
	3	88	90
	4	115	120
	5	150	150
责任	1	35	20
	2	45	40
	3	59	60
	4	77	80
	5	100	100

（五）分析评价

运用这些绩效（报酬）要素来分析和评价每一个职位。以之前的四个步骤为依据，判断每个职位在不同绩效（报酬）要素上的等级，然后根据这种等级所代表的点数确定被评价职位在该绩效（报酬）要素上的点数，最后把各个绩效（报酬）点值加总，则得到职位的最终值。

专家小组每个人分别对唐僧师徒在每个绩效（报酬）要素上的等级进行评价，然后加权汇总，运用算术平均数的方法，得到唐僧师徒每个人的绩效（报酬）要素等级，从而求出每个人在不同绩效（报酬）要素上的点值（见表6-14~表6-18）。

例如，唐僧的凝聚力绩效（报酬）要素等级是4，参照表6-13，他的点值是160。如此评价即会得到各种绩效（报酬）要素的等级及其对应的点值，最后把各点值加起来，就得到最终的点值。

唐僧的最终点值 = 160 + 60 + 30 + 60 + 40 + 40 + 30 + 80 = 500

表6-14　唐僧的评价过程及其结果

绩效（报酬）要素	绩效（报酬）要素权重/%	绩效（报酬）要素等级	点值
凝聚力	20	4	160
决策能力	15	2	60
沟通能力	5	3	30
概念技能	10	3	60
技术技能	20	1	40
人际技能	5	3	40
危机处理	15	1	30
责任	10	4	80
合计	100		500

表6-15　孙悟空的评价过程及其结果

绩效（报酬）要素	绩效（报酬）要素权重/%	绩效（报酬）要素等级	点值
凝聚力	20	3	120
决策能力	15	4	120
沟通能力	5	3	30
概念技能	10	3	60
技术技能	20	5	200
人际技能	5	4	40
危机处理	15	5	150
责任	10	4	80
合计	100		800

表6-16 猪八戒的评价过程及其结果

绩效（报酬）要素	绩效（报酬）要素权重/%	绩效（报酬）要素等级	点值
凝聚力	20	3	120
决策能力	15	2	60
沟通能力	5	4	40
概念技能	10	2	40
技术技能	20	3	120
人际技能	5	3	30
危机处理	15	3	60
责任	10	2	30
合计	100		490

表6-17 沙僧的评价过程及其结果

绩效（报酬）要素	绩效（报酬）要素权重/%	绩效（报酬）要素等级	点值
凝聚力	20	3	120
决策能力	15	1	30
沟通能力	5	2	20
概念技能	10	1	20
技术技能	20	2	80
人际技能	5	1	10
危机处理	15	1	30
责任	10	4	80
合计	100		390

表6-18 白龙马的评价过程及其结果

绩效（报酬）要素	绩效（报酬）要素权重/%	绩效（报酬）要素等级	点值
凝聚力	20	2	80
决策能力	15	1	30
沟通能力	5	1	10
概念技能	10	1	20
技术技能	20	1	40
人际技能	5	1	10
危机处理	15	1	30
责任	10	3	60
合计	100		280 +

（六）计算分配

根据被评价职位的点值，分别算出每个人的最终奖金额（见图6-8）。

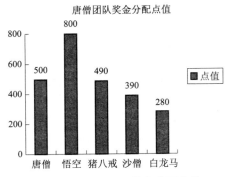

图6-8　唐僧团队奖金分配点值

例如，计量单位为万元，已知，总计点值为2460，总计奖金为50万元；唐僧最终的评价点值是500，则：

$$唐僧获得的奖金额 = 500/2460 \times 50 = 10.16（万元）$$

如此类推，我们可以用同样的方法计算出其他人的奖金额，如图6-9所示。

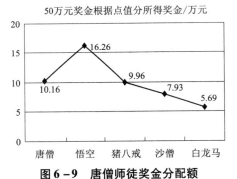

图6-9　唐僧师徒奖金分配额

从唐僧团队的奖金分配的过程中，我们不难看出，要素计点法是一种科学的职位评价方法，评价结果既能反映组织独特的需要和文化，强调组织认为有价值的那些要素，又符合劳动力市场的要求，评价结果容易被接受。

第五节　宽带薪酬

一、宽带薪酬的定义

宽带薪酬又称薪酬宽带，是薪酬结构中的一种。宽带薪酬始于20世纪90年代，是作为一种与企业组织扁平化、流程再造等新的管理战略与理念相配套的新型薪酬结构而出现的。宽带薪酬将原来较多的薪酬等级重新组合成少数几个薪酬等级，同时拉大每个薪酬等级所对应的薪酬浮动范围,从而形成一个新的薪酬管理系统及操作流程。宽带薪酬以绩效和能力为本质内容,弱化员工对职位名称和等级的重视,注重员工的个人成长和多种职业轨道的开发。宽带薪酬的设计思想将薪酬与新技能的掌握、能力的开发、更为宽泛职责的承担以及最终的绩效联系在一起,在促使员工实现自我价值的同时也实现了企业的长远发展。

宽带薪酬就是在组织内用少数跨度较大的工资范围来代替原有数量较多的工资级别的跨度范围,将原来十几个甚至二十几个、三十几个薪酬等级压缩成几个级别,取消原来狭窄的工资级别带来的工作间明显的等级差别。一般来说,每个薪酬等级的最高值与最低值之间的区间变动比率要达到或超过100%。一种典型的宽带薪酬结构可能只有不超过四个等级的薪酬级别,每个薪酬等级的最高值与最低值之间的区间变动比率则可能达到200%~300%。图6-10形象地展现了传统薪酬结构与宽带薪酬结构的不同。

北京在宽带薪酬体系①设计中,员工在自己职业生涯的大部分或者所有时间里可能都只是处于同一个薪酬宽带之中,他们在企业中的流动是横向的。随着能力的提高,他们将承担新的责任,只要在原有的岗位上不断改善自己的绩效,就能获得更高的薪酬,即使是被安排到低层次的岗位上工作,也一样有机会获得较高的报酬。

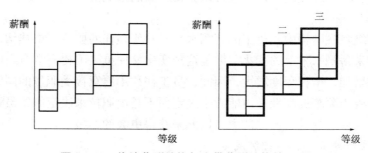

图6-10 传统薪酬结构与宽带薪酬结构的不同

二、宽带薪酬结构的特点和优缺点

(一) 宽带薪酬的特点

与传统的等级薪酬结构相比,宽带薪酬结构具有以下特点:

(1) 宽带薪酬结构打破了传统薪酬结构所维护和强化的等级观念,减少了工作之间的等级差别,有利于企业提高效率以及创造学习型的企业文化,有助于企业保持自身组织结构的灵活性以及更有效地适应外部环境。

(2) 引导员工重视个人技能的增长。在传统等级薪酬结构下,员工的薪酬增长往往取决于个人职务的提升而不是能力的提高,因为即使能力达到了较高水平,如果企业中没有岗位的空缺,员工仍然无法晋升到更高岗位同时获得更高的薪酬。而宽带薪酬结构打破了原来只有岗位晋升才能大幅加薪的办法,给予员工较大的薪酬空间,有利于员工技能的不断成长。

(3) 适合组织结构扁平化发展趋势。宽带薪酬结构淡化了等级的观念,有利于组织成员之间开展团队合作,提高企业效率,适应了现代企业扁平化发展趋势的需要。

---

① 在本章中,宽带薪酬体系、宽带薪酬结构,宽带薪酬制度、宽带薪酬模式是同一个概念。

（4）宽带薪酬结构以市场为导向，要求企业管理者有较高的管理水平和责任感，否则宽带薪酬结构会带来员工定薪的随意性，会引起内部不公，同时增加企业人工成本。

（二）宽带薪酬结构的优缺点

1. 宽带薪酬结构的优点

1）打破等级观念

由于在宽带薪酬结构中等级范围大、数量少的特征，宽带薪酬结构打破了传统薪酬结构所维护和强化的等级观念。减少了工作之间的等级差别，有助于企业组织结构向扁平化发展，同时有利于企业提高效率以及创造学习型的企业文化，从而提升企业的核心竞争优势和企业的整体绩效。

2）重视个人

在传统的等级薪酬结构中，员工即使能力达到了较高的水平，但是若企业没有出现职位的空缺，员工仍然无法获得较高的薪酬；而在宽带薪酬结构下，即使是在同一个薪酬宽带内，企业为员工所提供的薪酬变动范围也会增大，员工只要注意培养企业所需要的技术和能力，并在本职岗位上不断提高绩效，也可以获得较高的报酬。

3）有利于职位轮换

在传统的等级薪酬结构中，员工的薪酬水平与其所担任的职位严格挂钩，同一职位级别的变动并不能带来薪酬水平上的变化，但是这种变化又使员工不得不学习新的东西，从而使员工的工作难度增加、辛苦程度增大，因此，员工往往不愿意接受职位的同级轮换。而在宽带薪酬结构中，由于薪酬的高低是由能力来决定而不是由职位来决定的，员工乐意通过相关职能领域的职务轮换来提升自己的能力，以此来获得更大的回报。

4）有利于实现外部公平、控制成本

宽带薪酬的工资水平是以市场调查的数据以及企业的工资定位来确定的，因此，薪酬水平的定期核对与调整将会使企业更能把握其市场竞争力；同时，也能相应地做好员工成本的控制工作。

5）有利于管理

实行宽带薪酬结构设计，即使是在同一薪酬宽带当中，由于薪酬区间的最高值和最低值之间的变动比率至少有100%，因此，对于员工薪酬水平的界定留有很大空间。在这种情况下，部门经理就可以在薪酬决策方面拥有更多的权力和责任，可以对下属的薪酬定位提出更多的意见和建议。这种做法不仅充分体现了大人力资源管理的思想，有利于促使直线部门的经理人员切实承担起自己的人力资源管理职责；同时也有利于人力资源专业人员从一些附加价值不高的事务性工作中脱身，转而更多地关注对企业更有价值的其他一些高级管理活动以及充分扮演好直线部门的战略伙伴和咨询顾问的角色。

6）有利于推动工作绩效

宽带薪酬结构通过将薪酬与员工的能力和绩效表现紧密结合来更为灵活地对员工进行激励。在宽带薪酬结构中，上级对有稳定突出业绩表现的下级员工可以拥有较大的加薪影响力，而不像在传统的薪酬体制下，直线管理人员即使知道哪些员工的能力强、业绩好，也无法向这些员工提供薪酬方面的倾斜。因为那时的加薪主要是通过晋升来实现的，而晋升的机会和实践却不会那么灵活。此外，宽带薪酬结构不仅通过弱化头衔、等级、过于具体的职位描述以及单一的向上流动方式向员工传递一种个人绩效文化,而且通过弱化员工之间的晋升竞争而更多地强调员工之间的合作和知识共享、共同进步,以此来帮助企业培育积极的团队绩效文化,而这对于企业整体业绩的提升无疑是非常重要的一种力量。

2. 宽带薪酬结构的缺点

1)员工晋升困难

实施宽带薪酬,会使员工晋升较以往更加困难。在传统薪酬结构下的职位级别多,员工比较容易得到晋升,然而在宽带薪酬结构下的职位级别少,员工很可能始终在一个职级里面移动,长时间内员工只有薪酬的变化而没有职位的晋升。而在中国,职位晋升对员工来说也是一种相当重要的激励手段,尤其对于知识员工或薪酬达到一定水平的员工来说更是如此,晋升机会减少可能导致员工士气低落而失去进取热情。

2)人力成本增加

在宽带薪酬结构下,经理在决定员工工资时有更大的自由,因而使人力成本有可能大幅度上升。美国联邦政府的经验表明,在宽带薪酬结构下,薪酬成本上升的速度比在传统薪酬结构下要快得多。

3)适用性不强

不是所有组织都适用宽带薪酬结构。从成本控制和薪酬激励作用等方面综合来看,宽带薪酬结构仅在技术类、创新型企业中有良好的应用,而在劳动密集型企业中的使用效果很不理想。

4)使用门槛高

宽带薪酬结构不像360或KPI甚至平衡计分卡那样在具备一定管理基础的企业就可有效实施,宽带薪酬结构相对有较高的入门门槛,要做好宽带薪酬,必须具备以下几个基本条件:

(1)企业发展战略必须明确;

(2)良好的组织结构形式与公司发展的匹配性;

(3)公司治理结构相对完善;

(4)企业在技术上具备良好的条件。

三、宽带薪酬结构设计的步骤和关键点

(一)宽带薪酬结构设计的步骤

1. 判断企业是否适合进行宽带薪酬结构的设计

企业在决定采用宽带薪酬体系的时候,必须首先审查本企业的类型、企业战略和核心价值观、组织结构以及企业文化是否与宽带薪酬设计的基本理念一致。有关研究表明,宽带薪酬只适合于那些创新型、技术型的企业。此外,清晰明确的企业发展战略、扁平化的组织结构以及强调公平、沟通、积极参与团队合作同时又承认员工个人之间具有能力差异的企业文化也是设计宽带薪酬体系的前提条件和实施基础。

2. 制定支持企业战略实现的薪酬战略

人力资源战略是联系企业战略与薪酬战略的桥梁。当依据企业的战略目标确定了人力资源战略后,再结合外部的市场环境、法律环境、行业特点和企业的内部情况制定符合企业需要、有利于企业战略实现的薪酬战略。

3. 确定采用宽带薪酬的职位

企业在综合考虑企业类型、组织结构、薪酬成本、工作性质等因素后，既可以针对其所有的职位创建薪酬宽带，也可以针对某些特定的职位，如管理类、专业类、技术类及事务类职位来创建薪酬宽带。其中，工作性质是企业判断某个职位是否适合采用宽带薪酬的重要因素。

根据企业的组织结构特点及工作性质选择适合于运用宽带薪酬的职务或层级系列，传统的金字塔形组织结构强调个人贡献，往往采用等级制的薪酬结构，但随着组织的等级逐渐趋于扁平化，更加强调团队协作，组织用较少的工资范围跨度、很大的工资类别来代替以前较多的工资级别。在这种情况下，宽带薪酬结构应运而生。工作的性质对薪酬结构的选择具有重大影响。例如，与工作较独立、环境较为轻松的工作相比，如果工作技术要求和工作的性质需要较强的协作和团队精神，平等型的宽带薪酬结构更有利于提高员工的满意度和绩效。

4. 进行市场薪酬调查

对第三步确定采用宽带薪酬的职位进行市场薪酬调查，以保持企业薪酬的外部竞争性。这样做不仅有助于企业了解整个劳动力市场的现行工资率和所要调查职位的市场行情，还有助于了解同行业企业薪酬的发放形式、时间、范围以及其他非货币报酬等。薪酬调查数据大多被用来确定基准职位的价格，企业内其他职位的薪酬水平都围绕它来确定。

5. 确定职位的相对价值

通过工作分析、岗位评价以确定职位的相对价值。企业通过工作分析形成的最终成果之一是岗位说明书，岗位证明书对每一个岗位的权限、职责、胜任条件、工作量等进行了定性和定量的明确规定与要求，这为岗位评价提供了科学依据。岗位评价的目的在于确定职位的相对价值，具体来说，就是确定基准职位相对于其他职位的价值，进而根据职位的相对价值并围绕第四步确定的基准职位的价格来制定其他职位的薪酬水平。通过以上措施保持企业薪酬的内部公平性。

6. 归类并将职位合并

将类似的职位归入同一个薪酬等级并对其进行合并。企业可以根据排序情况以及点值大小，将难度或者重要性程度大体相当的职位划分到同一薪酬等级中，然后采用从低到高或从高到低依次排序合并的方法，将若干薪酬等级合并为一个薪酬宽带。在每一个薪酬宽带内职位的变动范围相对较大。

7. 确定薪酬宽带数量、薪酬级差及薪酬浮动范围

首先，在确定薪酬宽带数量时应当依据能够给企业带来附加价值的不同员工的贡献来进行，合适的贡献等级数量就是薪酬宽带的数量。宽带之间的分界线往往是在工作或技能、能力要求存在较大差异的地方。在企业实践中，大多数企业设计4~8个薪酬宽带，有些企业设计10~15个薪酬宽带，有些企业甚至只设计出两个薪酬宽带。

其次，确定薪酬级差，就是确定不同等级之间薪酬相差的幅度。岗位价值的差别决定了薪酬级差的差距，即岗位之间的价值差别越大，则薪酬级差的差距也就越大。

最后，确定薪酬浮动范围，一种可行的做法是将宽带内最低薪酬等级的最低薪酬水平作为宽带内薪酬浮动的下限，将宽带内最高等级的最高薪酬水平作为宽带内薪酬浮动的上限。一般来说，每个薪酬等级的最高值与最低值之间的区间变动比率可能达到200%~300%，

而在传统薪酬结构中，这种薪酬区间的变动比率通常只有40%~50%。

具体来说，运用宽带技术建立并完善企业的薪酬体系主要过程如下：

（1）确定宽带的数量。首先企业要确定使用多少个工资带，在这些工资带之间通常有一个分界点。每一个工资带对人员的技能、能力的要求都是不同的。

（2）根据不同工作性质的特点及不同层级员工需求的多样性建立不同的薪酬结构，以有效地激励不同层次员工的积极性和主动性。

（3）确定宽带内的薪酬浮动范围。根据薪酬调查的数据及职位评价结果来确定每一个宽带的浮动范围以及级差，同时在同一宽带中的不同职能部门根据市场薪酬情况和职位评价结果来确定不同的薪酬等级和水平。

（4）宽带内横向职位轮换。同一个工资带中薪酬的增加与不同等级的薪酬增加相似，在同一个工资带中，鼓励不同职能部门的员工跨部门流动以增强组织的适应性，提高多角度思考问题的能力。因此，职业的变化更可能的是跨职能部门，而从低宽带向高宽带的流动则会很少。

（5）做好任职资格及工资评级工作。宽带虽然有很多的优点，但由于经理在决定员工的工资时有更大的自由，使人力成本有可能大幅度上升。为了有效地控制人力成本，抑制宽带薪酬结构的缺点，在建立宽带薪酬结构的同时，还必须构建相应的任职资格体系，明确工资评级标准及办法，营造一个以绩效和能力为导向的企业文化氛围。

8. 进行重新竞争上岗

薪酬是企业的价值分配机制，因此为了确保价值分配的公平、客观，企业在重新制定了每一个岗位的薪酬水平后，还要让全体员工重新竞争上岗。具体做法是，首先成立企业岗位竞聘领导委员会。竞聘委员会在公布竞聘岗位的同时，还要公布该岗位的权限、职责要求、任职资格、岗位起薪、岗位价值系数等有关信息。其次，就地免除企业相关管理人员和员工的所有岗位职务，令其先暂时待业，然后再自由择岗竞聘。最后，完善企业员工的选拔程序并将其制度化。

9. 宽带薪酬体系的控制和修正

宽带薪酬体系建立起来以后，还要根据企业内外环境、主客观因素的变化、宽带薪酬体系实施过程中出现的各种问题及员工反馈的意见等对薪酬方案进行及时的修正，从而确保宽带薪酬体系能够更好地支持企业整体战略的实现。

（二）宽带薪酬结构实施的关键点

这种盛行于欧美国家的薪酬结构相对于传统薪酬结构有诸多的好处，但是，如果要在中国的企业中推行，还需要注意以下关键点：

1. 明确企业人力资源战略

薪酬体系的最终目标是推动人力资源管理，从而服务于企业战略目标。推行宽带薪酬的企业首先应该系统梳理企业战略。这样建立起来的薪酬体系才可能有明确的目标，那就是根据企业战略，借助薪酬激励，强化员工行为，推动企业战略实施。

首先要根据企业的战略和核心价值观确定企业的人力资源战略，支持企业战略目标的实现是人力资源管理体系的根本目标，也是企业薪酬管理体系的根本目标。企业通过建立人力资源战略，将企业战略、核心竞争优势和核心价值观转化为可以测量的行动计划和指标，并借助于激励性的薪酬体系强化员工绩效行为，增强企业的战略实施能力，有力地推动企业战略目标的实现。

其次，根据企业的人力资源战略、外部的法律环境、行业竞争态势及企业的发展特点和生命周期制定切合于企业需要的薪酬战略，在进行薪酬体系设计时，从薪酬策略的选择、薪酬计划的制订、薪酬方案的设计到薪酬的发放及沟通，均应体现对企业战略、核心竞争优势和价值导向对人力资源尤其是对激励机制的要求。对于符合企业战略和价值取向的行为和有助于提高企业核心竞争优势的行动在薪酬上予以倾斜，以强化员工的绩效行为。

企业所在行业的特点主要体现为企业所在行业的技术特点和竞争态势。技术是用来使组织的投入转变为组织产出的工具、技能和行动。组织的水平技术有两种形态：制造和服务，这两种形态对企业薪酬体系的要求是不同的。例如，IBM 在向服务型企业转型前薪酬等级为 24 级，转型后的薪酬等级为 5 级。企业就像生命体一样，也要经历从出生、成长、成熟直至死亡等不同阶段。

2. 鼓励员工广泛参与

在宽带薪酬体系的设计之初，要积极争取各个层级的员工参与，广泛征集意见和建议，并依据这些意见和建议反复修改，尽可能使薪酬设计透明化。设计完成后，要进行一定时期的试用，在此过程中，依然要对暴露出来的问题反复加以修改，力图得到全体员工的支持，这样才有助于消除员工的抵触和不满情绪。各部门的经理在人力资源管理方面必须有足够的成熟度，能与人力资源部门一起作出各种关键性的决策。宽带薪酬制度的一个重要特点就是部门经理将有更大的空间参与下属员工的有关薪酬决策。如果没有一个成熟的管理队伍，在实行宽带薪酬制度的过程中就会困难重重。例如，部门经理不能对员工进行客观评价，破坏了内部平衡；部门经理不重视员工的发展等。另外，如果各部门都以自我为中心，不认同宽带薪酬制度，人力资源部就很难发挥其作用，这样一来，宽带薪酬制度就很难发挥其应有的作用。

3. 对员工薪点数计量的关键考核指标的设计和实行要公平、公正和合理

在整个宽带薪酬体系的设计和实施过程中，员工薪点数的计量和计算是最核心的问题，如果关键指标的制定不科学或者运用不合理，不仅不能激发员工的工作热情，而且会挫伤员工的积极性。因此，在设计薪等表和薪点表时，要提倡管理层和各职能层的广泛参与，使整个薪酬体系的设计尽可能科学合理。一个企业若不重视员工的工作表现，必定会导致"大锅饭"现象。在宽带薪酬体系下，员工薪酬在其所处宽带范围之内随其工作绩效值的大小而不断浮动变化，从而使工作绩效的考评体系备受员工的关注，一个公平、透明的绩效考评程序是实行宽带薪酬所必不可少的。波特和劳勒的综合激励理论认为，激励措施是否会令员工感到满意，关键取决于员工认为其所获得的报酬是否公平。基于上述理论，宽带薪酬这种注重绩效的浮动式薪酬结构更应强调程序的公平，而且这种程序还必须透明化，让员工知道每一个评分细则，这不仅有助于完善公司监督体系，提高员工积极性，还有助于员工通过评分标准来了解企业的愿望，从而随时调整个人预期，使之与企业的整体价值取向保持一致。这样，员工个人发展才能与企业整体发展自然地联系在一起，从而最终实现员工和企业的双赢。

4. 拥有一支高素质的人力资源管理队伍

推行宽带薪酬制度需要人力资源部门的薪酬管理人员与各部门进行密切的合作，他们在与部门经理一起给新职位定级、了解市场信息及协助制订薪酬计划方面，必须以提供优质的服务态度和以专业顾问的角色去为部门服务。因此，是否拥有一支高效的人力资源管理队伍非常重要。

企业在设计薪酬制度时必须体现企业个性化特征，以企业整体战略和核心价值观为基础，并根据组织结构以及不同层次人员需求的多样化来设计符合企业特点的薪酬方案。同时还应在整体薪酬分配结构中考虑各项分配制度的独特作用和相互关系。再从技术层面上来有效设计各项分配制度及配套措施，使制度能够有效运用。

四、基于宽带薪酬的人力资源管理

（一）明确的人力资源战略

人力资源战略的作用就是通过协调各种人力资源管理活动使每一种人力资源管理（如绩效、薪酬）都能适应特定的企业战略及竞争战略。企业必须在战略目标和核心价值观的指导下制定人力资源战略，然后在创建宽带薪酬体系时，注意计划的制定、方案的设计、薪酬的发放、员工的沟通，都要紧扣企业人力资源战略，对于有助于提高企业核心竞争力的行为，在薪酬政策上要重点倾斜。当宽带薪酬与企业战略、人力资源战略相匹配时，才能提高企业的整体绩效，否则会产生截然相反的效果。

（二）人力资源规划

人力资源规划是制定报酬分配政策的基础，而员工对薪酬的公平性感受反过来也会影响人力资源规划的制定。人力资源规划的前瞻性能够降低企业未来人力成本的不确定性，把人力成本控制在合理的支付范围内。由于宽带薪酬结构缺乏严格的增薪自动控制机制，所以在实施宽带薪酬体系之前，必须进行人力资源规划。人力资源规划的内容主要包括企业未来成功需要什么样的人才以及如何获取这些人才。

（三）工作分析

工作分析是宽带薪酬体系设计与实施的基础。

首先，工作分析形成的岗位说明书描述了每一个岗位的工作性质、工作内容、工作联系，也明确规定了岗位的职责、任务和绩效标准等，它为实施宽带薪酬所需开展的竞争上岗和配套的员工培训计划提供了标准，同时也为进行岗位价值评估、确定薪酬等级和进行薪酬等级的合并提供了依据。

其次，工作分析形成的任职资格说明书阐明了任职者为圆满完成此职位工作所必须具备的知识、技能和能力，即任职资格要求是进行员工任职能力评估和员工薪酬等级定位的基础。更为重要的是，企业必须围绕任职资格说明书建立与宽带薪酬相匹配的任职资格体系、工作评级标准及办法，这样做是为了抑制实施宽带薪酬结构后可能带来的短期内人力成本大幅上升。

（四）进行员工的有效配置

宽带薪酬有助于实现员工的合理配置。

首先，宽带薪酬注重按绩效付酬而非按岗位付酬，所以员工并不一定要通过晋升而获得薪酬的提高，他们只要通过努力工作达到高绩效，同样可以获得高收入，从而有效地避免了

"波得高地"——在一个等级制度的组织中,每个成员趋向于上升到他所不能胜任的地位——现象的产生。

其次,宽带薪酬有利于员工的职位轮换,使其可以发现自己的职业兴趣所在并且可以安心地长期保持在他能够发挥最大效用的职位上,发挥人力资源的最大效用。

(五)培训与开发

1. 提供配套的培训计划

培训主要是指宽带薪酬体系实施前和实施后的培训。实施前的培训是为宽带薪酬体系的设计与开展做好员工的思想准备工作,向他们宣传、灌输有关的理念,打消他们存在的顾虑,争取获得大多数员工的认同。实施后的培训主要是针对直线经理人员和员工开展的。企业采用宽带薪酬体系以后,员工的直线经理在薪酬决策方面拥有更多的权力,相应的也要承担更多的责任,因此需要对部门直线经理人员进行一些关于执行力、参与管理以及薪酬决策等方面的培训。同时,企业还要就各职位需要具备的知识、技能和能力制定配套的培训方案,这样才能使员工不断地获取新技能,帮助他们充分利用宽带薪酬制度所提供的平台。此外,培训在管理层与员工间建立了沟通机制,它一方面为直线经理和员工提供他们完成工作任务所需具备的各种知识和技能,另一方面通过他们反馈的意见,人力资源专业人员可以发现宽带薪酬体系在实施过程中存在的问题和不足之处并加以及时修正和改进,同时还可以为遇到问题的直线经理和员工提供咨询、指导等帮助。

2. 重视员工的职业生涯发展

宽带薪酬为员工的职业生涯发展提供了更大的空间。

(1)企业要通过培训让全体员工理解企业的发展战略和报酬决定因素,从而有助于员工有针对性地制定个人职业生涯发展规划,进而将个人的职业发展与企业的战略实现结合起来。

(2)宽带薪酬体系下的绩效评价,为企业根据员工的优点和弱点来审查员工的个人职业生涯发展规划提供了一个良好的机会。同时,宽带薪酬体系提供的具有较大灵活性的职业发展通道和人力资源专业人员提供的职业发展辅导,为员工实现职业发展奠定了基础。

(3)配套的员工培训方案也为他们指明了实现个人职业生涯发展的努力方向。

(六)健全完善绩效管理

企业在实施宽带薪酬时必须健全完善绩效管理,这需要从以下三方面着手:绩效界定、绩效评价、绩效反馈。

绩效界定是指管理人员及其下属对于下属的工作标准达成一致,而且绩效标准要明确清晰、客观公正。绩效评价过程要有可观测的准则,采用可衡量的指标,还要注意评价内容的全面完善。绩效反馈是为了消除或部分消除员工对宽带薪酬体系公平性的怀疑并为其提供指导和帮助。值得注意的是,宽带薪酬体系强调员工积极参与团队合作,所以企业在对团队作业进行绩效评价时,要注意找准员工个人努力和团队绩效之间的平衡点,否则会影响员工士气、挫伤员工的工作积极性。

(七)妥善处理劳工关系

人力资源专业人员在实施宽带薪酬体系时要注意处理好劳工关系问题。企业在发现冗员必须进行解聘时,除了要做到有理有据外,还要保障被解雇者的各种合法权益。宽带薪酬水平、工作时间、加班工资及员工的社会保障等要符合《劳动法》《工会法》等法律法规。

本章案例研究

白天鹅宾馆——宽带薪酬助力企业发展

建立科学的薪酬管理体系对企业的可持续发展有着重要意义。改革开放以来,中国酒店业获得了长足发展,酒店的工资制度改革与演变也伴随着酒店业的发展不断深化推进。白天鹅宾馆作为诞生于改革开放初期的中国第一家中外合作现代化大型酒店,见证了改革开放的发展道路,宾馆自开业以来,敢为人先,结合国外先进的薪酬管理理论与中国实际,早在1986年就开始实行工资制度改革,引入了宽带薪酬结构。白天鹅宾馆实行宽带薪酬制度20多年来,积累了许多有益的经验和教训。随着酒店业的进一步发展、人力资源市场的变化以及我国劳动法规的发展,白天鹅宾馆的薪酬管理制度也不断面临着新的挑战。下面结合白天鹅宾馆20多年的工资管理实践,对宽带薪酬体系在酒店业的应用进行分析和探讨。

酒店业作为服务行业,顾客对酒店的口碑基于员工在服务过程中表现出来的态度和技能,人的因素是关键。另一方面,酒店业作为劳动密集型行业,人力成本比重高。而宽带薪酬制度既有利于提高员工的绩效,同时还有利于酒店进行合理的人力成本控制。因此白天鹅宾馆在行业内率先设计和使用了这种宽带薪酬体系。下面简要介绍白天鹅宾馆对宽带薪酬结构的使用情况:

一、薪酬等级结构

由于白天鹅宾馆开业于1983年,在特定的历史条件下,其组织结构和岗位设置都极为精细。基于这样的背景,白天鹅宾馆共设有14个工资等级(工资带),每一个工资等级分为4~6个浮动档次(宽带),浮动档次实际上反映的是员工在其实际工作岗位上的表现差异、贡献差异等。每一个工资等级的最高值与最低值之间的区间变动比率最高可达到200%,最低的也超过50%。而且相邻的工资级别之间有一定的交叉。这样即使是在同一个级别内,酒店为员工所提供的薪酬变动范围也较大,员工有机会获得比其高一级员工工资还高的薪酬,从而进一步提升员工的工作绩效。从白天鹅宾馆的工资结构上看,基本符合宽带薪酬结构的特征。

对比经典的宽带薪酬结构的特征,白天鹅宾馆14个工资等级的做法,在数量上偏多。随着酒店对员工个人成长的关注,员工的工作内容将进一步丰富化;同时随着社会专业化分工的深入,非核心业务外包也逐渐成为趋势,酒店的组织结构也将进行变革,酒店的薪酬等级将会减少到10个以内。

二、宽带薪酬的使用

白天鹅宾馆通过灵活地调整浮动档次比例的做法来实现员工个人工资与企业整体绩效和员工绩效的挂钩。这里有两个层面的含义:

1. 酒店工资总额与企业整体绩效的挂钩

当酒店经营情况良好、经济效益增长时,通过提高档次,提升酒店整体工资总额,员工收入增加。当经济效益下滑时,通过降低档次,工资总额随之下降。其优势非常明显,工资总额的调控灵活性强，非常便于操作。比如：2003年"非典"时期，酒店经营严重滑坡，开房率最低时甚至降到两位数以下，在这种情况下，酒店采取调整比例，使月工资总额下降20%。

2. 员工个人工资与绩效挂钩

员工的工资档次由部门经理直接评定。每个月部门经理在酒店规定的比例范围内，根据对员工的出勤、培训、客人的投诉表扬、合作性等综合评价的结果，来确定员工的工资档次，有效地提升了员工的工作绩效。

三、制度建设

员工工资档次的调整，意味着员工收入的调整，随着《劳动法》《劳动合同法》等国家法律以及省、市相关劳动法规的实施，宾馆的薪酬管理如何与员工的劳动合同衔接，如何确保符合法律法规的规定，是非常关键的。事实上，白天鹅宾馆自开业以来，就坚持依法管理。因此白天鹅宾馆根据国家、省、市和上级部门的规定，结合自身实际，依法律程序不断地制定和完善相应的内部工资管理办法，主要包括《员工手册》《集体合同》《白天鹅宾馆工资管理制度》及与其配套的《白天鹅宾馆员工考勤管理实施细则》等，注重基础的文字档案工作，实现了宽带薪酬制度与国家法律法规的合理对接。

[讨论题]

白天鹅宾馆运用宽带薪酬的条件是什么？

本章小结

薪酬结构实际上是对同一组织内部的不同职位或者技能之间的工资率所做的安排。薪酬区间，是指在同一薪酬等级内部，最低薪酬水平和最高薪酬水平之间的绝对差距。而薪酬变动比率则是指同一薪酬等级内部最高值和最低值之差与最低值之间的比率。

影响薪酬结构的因素既包括员工性质、企业性质，还有内部因素和外部因素两个方面。薪酬政策线是用于指导薪酬设计的重要工具，反映薪酬水平政策和薪酬结构政策两个方面的内容。

薪酬结构的设计步骤为：确定薪酬整体范围、设计工资职等数目、设计工资职等中位值及确定职等薪酬增长率、设计薪酬幅度、薪级数目及薪级差。

工作分析是指从企业发展战略、组织结构以及业务流程出发，对组织中各工作岗位的设置目的、工作内容、工作职责、工作权限、工作关系等工作特征以及对任职者的知识技能、工作经验、能力素质等方面进行调查、分析并描述的过程。工作分析的结果是岗位说明书。

岗位评价是依照一定的程序和标准，对组织中各岗位的价值贡献做出量化或排序的过程。岗位评价是薪酬设计的基础。

宽带薪酬结构或称薪酬宽带，是对传统的那种带有大量等级层次的垂直型薪酬结构的一种改进或替代。通过对多个薪酬等级以及薪酬变动范围进行重新组合，使之变成只有少数的薪酬等级以及相应较宽的薪酬变动范围。一般来说，每个薪酬等级的最高值与最低值之间的区间变动比率要达到或超过100%。一种典型的宽带薪酬结构可能只有不超过四个等级的薪酬级别，每个薪酬等级的最高值与最低值之间的区间变动比率则可能达到200%～300%。

复习思考题

1. 什么是薪酬结构？薪酬结构的构成因素有哪些？
2. 什么是薪酬比较比率和薪酬区间渗透度？
3. 什么是薪酬区间和薪酬中值？
4. 薪酬结构的影响因素有哪些？
5. 简述薪酬结构设计的步骤。
6. 简述工作分析的内涵和意义。
7. 岗位评价的方法有哪些？
8. 如何理解要素计点法在岗位评价中的使用？
9. 宽带薪酬结构的特征和优缺点。
10. 简述宽带薪酬结构设计的步骤。

第七章

激励薪酬设计和绩效考核

本章内容提要
1. 激励薪酬的内涵和类型。
2. 员工激励的基本原理。
3. 激励薪酬设计的实施。
4. 绩效考核。

引导案例

某公司绩效考核方案

某房地产集团有一家物业经营管理公司,该公司成立初期,非常注重管理的规范化并充分调动员工的积极性,制定了一套较科学完善的薪酬管理制度,公司得到了较快的发展,短短的两年多时间,公司的业务增长了110%。随着公司业务的增加和规模的扩大,员工也增加了很多,人数达到了220多人。但公司的薪酬管理制度没有随公司业务发展和人才市场的变化而适时调整,还是沿用以前的。公司领导原以为公司的发展已有了一定的规模,经营业绩理应超过以前,但事实上,整个公司的经营业绩不断滑坡,客户的投诉也不断增加,员工的工作失去了往日的热情,部分技术骨干、管理骨干离职,其他人员也出现不稳定的预兆。其中:公司工程部经理在得知自己的收入与后勤部经理的收入相差很少时,感到不公平,他认为工程部经理这一岗位相对于后勤部经理,工作难度大、责任重,应该在薪酬上体现出这种差别,所以,工作起来没有了以前那种干劲,后来辞职而去。因为员工的流失、员工工作缺乏积极性,致使该公司的经营一度出现困难。

在这种情况下,该公司的领导意识到问题的严重性,经过对公司内部管理的深入了解和诊断,发现问题出在公司的薪酬系统上,而且关键的技术骨干力量的薪酬水平较市场明显偏低,对外缺乏竞争力;公司的薪酬结构也不尽合理,对内缺乏公平,从而导致技术骨干和部分中层管理人员流失。针对这一具体问题,该公司就薪酬水平进行了市场调查和分析,并对公司原有薪酬制度进行调整,制定了新的与企业战略和组织架构相匹配的薪资方案,激发了员工的积极性和创造性,公司发展又开始恢复良好的势头。

随着中国加入WTO,经济全球化将越来越深刻地影响着我国的企业,这必将加剧企业的人才竞争。因此,企业如何应对这一挑战,是人力资源管理值得探讨的问题。"整个公司的经营业绩不断滑坡,客户的投诉也不断增加,员工的工作失去了往日的热情,部分技术骨干、管理骨干离职,其他人员也出现不稳定的预兆。"是因为该公司的薪酬制度没能适时进行改进。从这一事例可以看出,企业的薪酬制度科学与否,对企业发展的影响是巨大的,甚至是致命的。

[讨论题]

怎样建立科学合理的薪酬激励机制,如何发挥薪酬的最佳激励效果,以求企业能吸引和留住人才,造就一支高效、稳定的员工队伍?

第一节 激励薪酬的内涵和类型

一、激励薪酬的内涵

(一) 激励薪酬的内涵

激励薪酬也叫可变薪酬或绩效薪酬,是指员工在达到了某个具体目标或绩效水准或创造了某种盈利后所增加的薪酬收入部分,它是以员工、团队或者组织的短期或长期绩效为依据而支付给员工个人或团体的薪酬。相对于传统的利用工资、金钱等外在的物质因素来促使员工完成企业工作目标而言,有效的激励薪酬更多地从尊重员工的能力、愿望、个人决策和自主选择的角度出发,从而能更好地创造员工个人与企业利益的一体化氛围。与基本薪酬不同,激励薪酬具有一定的可变性,经营者实施薪酬措施的前提是业绩考核,而激励薪酬是和绩效密切联系在一起的。因此,它对员工的激励作用更强。

1. 员工的绩效高低主要取决于四个方面

(1) 员工的知识,即员工所拥有的关于事实、规则以及程序的知识。

(2) 员工的能力,即员工所具备的技能以及完成工作任务的能力。

(3) 员工的工作动机,即员工受到的激励程度。

(4) 机会,即员工和工作之间的匹配性以及其他外部资源的支持,四者缺一不可。

2. 为确保员工实现较高的绩效,企业必须做好以下工作

(1) 企业必须雇佣知识技能水平比较高的员工并设法让他们留在企业中。

(2) 持续不断地提高员工的知识和技能水平。

(3) 合理配置员工,使员工能够从事他们最擅长或最感兴趣的工作,强化员工的工作动机。为了达到这个目的,企业通常会以较高的薪酬水平吸引知识和技能水平较高的员工;用以技能和能力为导向的薪酬体系和报酬方法激励员工不断增强自身的能力和素质;设计灵活的薪酬体系,便于员工在企业内部的调动和轮换。

(二) 激励薪酬的特点

1. 激励薪酬针对预定的绩效目标进行激励,以导向员工的未来行为。

2. 激励薪酬一般都是一次性付给，不会持续地增加基本薪酬成本。

3. 激励薪酬除了针对个人，也可以通过将奖金支付给团队或组织，把它与团队或组织的整体绩效相挂钩，来体现更为充分的可变性和灵活性，当团队或组织的整体业绩下降时，员工个人的奖金也会减少，从而避免一贯地累加。

4. 激励薪酬往往是在订立绩效目标的同时就预先设定好相关的支付额度，所以员工事先知道它的支付额。

（三）激励薪酬的矛盾性分析

激励薪酬的矛盾性，是指薪酬对员工激励时难以调和的正负两个方面的影响，包括个人与集体的矛盾、员工之间的矛盾两个方面。

1. 个人与集体的矛盾

爱德华兹·戴明将企业的效益原因分为两种：普遍原因和个体原因。然而，过分激励个人会使奖励显得非常随意，过于推崇英雄主义，致使团队合作意识差，共同协作能力下降。无论多么优秀的个体，仍然无法取代集体的力量。在注重团队建设时，团队所取得的业绩也往往容易将个人行为弱化，平庸者"搭便车"的现象会比较严重。奖励集体时，容易产生"绝对平均主义"，惩罚团队时，又会出现"集体背黑锅"的现象，难以责任到人。因此，在设计薪酬制度时，如何协调个人与团体的关系，既激励个人的潜能，又保证团队效用最大化，这是一个重要的平衡问题。

2. 员工之间的矛盾

即某种奖励可能会挫伤那些未能得到奖励的人的积极性。比如，培训的名额是有限的，有得到机会的，就有失去机会的，而失去机会的人往往会心理失衡，对工作产生负面影响。因此，激励薪酬的作用并不像人们预想的那么大。另外，奖励尤其是物质奖励具有不易满足且过后即忘的特性，奖励的价值很快便会消失。这样极易导致奖励金额一升再升，引发员工之间互相攀比，形成恶性循环，不但达不到激励效果，反而会削减企业的凝聚力。

二、激励薪酬的类型

激励薪酬的类型有许多种，从时间角度划分为长期激励薪酬和短期激励薪酬，从激励对象角度划分为个体激励薪酬和群体激励薪酬。选择何种激励薪酬，取决于公司的经营战略、经营状况、员工情况及公司的目标等。

（一）短期激励薪酬

短期激励薪酬是与某个项目或某个受时间约束的目标相联系的薪酬，如绩效加薪、月度/季度浮动薪酬、一次性奖金等。

1. 绩效加薪

绩效加薪是将基本薪酬的增加与员工在某种绩效评价体系中所获得的评价等级联系在一起的一种绩效奖励计划。通常是在年度绩效评价结束时，企业根据员工的绩效评价结果以及事先确定下来的绩效加薪规则，决定员工在第二年可以得到的基本薪酬。绩效加薪所产生的基本薪酬的增加会在员工以后的职业生涯——在同一企业中连续服务的年限——中得到累积。表7-1是最简单的绩效加薪表格。

表 7-1　简单绩效加薪表格

项目	优异	胜任	合格	不令人满意
绩效评价等级	S	A	B	C
绩效加薪幅度/%	10	8	6	4

绩效加薪计划的优点在于两个方面：

（1）这种计划使员工的基本薪酬增长与他们个人的绩效挂起钩来，能够确保绩效优秀的员工的薪酬会比绩效一般或较差的员工的薪酬增长得要快。如果组织的绩效管理系统设计合理，能够衡量出员工对组织的价值以及实际贡献，则绩效加薪不仅有利于留住那些优秀员工，而且有利于培养绩效文化，推动组织绩效目标的达到和战略的实现。

（2）绩效加薪通常采取基本薪酬上涨一定百分比的做法，而每一次绩效加薪的百分比都可以根据组织的盈利状况与市场薪酬水平或标杆企业之间的差距以及物价加薪成本的上涨幅度等因素来确定，这就使企业在控制薪酬成本的上升方面具有较为灵活的力度。

然而，绩效加薪计划的缺点也是显而易见的。

（1）外部经济条件可能导致加薪幅度很小，当绩效加薪预算本来就不高时，绩效优秀和绩效一般的员工之间存在的加薪幅度差异很可能就没有太大的意义，根本达不到激励员工去追求卓越的效果。因此，对绩效最优秀的员工所提供的年度加薪幅度与对绩效欠佳的员工应该有所差别，真正体现多劳多得。

（2）绩效加薪可能会很快给组织带来高昂的成本。一方面，因为绩效加薪具有累积效应，一开始成本并不高的绩效加薪一旦不断积累，给企业带来的成本压力就会越来越大。另一方面，因为在大部分企业，管理人员通常都倾向于把下属员工的绩效等级确定在水平较高的等级上，这样，企业往往需要面对大部分员工都能得到较大幅度绩效加薪的局面，不得不面对快速增长的薪酬成本。

（3）绩效加薪会导致员工过于关注个人绩效，从而给团队工作带来不利影响。因此，在实施绩效加薪计划时，需要注意避免刺激过度的个人主义化以及过度竞争行为的产生，在员工个人目标和组织目标之间实现较好的平衡，甚至可以再根据需要确定加薪的幅度、加薪的时间以及加薪的实施方式。绩效加薪的幅度过小，绩效激励计划又很可能会无效，因为小规模的加薪往往起不到激励员工的作用，并且很容易与生活成本加薪混同。绩效加薪的时间通常是每年一次，也有些企业半年一次或者每两年一次。从绩效加薪计划的实施方式来看，绩效加薪既可以采取基本薪酬积累增长的方式，也可以采取一次性加薪的方式。

2. 月度/季度浮动薪酬

月度/季度浮动薪酬是根据月度或季度绩效评价结果，以月度绩效奖金或季度绩效奖金的形式对员工的业绩加以认可。这种月度或季度绩效奖金一方面与员工的基本薪酬有较为紧密的联系，往往采用基本薪酬乘以一个系数或者百分比的方式来确定；另一方面，又具有类似一次性奖金的灵活性，不会对企业形成较大的成本压力，这是因为，企业在月度或季度绩效奖金方面投入的数量可以根据企业的总体绩效状况灵活调整。比如，如果企业经营业绩好，则企业可能或拿出相当于员工月度或季度基本薪酬的120%的金额来作为月度或季度绩效奖金发放；如果企业的经营业绩不佳，则企业可能只拿出相当于员工月度或季度基本薪酬

50%或更低比例的金额来作为月度或季度绩效奖金发放。在实际执行过程中，员工个人所应当得到的绩效奖金往往还要与其所在部门的绩效以及个人的绩效挂钩。

3. 一次性奖金

一次性奖金也是一种非常普遍的绩效奖励计划。从广义上看，它属于绩效加薪，是一种一次性支付的绩效奖励。在很多情况下，员工会因为完成了销售额或产量、实现了成本节约，甚至因为提出了对企业有价值的合理化建议等而得到这种一次性的绩效奖励。在一些兼并、重组事件发生时，很多企业为鼓励被收购企业中的一些有价值的员工留下来，还会在实施并购时向被并购企业中的高层管理人员、高级工程师、优秀销售员以及信息技术专家等支付一笔留任奖金。一些企业为了鼓励优秀人才下定决心与自己签约，也会向决定加盟本公司的新员工提供一笔签约奖金。

对组织而言，一次性奖金的优势是很明显的：

（1）它在保持绩效和薪酬挂钩的情况下，减少了在绩效加薪情况下因基本薪酬的累加效应所引起的固定薪酬成本增加，同时有效解决了薪酬水平已经处于薪酬范围顶端的那些员工的薪酬激励问题。

（2）它可以保障组织各等级薪酬范围的"神圣性"，不至于出现大量超过薪酬范围的员工，同时还保护了高薪酬员工的工作积极性。

（3）它不仅可能非常有效，而且使组织再决定根据需要对何种行为或结果提供报酬时具有极大的灵活性。组织可以随时在不改变基本薪酬的情况下，针对某些自己期望看到的员工行为或者员工个人达成的绩效结果制订一次性的奖励计划，并且在奖励计划不合时宜时随时取消这种计划。

对员工而言，一次性奖金相对于绩效加薪的优势要少很多。虽然员工可以一次性拿到很多奖金，但从长期来看，员工实际上得到的奖金数额肯定要比在普通绩效加薪情况下少得多。那些即将面临退休的员工对这一问题尤为关注，因为在传统的薪酬体系中，退休金只和员工的基本薪酬挂钩，而与一次性奖金没有任何关系。为了解决这一问题，有的组织将一次性奖金纳入员工的退休金确定基础当中，有的组织则将一次性奖金与福利联系起来。例如，把为员工购买人寿保险作为对员工的一次性奖励。这种做法一方面仍然将绩效和薪酬紧密联系在一起，另一方面又通过用一次性奖金购买福利的做法为组织节省了福利成本。但需要引起注意的是，如果企业长期以一次性奖金代替基本薪酬的增加，则有可能导致员工采取不利于绩效提高的消极行为。

（二）长期激励薪酬

长期激励薪酬又称长期激励计划，主要指根据超过一年（通常是3~5年）的绩效周期来评定员工业绩并据此对员工进行激励的计划。长期激励薪酬对企业和员工来说，具有十分重要的意义。长期激励薪酬把员工的收益与组织的长期绩效联系在一起，激励员工为组织的长期绩效考虑，避免员工的短期行为。长期激励薪酬还能够培养一种所有者意识，有助于企业招募和保留高绩效的员工，从而为企业的长期资本积累打下良好的基础。长期激励薪酬包括现金与股权两种，进而可分为长期现金计划和长期股权计划。长期现金计划又可分为项目现金计划、事件相关计划以及绩效重叠计划；长期股权计划则可以分为现股计划、期股计划以及期权计划（统称为员工持股计划）。目前企业主要通过实施长期股权计划来实现对员工的长期激励。

1. 现股计划

现股计划是指通过企业奖励的方式直接赠予或是参照股票的市场价值向员工出售股票，但同时规定员工在一定时期内必须持有股票而不得出售。目前有很多大公司按照员工级别的不同给予员工不同数目的公司股票。例如腾讯在上市之后为公司的多数员工分发了相应等级对应的股票所有权，使得公司的员工也有机会成为企业的股东。这在很大程度上有助于腾讯人才的留用，也吸引了许多人才进入腾讯。

2. 期股计划

期股计划是指企业和员工约定在将来某一时期内以一定的价格购买一定数量的公司股票，购股价格一般参照股票的当前价格确定，该计划同时也对员工在购股后出售股票的期限做出规定。

3. 期权计划

期权计划是股票期权激励计划的简称，即以股票作为手段对经营者进行激励。股权激励的理论依据是股东价值最大化和所有权、经营权的分离。

如果从股票的来源区分，股权激励方案可分为股东转让股票和上市公司向激励对象定向发行股票，定向发行股票又分为股票期权和限制性股票。其中，限制性股票如按股票来源分，又可细分为计提奖励基金回购型限制性股票、授予新股型限制性股票（定向发行）。

（1）计提奖励基金回购型限制性股票。当公司业绩达到股权激励计划约定的奖励基金提取条件后，公司提取奖励基金，从二级市场购买本公司股票，再等到符合股票授予的条件时（如业绩或股价），公司将回购的股票无偿赠予激励对象。

（2）授予新股型限制性股票。当公司业绩满足股权激励计划条件时，授予激励对象一定数量的公司股票的前提是，激励对象按照一定的价格（授予价格）购买公司股票时，该价格一般比确定价格的市价要低。

而对于股票期权而言，如按是否提取部分奖励基金为行权提供资金，可分为不计提奖励基金的股票期权和计提奖励基金的股票期权。其中，标准的股票期权，是指当业绩条件满足时，允许激励对象在一定的期间内以计划确定的价格购买公司股票。如果股价高涨，激励对象将获得巨大利益；同时对公司而言，激励对象行权也是一种定向增发，为公司筹得一定数量的资金。而提取奖励基金的股票期权是指，当标准的股票期权行权，激励对象自筹资金认购股份时，奖励基金的目的仅用于行权，不得作为其他用途使用。

最后，还有一种以虚拟股票为标准的股权激励方式，称为股票增值权。股票期权是上市公司给予激励对象在一定期限内以事先约定的价格购买公司普通股的权利。而限制性股票指上市公司按照预先确定的条件授予激励对象一定数量的本公司股票，激励对象只有在工作年限或业绩目标符合股权激励计划规定的条件时，才可出售限制性股票并从中获益。

（三）个人激励薪酬

个人激励薪酬是指针对员工个人的工作绩效提供奖励的一种薪酬计划。由于激励薪酬是根据某些事先确定好的客观绩效标准来支付绩效薪酬的计划，因此，所有的绩效奖励计划都有一个共同的特点，即找到一个可以用来与之进行比较从而确定奖励金额的既定绩效标准。在个人绩效奖励计划中，这一标准就是员工个人的绩效可以与之进行对比的个人绩效基准。

个人激励薪酬是最古老的一种绩效奖励计划,其形式包括计件工资、差额计件工资及标准工时。

1. 计件工资

计件工资是指按照合格产品的数量和预先规定的计件单位来计算的工资,它以一定时间内的劳动成果来计算劳动报酬。

计件工资是按照工人所完成的产品数量或作业量支付的工资。计件工资是由计时工资转化而来的,是变相的计时工资。例如:在实行计时工资时,工人的日工资额为3元,每日的产量为10件;而在实行计件工资时,计件单价是按照日工资额除以日产量来确定的,即3元÷10=0.3元。计件工资可分个人计件工资和集体计件工资。个人计件工资适用于个人能单独操作而且能够制定个人劳动定额的工种;集体计件工资适用于工艺过程要求集体完成,不能直接计算个人完成合格产品的数量的工种。

2. 差额计件工资

差额计件工资是一种补偿性工资,是指当工资的产出超过标准数量时所得到的小时工资高于没有超产员工的工资。这种工资制度由科学管理理论的创始人泰勒最先提出。主要内容是使用两种不同的计件工资率:一种适用于产量高于预定标准的员工;另一种适用于那些产量低于或等于预定标准的员工。差额单价计件薪酬指将工人工作量划分成定额内和超额两部分,定额内部分按产品标准计件单价计发;超额部分规定不同差额比例的计件单件,分别计算薪酬额;再按月一并支付。

超额部分计件单价有三种方式:两段式计件单价,即超额部分按较高计件单价计发;累进式计件单价,即超额部分按直接累进或分阶段累进的计件单价计发;累退式计件单价,即超额部分按直接累退或分阶段累退的计件单价计发。

两段式和累进式差额单价计件薪酬,适用于某些劳动力稀缺而产品供不应求的特殊工种,或需突击完成的紧急任务。尤其是累进计件薪酬的激励性极强,对劳动生产率提高效果显著,但这两种方式都会增大人工成本,并过分拉大工人收入差别,不宜长期采用。累退式计件薪酬则适用于劳动定额偏低、产品供需矛盾不大的企业。

3. 标准工时

所谓标准工时计划,是指首先确定正常技术水平的员工完成某种工作任务所需要的时间,然后再确定完成这种工作任务的标准工资率。它是根据员工完成某种工作任务理论上应当耗费的时间来支付报酬的一种计划,而不考虑员工实际耗费的工作时间。即使一个人因技术熟练以少于标准时间的时间完成了工作,他依然可以获得标准工资率。举例来说,对于一位达到平均技术水平的汽车修理工来说,为小汽车补一个轮胎平均需要花费的时间可能是1小时。即使某位修理工的工作效率较高,可能在半小时内就完成工作了,企业仍然是根据1小时来支付报酬的。对于周期很长、技能要求较高、非重复性的工作而言,标准工时方案是十分有效的。

综上所述,企业实施个人绩效奖励计划,就必须具备如下几个方面的条件:

(1) 员工个人工作任务的完成不取决于其他人的绩效,员工本人对自己的工作进度和工作完成情况有充分的控制力,个人的努力和个人的绩效之间存在直接的和明确的联系。此外,组织对于员工个人的绩效还必须能够准确地加以衡量。

（2）企业所处的经营环境、所采用的生产方法以及资本—劳动力要素的组合必须是相对稳定的。

（3）企业必须在整体的人力资源管理制度上强调员工个人的专业性，强调员工个人的优良绩效，比如，为员工提供专业化的培训，为员工设计单一的职业发展通道等。此外，由于个人绩效奖励计划的基础是个人的绩效，因此，企业还必须有科学、合理的绩效评价系统以及明确稳定的绩效标准，同时还要确保企业的管理人员在绩效评价过程中保持公平和公正。

（四）群体激励薪酬

群体激励薪酬，即群体绩效奖励计划，是基于某种群体绩效结果而提供的绩效奖励。群体绩效奖励计划通常可以划分为：利润分享计划、收益分享计划、成功分享计划等。

1. 利润分享计划

利润分享计划是根据对某种绩效组织指标的衡量结果来向员工支付报酬的一种绩效奖励模式。根据这一计划，所有或者某些特定群体的员工按照一个事先设计好的公式分享所创造利润的某一百分百，员工根据公司调整的业绩获得年终奖或股票，或者以现金或延期支付的形式获得红利。现代的利润分享计划将利润分享与退休计划联系在一起。具体表现为：企业将利润分享基数用于为某一养老金计划注入资金，经营状况好时持续注入，经营状况不佳时则停止注入。利润分享的组织范围是指承担利润和损失责任的下级经营单位。

利润分享计划是指将员工的直接薪酬的一部分与组织的总体财务绩效联系在一起，向员工传递财务绩效的重要性的信息，从而有助于促使员工关注组织的财务绩效以及更多地从组织目标的角度去思考问题，增强员工的责任感、身份感和使命感；另外，利润分享计划在企业经营状况不好时，有助于企业控制劳动力的成本，从而避免在解雇人员方面产生较大的压力，而在经营状况良好的时候，则为组织和员工之间的财富分享提供了方便。

但是，利润分享计划在直接推动绩效改善以及员工或团队行为方面所起的作用并不大。除了中高层管理者之外，大多数员工都不大可能看到自己的努力与自己在利润分享计划下所能够获得的报酬之间到底存在多大的联系。员工不清楚如何才能增加利润以及确保利润分享基金到位，就不可能因为这一计划的存在而更努力地工作。因此，利润分享计划更适用于小型组织或者大型组织中的小型经营单位。

2. 收益分享计划

收益分享计划是企业提供的一种让员工分享因生产率提高、成本节约和质量提高而带来的收益的绩效奖励模式。在通常的收益分享计划中，报酬会在群体内所有员工之间公平地进行分配。分配的方式或者根据每个人基本薪酬的某一相同比例发放，或者按每完成一个小时的工作获得相同的小时报酬方式发放，或者按每个人得到相同金额的方式平均发放。

收益分享计划经历了三个阶段的发展：第一代收益分享计划是斯坎伦计划和卢卡尔计划，第二代收益分享计划通常称为盛产率改善收益分享计划，第三代收益分享计划着眼于组织整体经营计划的改善。

其中，第一代收益分享计划从生产率改善或者成本控制的角度对财务结果进行衡量，它们运用历史的绩效标准来确定一个值得为之支付报酬的恰当绩效水平。这些计划通常是被长期执行的，并且主要在制造业中实施。而第二代收益分享计划是通过对单位生产的标准劳动工时进行测量，然后再分享节约下来的工时。第二代收益分享计划的主要特点与第一代收益分享计划类似，通常也是在制造业环境中使用且只适用于小时生产工人。该计划首先计算出一个标准，以确定生产一定水平的产出所需要的必要时间，任何由于生产时间节省而产生的收益由企业和员工共享。最后，第三代收益分享计划是指对经营计划的收益的分享，它遵守经营计划浮动薪酬模型，将更为广泛的经营分目标作为核定收益分享资金来源的依据和确定报酬的标准。

作为收益分享计划的未来发展方向，第三代收益分享计划的优点表现在以下几个方面：

（1）它不是依据历史实践来制定发展目标和衡量标准，而是依据未来导向型目标来确定绩效衡量的标准。这种浮动薪酬计划实际上告诉了员工组织想要到哪里去。

（2）第三代收益分享计划的参与以及浮动薪酬计划中的绩效衡量指标，都取决于组织的目标以及实现组织目标所需要的组织结构。因此，为配合需要完成的工作本身的要求，组织可能会改革而不是局限于当前的组织结构。

（3）第三代收益分享计划的设计可能会根据环境的变化做出调整，每年审查一次，以确保计划可以继续执行下去，但是必须适应组织的目标和需要的变化。

（4）基本薪酬也有可能会被调整，企业有可能将基本薪酬在未来的增加变成风险性的，从而使总薪酬管理的观点成为浮动薪酬计划设计的一个重要思想来源。

（5）员工参与第三代收益分享计划设计的程度可能会因组织的文化和价值观不同而有所差别，组织不必为设计和实行这种计划而遵循某种硬性的或者速成的规则。收益分享计划在很多生产企业中都是适用的，而未能实施这种计划的损失不仅在于失去一次降低成本和让员工关注组织利益的机会，还有其他的损失。

3. 成功分享计划

成功分享计划是运用平衡计分卡的思想为经营单位制定目标，对超越目标的情况进行衡量，根据衡量结果对经营单位提供奖励。这里的经营单位既可以是整个组织，也可以是组织内部的一个事业部、一个部门，还可以是某个员工群体。而成功分享计划的报酬支付基础则是经营单位的实际工作绩效与预定绩效目标之间的比较。成功分享计划所涉及的目标可能包括财务绩效、质量和客户满意度、学习与成长情况以及业务流程等各种绩效方面的改善。在成功分享计划中，每一项绩效目标都是相互独立的，经营单位每超越一项绩效目标，就会单独获得一份奖励，经营单位所获得的总奖励金额等于其在每一项绩效目标上所获得的奖励的总和。

成功分享计划的关键在于为每个经营单位确定一整套公平的目标，这种目标要求经营单位通过努力去超越他们自己在上一绩效周期（通常是一年）内达到的某些绩效目标。另外，要让所有员工通过参与到目标的制定过程中来理解他们是如何对组织经营目标的实现产生影响的。

总的来说，成功分享计划具有以下特征：

（1）需要为参与该计划的经营单位设定操作模型，该模型需要界定出相关经营单位的核心业务流程，定出3～5个对这一核心业务流程进行衡量的关键绩效指标，并且为每一个关键绩效指标制定出所要达到的目标。

（2）要求经营单位中的每一位员工全面参与。这种全面参与的特点实际上向员工传达了一种信息：所有员工都处于一个大的团队。

（3）要求管理层与基层员工共同制定目标，而不是采取自上而下式的传统目标制定方式。只有让每位员工都看到自身的努力和组织的绩效结果之间的联系，他们才更有可能努力去实现绩效目标。

（4）鼓励持续不断地改进绩效。这种新的目标通常会比上一年度实际达到的绩效结果稍高一些，且也必须是通过员工的努力能够达到的。

（5）有时间限制。成功分享计划是针对某一特定计划期间（通常是一年）的，如果后续经营计划与上一周期内的经营计划关系不大，则原有的成功分享计划就可以结束了。

第二节　员工激励的基本原理

很多企业都愿意采用激励薪酬，这是因为这种将绩效和薪酬联系起来的做法非常有助于提高员工为实现公司战略目标而努力工作的积极性。组织行为学中的激励理论也为绩效奖励的思想提供了坚实的理论基础。常见的激励理论包括需要层次理论、双因素理论、期望理论、公平理论、委托—代理理论等。

一、需要层次理论

需要层次理论（也叫需求理论）由马斯洛提出，他认为人的行为是受到人的内在需要激励的。人的需要是由从最基本的衣食住行需要到高等级的自我实现需要所构成的有序等级链，主要包括生理需要、安全需要、社会需要、尊重需要以及自我实现需要五大层次。在一个人的低级需要得到满足的情况下，高级需要就会变得富有激励性。而当人的需要得不到满足时，人就会产生挫败感。

按照马斯洛的需要层次理论，企业在进行薪酬管理时需要注意以下问题：

（1）包括公司的政策、受到的监督、人际关系、工作环境以及企业所支付的基本薪酬必须确定在足够高的水平上，以确保员工能够获得满足基本生活需要所必需的经济来源。

（2）奖励性薪酬尤其是成功分享计划对员工具有一定的激励作用，但是，激励薪酬的设计必须注意过高风险或者因设计不合理而损害员工满足日常生活需要的情况。

（3）不同类型员工的需要层次不同，在可能的情况下，企业可以考虑采用不同形式的薪酬计划，以满足不同类型员工的需求。

（4）企业需要探讨将货币激励与非货币激励相结合的激励方法，通过满足员工的高层次需要来达到提供更大激励的目的。

下面以华为公司为例说明需求层次理论在企业激励薪酬中的应用。

华为技术有限公司是一家生产销售通信设备的民营通信科技公司，于1987年正式注册成立，总部位于中国深圳市龙岗区坂田华为基地。作为全球领先的信息与通信技术（ICT）解决方案供应商，华为专注于ICT领域，坚持稳健经营、持续创新、开放合作，在电信运营商、企业、终端和云计算等领域构筑了端到端的解决方案优势，为运营商客户、企业客户和消费者提供有竞争力的ICT解决方案、产品和服务。只用了10多年的时间，华为就从一家代理销售交换机的小公司，逐步发展壮大为拥有自主开发产品和核心技术的跨国公司。华为能把全国"211"院校通信专业的一流毕业生全包下,这一切都离不开华为在人才吸引和人才激励方面的机制。

1. 用"全员持股"的特定激励政策满足员工的生理需求和安全需求

先看一看下面这些股权激励下的员工收入数据,具体见表7-2。

表7-2 华为绩效薪酬制度

职位	人数/人	年薪水平/万
0级主管	30	6000
1级主管	120	1500
2级部门总监	350	350
3级部门主管	1500	100
四级部门正副经理	5000	50
基层员工	60000	10

华为公司的股权激励说明,任何一个员工,只要努力工作,不仅可以拿到丰厚的工资,而且可以获得可观的股权分红。甚至有的员工的分红是其工资的数倍。这种方法不仅激发了员工的工作积极性,还充分满足了员工的生理需求和安全需求。使员工不会为自己的生存担忧。

2. 用团结协作、集体奋斗的企业文化满足员工的归属感

在公司里,员工上下平等,不平等的部分已经通过工资形式表现出来,华为员工无权享受特权。大家同甘共苦,人人平等,集体奋斗,将个人努力融入集体拼搏之中,在华为得到了充分体现。这种团结协作的氛围给予员工归属感,而且同事之间的合作使员工感受到他人的帮助和关爱,让员工的社交需求得到满足。

3. 用公司未来客观的前景和双向晋升渠道满足员工的自尊需求和自我实现的需求

华为的产品和解决方案已经应用于全球100多个国家,服务全球运营商前50强中的36家,2008年很多通信行业业绩下滑,而华为实现合同销售额233亿美元,同比增长46%,其中75%的销售额来自国际市场。同时,华为设计了任职资格双向晋升通道。新员工首先从基层业务人员做起,然后上升为骨干,员工可以根据自己的喜好,选择管理人员或者技术专家作为自己未来的职业发展道路。在达到高级职称之前,基层管理者和核心骨干之间、中层管理者与专家之间的工资相同,同时两个职位之间还可以相互转换。如此诱人的晋升和发展前景让追求成功和实现自身价值的员工更加努力工作。

目前,华为企业的发展蒸蒸日上,许多优秀的国内外人才都供职于华为,这与华为本身的薪酬激励设计有很大的关联。从华为的薪酬管理事例中可以发现,只有满足员工的各方面需求,才能够有效实现薪酬的激励作用。另外,企业在制订薪酬计划的时候,也要关注员工的不同需求,有的放矢。

二、双因素理论

赫茨伯格的双因素理论认为,保健因素和激励因素会影响员工的行为。其中保健因素是对员工的不满产生影响的主要因素,又称维持因素。激励因素则是对员工的满意产生影响的主要因素。保健因素不足必然导致员工不满意，但是保健因素再多也不会为员工带来满意，只有足够的激励因素才能让员工感到满意，从而激励绩效产生。其中保健因素主要是一些外部报酬，包括公司的政策、受到的监督、人际关系、工作环境以及薪酬等，往往与基本生活需要、安全保障以及公平对待联系在一起。而激励因素则主要是一些外部报酬，包括成就、认可、晋升、工作责任等。

双因素理论强调以下几点：

（1）企业所支付的基本薪酬必须保持在足够高的水平上，以确保员工能够获得满足基本需要的经济来源。

（2）绩效奖励计划尤其是成功分享计划是富有激励性的，因为它能够满足员工在认可、责任、成就等方面的需要。而风险分担计划一旦设计不好，则可能不具有激励性。

（3）对员工的绩效激励不能仅仅依靠货币型薪酬激励，还要考虑为员工提供全方位的内在激励和外在激励。人际关系氛围、工作条件也会影响激励薪酬实现的效果。

三、期望理论

维克多·弗洛姆认为绩效是期望、关联性以及效价的函数。其中，期望是员工对自己完成既定工作任务的能力所作出的自我判断，它所揭示的是个人努力与绩效之间的关系。关联性是员工对于达到既定绩效水平之后能否得到组织报酬所具有的信心。效价是员工对组织因自己实现令人满意的工作业绩而提供的报酬所具有的价值所作出的判断。

期望理论强调以下几点：

（1）员工对个人能力的自我评价是非常重要的，因此，企业需要对员工进行培训以及为他们提供完成工作任务所需的各种资源。

（2）企业必须明确界定员工的工作任务、责任以及清晰的绩效标准，同时建立公平、完善的绩效评价体系，从而让员工相信他们自己对绩效目标的实现是有充分的控制力的。

（3）绩效奖励的收益必须足够大，才能使员工将其视为一种真正的报酬。

四、公平理论

公平理论认为，员工不仅关心自己经过努力所获得的报酬的绝对数量，也关心自己的报酬与其他人的报酬之间的关系。与感知到的收入相对比，如果员工认为自己所得到的产出是对等的，他们就会受到激励；反之，则会导致员工心里不舒服。如果员工认为其他人所付出的努力与自己相同但是所获得的报酬却更多，或者他人付出的努力比自己少但是大家的报酬却相同，他们就会采取负面行动来找回双方在投入产出比上的平衡。

公平理论强调以下几点：

（1）员工比较的是自己与他人的薪酬—努力之间的平衡性，因此对员工的行为和态度产生影响的是相对薪酬而不是绝对薪酬的数量。

（2）企业必须首先建立起一套客观公正的绩效评价体系，然后将通过这一体系得出的绩效评价结果与最终的报酬挂钩，以确保在同等条件下，那些绩效优秀的员工所获得的薪酬超过绩效不佳的员工。

（3）如果企业所提供的报酬没有达到员工的公平性要求，则员工会采取对企业不利的负面行为来试图找回公平。因此，无论是企业的基本薪酬还是绩效奖励计划，都必须注意在全体员工中保持公平性和一致性。

五、委托—代理理论

委托—代理理论的创始人是威尔森、斯宾塞和罗斯等。其主要观点是企业形式、委托—代理与剩余索取权的归宿，作为经济学中关于激励的理论，该理论认为，在任何委托—代理关系当中都存在代理风险。产生代理风险的最主要原因是信息不对称和委托人在控制代理人的行为时需要花费大量的成本。委托人关心的是如何根据所观测到的变量来惩罚代理人，以激励其采取有利于委托人的行动。这种代价和成本不仅可能非常昂贵，而且可能根本无法确保委托人能够收集到代理人的所有信息。在这种情况下，委托人的一个最佳选择不是去对代理人的能力进行判断并对其行为进行监控，而是选择一种有助于使代理人的利益与委托人的利益趋于一致的契约。这样，委托人既能够保证自己的利益，又可以节省大量的监督控制成本。

委托—代理问题与经营者的激励约束机制密切相关，委托—代理理论是以信息经济学为基础的。解决委托—代理问题的关键是委托人应采取什么样的方式在代理人实现自己的效用最大化的同时实现委托人效用的最大化，即实现激励相容。包括三个方面的内容：第一是委托人如何设计一份合约能够促使代理人实现委托人的预期效应最大化；第二是代理人在所设定的合约条件约束下，他的行为如何实现自己的预期效用最大化；第三是所给定的合约代理人是否愿意接受。

通过对经营者激励合约的研究，在实践中，解决委托—代理问题主要采取两类方法：第一类方法同时针对所有权与控制分离（条件1），委托人、代理人各自为自身利益而行动（条件2），委托人、代理人效用函数不一致（条件3），委托人、代理人信息不对称（条件4）这四个可以变动的条件进行制度安排。第二类方法是通过市场或其他外部力量约束经营者的行为。

委托—代理理论表明：如果委托人对代理人的绩效履行过程或者绩效行为能够进行有效的监督，并且监督和控制的成本不那么高，那么，企业可以根据员工的行为表现支付相对来说比较稳定的静态薪酬，或者只是将员工的小部分薪酬与对其行为的评价结果联系在一起。然而，如果员工的绩效完成过程无法得到有效的监控或者监控成本过高，企业就应当根据员工的工作结果即是否实现组织的目标来支付薪酬。不过，从员工的角度来说，他们更愿意获得比较稳定的薪酬而不是有较高风险的薪酬。而如果企业根据员工的工作结果或绩效支付薪酬，那么实际上是将员工的薪酬收入置于一个风险境地，因此，要想让他们从内心接受这种具有风险性的绩效奖励计划，就必须为他们提供一个获得更高收入的机会。总而言之，绩效奖励计划的风险性质越明显，企业就越需要为员工提供更高的潜在收入以作为补偿或回报。

综合上述各种激励理论，我们可以得到几点启示：

（1）员工的需要会影响员工的行为，因此，能够满足员工不同需要的薪酬体系才会真正具有激励性。在员工需求多样化的情况下，单一的薪酬体系或者薪酬构成可能无法给员工带来满足感，弹性的薪酬体系或者多样化的薪酬体系对员工绩效的诱导作用可能是最强的。所以，有针对性的绩效奖励计划可能会比笼统的、单一的、意图不明确的绩效奖励计划更有效果。

（2）雇佣关系本身具有一种交换的本质，而交换只有在公平的基础上才是有效的，因此，薪酬管理的很多工作都应当注意公正性。从绩效奖励方面来看，这种公正性首先体现在员工能否获得必要的工作条件和资源支持；其次体现在员工的绩效能否得到准确、公正的评价；最后体现在员工的绩效能否得到公平的报酬。事实上，上述三点是一个成功的绩效奖励计划在制度上不可或缺的必备要素。

（3）绩效奖励计划的成功还有赖于企业与员工之间的沟通，通过沟通来确保员工明确组织对自己的行为以及工作结果的期望，以及达到企业的期望值后能够获得的报酬。如果员工不清楚自己应该干什么以及干到什么程度才算达到要求，或者不清楚什么样的工作行为或结果能够获得什么样的报酬，或者不相信某种行为或行为结果能够获得他们所希望的报酬，绩效奖励计划就不可能有效。

第三节　激励薪酬设计的实施

企业总是千方百计地想要提高员工工作的积极性，从而获得更多的产出和利润，于是激励薪酬应运而生。首先，由于激励薪酬提高了整个薪酬系统的灵活性，员工可以感受到个人在组织中的重要地位和价值，因此自发为组织贡献个人力量。为组织创造更多利润；其次，激励薪酬激励员工参与到薪酬的分配过程中，使员工可以获得满足个人期望的薪酬；再次，激励薪酬在实施的过程中强化了员工对各种行为的正确认识，无形中增强了员工对企业价值观和战略目标的认同，有利于企业文化的渗透；最后，激励薪酬的实施使企业在提高员工工作积极性、获得高额利润的同时，节约了传统薪酬计划中不必要的薪酬浪费，从而降低了薪酬成本。

激励薪酬的实施有利于企业激发员工的工作积极性，并以相对较低的成本换取利润的最大化，那么激励薪酬是如何实现的呢？本节我们将介绍激励薪酬设计的步骤。

一、激励薪酬设计的步骤

（一）确定实施激励薪酬的目标

在设计激励薪酬时，企业必须首先明确绩效激励计划存在的原因以及应达到的结果。绩效激励计划的目标不仅要对组织的战略目标起支持作用，还要反映组织的文化。在确定绩效激励计划的目标时，需要考虑绩效激励计划想要达到的目的以及希望强化的对象。绩效激励计划的目的包括：认可资深员工在组织中的长期连续服务、认可和回报员工的突出贡献、强化理想的行为、鼓舞士气等。需要注意的是，并非上述所有目标都能通过一个绩效认可计划来完成。最有效的绩效激励计划往往都集中在较为简单的目标或者紧密相关的目标上。

（二）决定激励薪酬发放的依据

激励薪酬的发放并不是无据可依。在确定好实施激励薪酬的目标之后，应该界定哪些行为和现象是可以获得激励性薪酬的。这种行为表现既可能是员工完成正常工作并获得突出成果，也可能是员工在工作职责外做出了重大贡献。除此之外，从类型上来看，所要激励的活动可能包括：总体工作绩效、特定的项目、生产率或者质量、客户服务、连续服务、所表现出来的理想行为以及所做出的专业方面的贡献等。

（三）确定激励的对象

一项薪酬激励计划在制定时必须考虑到它的适用对象。事实上，通常是所有员工都会被认为是激励薪酬发放的对象。这主要是因为，如果只将部分员工纳入激励薪酬的对象中去，就会使员工认为该政策的设计是存在倾向性的缺陷的，不但起不到激励员工积极性的作用，反而会降低士气。因此，在确定激励对象的资格时，需要注意解决以下几个方面的问题：

（1）激励薪酬的设立是为整个组织还是为某个部门或事业部；

（2）激励薪酬适用于全体员工还是仅仅适用于某些类型的员工；

（3）非正式员工是否有资格参与；

（4）对参与者是否有最低服务年限要求；

（5）同一位员工获得奖励的频率是否有限制；

（6）对获得奖励的员工人数或所占的百分比的设定；

（7）怎样设定对象范围才能真正实现激励薪酬的作用。

（四）决定激励的形式和数量

绩效薪酬的实现通常包括货币型激励和非货币型激励。非货币型激励如：商品、旅游、表扬和地位标志。其中，商品和旅游对提高员工短期绩效很有效，而表扬和给予地位标志则更有利于企业文化的塑造和提高员工的长期绩效表现。具体来讲，企业通常采用的非货币激励方式包括：授予认可证书，奖品或奖金，标志品（杯子、衬衫、夹克等），电影票，钢笔，饰品（手表、胸针等），文艺演出、体育比赛的入场券，专用停车位；带薪休假等。很多企业发现，当非货币型激励具有以下特点时，通常更有效果：反映组织文化特点、向员工提供一系列可选择的激励类型、明确让员工知道怎样才能帮助组织实现目标。

除确定激励薪酬实现的形式外，数量的确定也极为关键。企业通常希望在有限的成本消耗内实现最大化的成功和最好的效果，而员工也希望得到相对于其付出最大的回报，这个度的确定什么重要。一般而言，对于货币型激励，企业通常会选择给予那些层级较低或者在某次工作中表现较为突出的员工以一定金额的现金激励，现金数额通常不会太大，大约100~500元不等，而对于那些表现特别优秀或是为企业做出突出贡献的员工则会给予几千甚至上万的现金激励，也有一些企业会选择通过年终奖的形式来激励那些有突出贡献的优秀员工。

相应地，非货币型激励也是如此。越是职位等级高或作出突出贡献的员工，他们所享受到的非货币型激励就越多，这不仅仅表现在激励的种类数上，还表现在每一种激励的水平高低上。

只有对员工给予适合于他们需求的激励，才能真正实现激励薪酬的作用。

（五）确定奖励频率

及时地对员工进行激励通常能获得很好的激励效果。但是，并非所有激励都要在员工行为结束后立马兑现，激励的频率取决于激励行为的类型。有些激励会有严格的时间安排，不会经常性地发放奖励，有的组织一年才发放一次奖励，以作为组织对一个财务年度内重大贡献者的认可。非正式的和日常特殊绩效激励计划都没有严格的时间限制，在需要的时候就发放奖励，对员工的贡献给予及时的鼓励。此外，奖励的频率也与奖励的额度有关。小额的奖励可以以天为单位计算，额度大一些的奖励频率就会低一点，例如以星期和月，甚至季度为单位。

（六）确定激励的成本和来源

组织采取何种绩效激励计划自然会影响报酬的成本，因此在对员工进行奖励的时候应该首先作出成本预算。组织在实施那些时间严格的激励时，可以在激励之前做好完备的预算安排。而对于那些时间要求不那么严格的激励来说，通常给予员工的是小额激励和中等激励，因此，在做预算时，可以参考员工薪酬表上的信息。由于日常认可的奖励额度更小，所以可以以个人为单位进行计算，也可以在计算组织运营成本的时候再予以考虑。

（七）确定激励对象选拔过程

每一位员工都可能是激励薪酬实施的对象，然而这些员工可能来自不同的部门，做着不同的工作，有着不同的评判标准。有的绩效激励计划是在主管层次上开展的，有的则是在全体员工层次上实施的。与此相对应，不同的激励薪酬面向的对象也是由不同层次的管理者决定的。正式绩效激励计划往往具有严格的结构化提名程序，而且在挑选获奖者时通常建立决策小组，由除了提名者以外的人来决定获奖人。在非正式绩效激励计划中，获奖决策通常是由特殊绩效激励计划参与者的直接上级作出的，高级管理层可以对提名和挑选获奖者的过程进行监督。

二、实施激励薪酬应注意的问题

激励薪酬的实施效果会受到环境因素的影响。为此，组织需要注意以下几个方面的问题：

（一）及时性

在很多组织中，实施特殊绩效激励计划的机会很多，条件也很成熟，但是管理者只是偶尔想起来才用这种手段来刺激员工，并没有将这一计划放在经常考虑的层面上。结果就是虽然可以在短时间内获得不错的激励效果，但是时间一长，就会失去激励的有效性。

（二）价值性

并非所有的激励薪酬的实施都是有价值的，很多激励本身违背了员工的个人需求和意愿，就会起到相反的效果，出力不讨好。举例来说，如果员工本打算在周末与许久未见的老朋友喝酒聊天，而组织安排所有员工聚餐，这种做法可能就会引起员工的反感。要解决这一问题，做好经常性的调查是一个好办法。现在，很多企业内部的网络建设得很不错，组织在发布某一个激励计划的信息时，可以随时请员工选择自己的意愿，简单地做个统计，就可有效地避免上述问题。另外，提供奖励组合也是一个不错的选择，组织对员工的贡献可以给出很多价值相等的奖励，员工可以按照自己的偏好进行选择。

（三）可操作性

很多组织由于结构过于复杂，激励薪酬的决策程序也相当烦琐，而最简单的激励往往是最有效的。因此，在处理有些问题的时候，可以忽略一些不必要的步骤，例如，非正式和日常的薪酬激励只需在必要的范围内得到批准或者是无须得到批准就可以运用。

（四）认可度

在实施货币型薪酬激励时，如果没有与员工进行很好的沟通，员工可能会对这部分货币型激励薪酬在整个薪酬体系中的地位产生疑惑。组织应该让员工明白货币型薪酬与其他薪酬构成之间的差异。当然，在有些情况下，使用非货币型激励薪酬来替代货币型激励薪酬往往是很有效的。

第四节　绩效考核

一、绩效考核的概念与起源

绩效考核是针对企业中每个职工所承担的工作，应用各种科学的定性和定量的方法，对职工行为的实际效果及其对企业的贡献或价值进行考核和评价。它是企业人事管理的重要内容，更是企业管理强有力的手段之一。业绩考评的目的是通过考核提高每个个体的效率，最终实现企业的目标。在企业中进行业绩考评工作，需要做大量的相关工作。首先，必须对业绩考评的含义作出科学的解释，使整个组织有一个统一的认识。

绩效考核是现代组织不可或缺的管理工具。它是一种周期性检讨与评估员工工作表现的管理系统，是指主管或相关人员对员工的工作做系统的评价。有效的绩效考核，不仅能确定每位员工对组织的贡献或不足，更可在整体上对人力资源的管理提供决定性的评估资料，从而可以改善组织的反馈机能，提高员工的工作绩效，更可激励士气，也可作为公平合理地酬赏员工的依据。

绩效考核起源于西方国家公务员制度。最早的考核起源于英国，在英国实行文官制度初期，文官晋级主要凭资历，于是造成工作不分优劣，所有的人一起晋级加薪的局面，结果是冗员充斥，效率低下。1854—1870 年，英国进行文官制度改革，注重表现、看才能的考核制度开始建立。根据这种考核制度，文官实行按年度逐人逐项进行考核的方法，根据考核结果的优劣，实施奖励与升降。考核制度的实行，充分地调动了英国文官的积极性，从而大大提高了政府行政管理的科学性，增强了政府的廉洁与效能。英国文官考核制度的成功实行为其他国家提供了经验和榜样。美国于 1887 年也正式建立了考核制度。强调文官的任用、加薪和晋级，均以工作考核为依据，论功行赏，称为功绩制。此后，其他国家纷纷借鉴与效仿，形成各种各样的文官考核制度。这种制度有一个共同的特征，即把工作实绩作为考核的最重要的内容，同时对德、能、勤、绩进行全面考察，并根据工作实绩的优劣决定公务员的奖惩和晋升。

西方国家文官制度的实践证明，考核是公务员制度的一项重要内容，是提高政府工作效率的中心环节。各级政府机关通过对国家公务员的考核，有利于依法对公务员进行管理，优胜劣汰，有利于人民群众对公务员进行必要的监督。文官制度的成功实施，使有些企业开始借鉴这种做法，在企业内部实行绩效考核，试图通过考核对员工的表现和实绩进行实事求是的评价，同时也要了解组织成员的能力和工作适应性等方面的情况，并作为奖惩、培训、辞退、职务任用与升降等实施的基础与依据。

二、绩效考核的种类与原则

（一）绩效考核的种类

1. 按照绩效考核的时间分，可以把绩效考核分为定期考核与不定期考核

（1）定期考核。企业考核的时间可以是一个月、一个季度、半年、一年。考核时间的选择要根据企业文化和岗位特点选择。

（2）不定期考核。不定期考核有两方面的含义：一方面是指组织对人员的提升所进行的考评，另一方面是指主管对下属的日常行为表现进行纪录，发现问题及时解决，同时也为定期考核提供依据。

2. 按考核的内容分，可以将绩效考核分为特征导向型、行为导向型、结果导向型

（1）特征导向型。考核的重点是员工的个人特质，如诚实度、合作性、沟通能力等，即考量员工是一个怎样的人。

（2）行为导向型。考核的重点是员工的工作方式和工作行为，如服务员的微笑和态度、待人接物的方法等，即对工作过程的考量。

（3）结果导向型。考核的重点是工作内容和工作质量，如产品的产量和质量、劳动效率等，侧重点是员工完成的工作任务和生产的产品。

3. 按主观和客观分，可以将绩效考核分为客观考核方法和主观考核方法

（1）客观考核方法。客观考核方法是对可以直接量化的指标体系所进行的考核，如生产指标和个人工作指标。

（2）主观考核方法。主观考核方法是由考核者根据一定的标准设计的考核指标体系对被考核者进行主观评价，如工作行为和工作结果。

（二）绩效考核的原则

绩效考核（绩效考评）并不是无章可依，应该按照相应原则进行。具体包括以下几个原则：

1. 公平原则

公平是确立和推行人员考核制度的前提。不公平，就不可能发挥考核应有的作用。

2. 严格原则

考核的严格性包括：要有明确的考核标准、要有严肃认真的考核态度、要有严格的考核制度与科学而严格的程序及方法等。

3. 单头考评的原则

对各级职工的考评，都必须由被考评者的"直接上级"进行。直接上级相对来说最了解被考评者的实际工作表现，也最有可能反映真实情况。间接上级对直接上级作出的考评评语，不应当擅自修改。这并不排除间接上级对考评结果的调整修正作用。单头考评明确了考评责任所在，并且使考评系统与组织指挥系统取得一致，更有利于加强经营组织的指挥机能。

4. 结果公开原则

考核的结论应对本人公开，这是保证考核民主的重要手段。这样做，一方面，可以使被考核者了解自己的优点和缺点、长处和短处，从而使考核成绩好的人再接再厉，继续保持先进；也可以使考核成绩不好的人心悦诚服，奋起上进。另一方面，还有助于防止考核中可能出现的偏见以及种种误差，以保证考核的公平与合理。

5. 结合奖惩原则

依据考核的结果，应根据工作成绩的大小、好坏，有赏有罚，有升有降，而且这种赏罚、升降不仅与精神激励相联系。而且必须通过工资、奖金等方式同物质利益相联系，这样，才能达到考核的真正目的。

6. 客观考评的原则

人事考评应当根据明确规定的考评标准，针对客观考评资料进行评价，尽量避免渗入主观性和感情色彩。

7. 反馈的原则

考评的结果一定要反馈给被考评者本人，否则就起不到考评的教育作用。在反馈考评结果的同时，应当向被考评者针对评语进行说明解释，肯定成绩和进步，说明不足之处，提供今后努力的参考意见，等等。

8. 差别的原则

考核的等级之间应当有鲜明的差别界限，针对不同的考核，考核评语应在工资、晋升、使用等方面体现明显差别，使考核带有刺激性，鼓励职工的上进心。

> **专栏 7–1**
>
> ### 绩效考评的基本原则
>
> （1）客观评价原则。应尽可能进行科学评价，使之具有可靠性、客观性、公平性。
> （2）全面考评的原则。就是要多方面、多渠道、多层次、多角度、全方位地进行立体考评。
> （3）公开原则。应使考评标准和考评程序科学化、明确化和公开化。
> （4）差别原则。考评等级之间应当产生较鲜明的差别界限，才会有激励作用。
> （5）反馈原则。考评结果一定要反馈给被考评者本人，否则难以起到绩效考评的教育作用。

> **专栏 7–2**
>
> ### SMART 原则
>
> 目标管理是使管理者的工作由被动变为主动的一个很好的管理手段，实施目标管理不仅有利于员工更加明确高效地工作，更是为管理者将来对员工实施绩效考核提供考核目标和考核标准，使考核更加科学化、规范化，更能保证考核的公正、公开与公平。
> S 代表具体（Specific），指绩效考核要切中特定的工作指标，不能笼统；

> M 代表可度量（Measurable），指绩效指标是数量化或者行为化的，验证这些绩效指标的数据或者信息是可以获得的；
> A 代表可实现（Attainable），指绩效指标在付出努力的情况下可以实现，避免设立过高或过低的目标；
> R 代表相关性（Relevant），指绩效指标是与工作的其他目标相关联的；绩效指标是与本职工作相关联的；
> T 代表有时限（Time-bound），注重完成绩效指标的特定期限。

三、绩效考核有效性的影响因素

（一）绩效考核定位模糊

所谓考核的定位问题，其实质就是通过绩效考核要解决什么问题、绩效考核工作的管理目标是什么。在现实应用中，许多企业考核的定位存在的问题，主要表现在绩效管理体系中考核定位模糊、缺乏明确的目的或对考核目的定位过于狭窄，或者为了考核而考核，使考核流于形式；或者只是为了奖金分配而进行，考核制度甚至等同于奖金分配制度，非常明确地规定某项工作未完成要扣多少钱等惩罚性措施，罚多奖少，使员工的注意力都集中在如何避免犯"规"被罚，而不是如何努力提高工作绩效上。更严重的是在某些企业甚至出现员工尽可能少做事的现象，因为做得多，犯"规"的概率就大，也就意味着被罚的概率大。所以，没有人愿意承担那些对于企业非常重要、但容易犯"规"的工作。加上考核方法不完善、考核结果不准确，势必造成员工对考核的抵触。

（二）绩效指标缺乏科学性

选择和确定什么样的绩效指标是考核中一个重要的，也是比较难以解决的问题。在实践中，很多企业都在追求指标体系的全面和完整。所采用的绩效指标通常一方面是经营指标的完成情况，另一方面是工作态度、思想觉悟等一系列因素。包括了安全指标、质量指标、生产指标、设备指标、政工指标、等等，不同专业的管理线独立管理着一套指标，可谓做到了面面俱到。然而，对如何使考核的标准尽可能地量化，具有可操作性，并与绩效激励相结合却考虑不周；而且作为绩效管理，应该主要抓住关键业绩指标，将员工的行为引向组织的目标方向，太多和太复杂的指标只能增加管理的难度和降低员工的满意度，影响对员工行为的引导作用。

（三）绩效考核的主观性

健全的人事考评制度就是通过对员工过去一段时间内工作的评价，判断其潜在的发展能力，并作为对员工奖惩的依据，但在实践中，评估的正确性往往受人为因素的影响而产生偏差，常见的有以下几种：

（1）晕轮偏差，即以偏概全，"部分印象影响全体"；

（2）类己效应，对那些和自己的某一方面（种族、籍贯、性别、学历、专业、母校、志趣、业余爱好等）相类似的人有偏爱而给予较有利的评估；

（3）趋中效应，硬套。"两头小、中间大"的一般性规律，不从事实出发，或由于没仔细考察下级的表现而不愿给出"最优"与"最劣"的极端评语，干脆来个平均主义，一视同仁，都评个"中等"；

（4）近因效应，不久前发生的、时间较近的事件印象较深，认为这便是具有代表性的典型事件或行为，当作被评者的一般特征，较久远的事则忘记了或忽略。

人事管理制度中的种种缺陷大都来自考核的主观性与片面性，其结果势必影响考核的可信度与有效度。

（四）绩效考核缺乏沟通与反馈机制

绩效评价被当作"机密"和人事考评的不公开性，加重了职工对考评的不安心理和对人事部门的不信任感，降低了考评对职工指导教育的作用。在许多企业中，员工对绩效管理的制度缺少了解，许多员工反映不知道公司的考核是怎样进行的，考核指标是如何提出来的，考核结果是什么，考核结果究竟有什么用处，等等，至于自己在工作中存在哪些问题，而这些问题又是由什么原因造成的，应该如何改进等，就更无从得知了。

四、绩效考评的形式与方法

员工的绩效考评过程一般可以分成以下若干阶段：

第一阶段是建立绩效考评标准。建立绩效考评标准是企业的一项基础工作。绩效考评标准的确定也是以职务分析为基础的，职务分析的结果决定了绩效考评的标准。

第二、第三阶段分别为确定绩效考评的内容和实施绩效考评。一般来说，员工绩效考评的内容主要侧重于工作实绩和行为表现两个方面，由有关人员对被考评员工的实际成绩和表现做客观的记录，并确定在不同指标上的成绩水平。

绩效考评的第四阶段是确定评语及改进措施。在该阶段对被考评员工的工作做综合评定，确定最后的评价等级，指出其优缺点并制定改进方案。

（一）绩效考评的形式

1. 按考评时间分类

按考评时间的不同，可分为日常考评与定期考评。

（1）日常考评。指对被考评者的出勤情况、产量和质量实绩、平时的工作行为所作的经常性考评；

（2）定期考评。指按照一定的固定周期所进行的考评，如年度考评、季度考评等。

2. 按考评主体分类

按考评主体的不同，可分为主管考评、自我考评、同事考评、下属考评和顾客考评。

（1）主管考评。指上级主管对下属员工的考评。这种由上而下的考评，由于考评的主体是主管领导，所以能较准确地反映被考评者的实际状况，也能消除被考评者心理上不必要的压力。但有时也会受主管领导的疏忽、偏见、感情等主观因素的影响而产生考评偏差。

（2）自我考评。指被考评者本人对自己的工作实绩和行为表现所作的评价。这种方式透明度较高，有利于被考评者在平时自觉地按考评标准约束自己。但最大的问题是有"倾高"现象存在。

（3）同事考评。指同事间互相考评。这种方式体现了考评的民主性，但考评结果往往受被考评者的人际关系的影响。

（4）下属考评。指下属员工对他们的直接主管领导的考评。一般选择一些有代表性的员工，用比较直接的方法，如直接打分法等进行考评，考评结果可以公开或不公开。

（5）顾客考评。许多企业把顾客也纳入员工绩效考评体系中。在一定情况下，顾客常常是唯一能够在工作现场观察员工绩效的人，此时，他们就成了最好的绩效信息来源。

3. 按考评结果的表现形式分类

按考评结果的表现形式的不同，可分为定性考评与定量考评。

（1）定性考评的结果表现为对某人工作评价的文字描述，或对员工之间评价高低的相对次序以优、良、中、及、差等形式表示；

（2）定量考评的结果则以分值或系数等数量形式表示。

专栏7-3

360度绩效评估法

360度绩效评估法，又称为全方位考核法，360度考核法是常见的绩效考核方法之一，其特点是评价维度多元化（通常是4或4个以上），适用于对中层以上的人员进行考核。360度考核法最早由英特尔公司提出并加以实施运用。该方法是指通过员工自己、上司、同事、下属、顾客等不同主体来了解其工作绩效，评论知晓各方面的意见，清楚自己的长处和短处，来达到提高自己的目的。由爱德华和埃文等在20世纪80年代提出，后经1993年美国《华尔街时报》与《财富》杂志引用后，开始得到广泛关注与应用。它是一种从不同角度获取组织成员工作行为表现的观察资料，然后对获得的资料进行分析评估的方法，它包括来自上级、同事、下属及客户的评价，同时也包括被评者自己的评价。这种方法的优点是比较全面地进行评估，易于做出比较公正的评价，同时通过反馈可以促进工作能力，也有利于团队建设和沟通。它的缺点是因为来自各方面的评估，工作量比较大；也可能存在非正式组织，影响评价的公正性；还需要员工有一定的知识参与评估。

员工如果想知道别人对自己是怎么评价的，自己的感觉跟别人的评价是否一致，就可以主动提出来作一个360度考核。当然这种考核并不是每个员工都必须做的，一般是针对工作时间较长的员工和骨干员工。

360度考核法共分跟被考核员工有联系的上级、同级、下级、服务的客户这四组，每组至少选择6个人。然后公司用外部的顾问公司来作分析，写出报告交给被考核人。

考核的内容主要是跟公司的价值观有关的各项内容。四组人员根据对被考核人的了解来看他符合不符合价值观的相关内容，除了画圈外，再给出被考核人三项最强的方面。分析表是很细的，对每一项，同级、上级、下级、服务的客户都会有不同的评价，

> 通过这些由专门的顾问公司分析得到对被考核人的评价结果。被考核人如果发现在任一点上有的组比同级给的评价较低,他都可以找到这个组的几个人进行沟通,提出"希望帮助我",大家敞开交换意见。这就能起到帮助员工提高绩效的作用。
>
> 　　设计出360度,是为了避免在考核中出现人为因素的影响。这种考核是背对背的,但也只是一种方式,最终结果重在自己的提高。

　　(二) 绩效考核的方法

1. 图尺度考核法

　　这是最简单和运用最普遍的绩效考核技术之一,一般采用对图尺度表填写打分的形式进行。

2. 交替排序法

　　这是一种较为常用的排序考核法。其原理是:在群体中挑选出最好的或者最差的绩效表现者,较之于对其绩效进行绝对考核要简单易行得多。因此,交替排序的操作方法就是分别挑选排列的"最好的"与"最差的",然后挑选出"第二好的"与"第二差的",这样依次进行,直到将所有的被考核人员排列完为止,从而以优劣排序作为绩效考核的结果。交替排序在操作时也可以使用绩效排序表。

3. 配对比较法

　　这是一种更为细致的通过排序来考核绩效水平的方法,它的特点是对每一个考核要素都要进行人员间的两两比较和排序,使得在每一个考核要素下,每一个人都和其他所有人进行比较,所有被考核者在每一个要素下都能获得充分的排序。

4. 强制分布法

　　这是在考核进行之前就设定好绩效水平的分布比例,然后将员工的考核结果安排到分布结构里去。

5. 关键事件法

　　这是一种通过员工的关键行为和行为结果来对其绩效水平进行绩效考核的方法,一般由主管人员将其下属员工在工作中表现出来的非常优秀的行为事件或者非常糟糕的行为事件记录下来,然后在考核时点上(每季度,或者每半年)与该员工进行一次面谈,根据记录共同讨论来对其绩效水平做出考核。

6. 行为锚定等级考核法

　　这是基于对被考核者的工作行为进行观察、考核,从而评定绩效水平的方法。

7. 目标管理法

　　目标管理法是现代更多采用的方法,管理者通常很强调利润、销售额和成本这些能带来成果的结果指标。在目标管理法下,每个员工都确定若干具体的指标,这些指标是其工作成功开展的关键目标,它们的完成情况可以作为评价员工的依据。

专栏 7-4

平衡计分卡

平衡计分卡是从财务、客户、内部运营、学习与成长四个角度，将组织的战略落实为可操作的衡量指标和目标值的一种新型绩效管理体系。设计平衡计分卡的目的就是要建立"实现战略制导"的绩效管理系统，从而保证企业战略得到有效的执行。因此，人们通常称平衡计分卡是加强企业战略执行力的最有效的战略管理工具。平衡计分卡能有效解决制定战略和实施战略脱节的问题，堵住了"执行漏斗"。平衡计分卡系统包括战略地图、平衡计分卡以及个人计分卡、指标卡、行动方案、绩效考核量表。在直观的图表及职能卡片的展示下，抽象而概括性的部门职责、工作任务与承接关系等，显得层次分明、量化清晰、简单明了。

Robert Kaplan 与 David Norton 研究的结论《平衡计分卡：驱动绩效的量度》发表在 1992 年《哈佛商业评论》1 月与 2 月号上，基本上，平衡计分卡强调，传统的财务会计模式只能衡量过去发生的事项（落后的结果因素），但无法评估企业前瞻性的投资（领先的驱动因素），因此，必须改用一个将组织的愿景转变为一组由四项观点组成的绩效指标架构来评价组织的绩效。此四项指标分别是：财务（Financial）、客户（Customer）、内部运营（Internal Business Processes）、学习与成长（Learning and Growth）。

凭借着对这四项指标的衡量，组织能以明确和严谨的手法来诠释其策略，它一方面保留了过去传统的衡量绩效的财务指标，另一方面兼顾了促成财务目标的绩效因素之衡量；在支持组织追求业绩之余，也监督组织的行为，兼顾学习与成长指标，并且通过一连串的互动因果关系，把产出（Outcome）和绩效驱动因素（Performance Driver）串联起来，以衡量指标与其量度作为语言，把组织的使命和策略转变为一套前后连贯的系统绩效考核量度，把复杂而笼统的概念转化为精确的目标，借以寻求财务与非财务的衡量之间、短期与长期的目标之间、落后的与领先的指标之间，以及外部与内部绩效之间的平衡。

专栏 7-5

关键绩效指标

关键绩效指标（KPI：Key Performance Indicator）是通过对组织内部流程的输入端、输出端的关键参数进行设置、取样、计算、分析，衡量流程绩效的一种目标式量化管理指标，是把企业的战略目标分解为可操作的工作目标的工具，是企业绩效管理的基础。KPI 可以使部门主管明确部门的主要责任，并以此为基础，明确部门人员的业绩衡量指标。建立明确的切实可行的 KPI 体系，是做好绩效管理的关键。关键绩效指标是用于衡量工作人员工作绩效表现的量化指标，是绩效计划的重要组成部分。

KPI 法符合一个重要的管理原理"二八原理"。在一个企业的价值创造过程中，存在着"80/20"的规律，即20%的骨干人员创造企业80%的价值；而且在每一位员工身上"二八原理"同样适用，即80%的工作任务是由20%的关键行为完成的。因此，必须抓住20%的关键行为，对之进行分析和衡量，这样就能抓住业绩评价的重心。

建立 KPI 指标的要点在于流程性、计划性和系统性。

首先明确企业的战略目标，并在企业会议上利用头脑风暴法和鱼骨分析法找出企业的业务重点，也就是企业价值评估的重点。然后，再用头脑风暴法找出这些关键业务领域的关键业绩指标（KPI），即企业级 KPI。

接下来，各部门的主管需要依据企业级 KPI 建立部门级 KPI，并对相应部门的 KPI 进行分解，确定相关的要素目标，分析绩效驱动因数（技术、组织、人），确定实现目标的工作流程，分解出各部门级的 KPI，以便确定评价指标体系。

然后，各部门的主管和部门的 KPI 人员一起再将 KPI 进一步细分，分解为更细的 KPI 及各职位的业绩衡量指标。这些业绩衡量指标就是考核员工的要素和依据。这种对 KPI 体系的建立和测评过程本身，就是统一全体员工朝着企业战略目标努力的过程，也必将对各部门管理者的绩效管理工作起到很大的促进作用。

指标体系确立之后，还需要设定评价标准。一般来说，指标指的是从哪些方面衡量或评价工作，解决"评价什么"的问题；而标准指的是在各个指标上分别应该达到什么样的水平，解决"被评价者怎样做、做多少"的问题。

最后，必须对关键绩效指标进行审核。比如，审核这样的一些问题：多个评价者对同一个绩效指标进行评价，结果是否能取得一致？这些指标的总和是否可以解释被评估者80%以上的工作目标？跟踪和监控这些关键绩效指标是否可以操作？等等。审核主要是为了确保这些关键绩效指标能够全面、客观地反映被评价对象的绩效，而且易于操作。

每一个职位都影响某项业务流程的一个过程，或影响过程中的某个点。在订立目标及进行绩效考核时，应考虑职位的任职者是否能控制该指标的结果，如果任职者不能控制，则该项指标就不能作为任职者的业绩衡量指标。比如，跨部门的指标就不能作为基层员工的考核指标，而应作为部门主管或更高层主管的考核指标。

（三）绩效考核的误差

1. 考评指标理解误差

这是指由于考评人对考评指标的理解有差异而造成的误差。同样是"优、良、合格、不合格"等标准，但不同的考评人对这些标准的理解会有偏差，同样一个员工，对于某项相同的工作，甲考评人可能会选"良"，乙考评人可能会选"合格"。要避免这种误差，可以通过以下三种措施来进行：

（1）修改考评内容，让考评内容更加明晰，使能够量化的尽可能量化。这样可以让考评人更加准确地进行考评；

（2）避免让不同的考评人对相同职务的员工进行考评，尽可能让同一名考评人进行考评，员工之间的考评结果就具有了可比性；

（3）避免对不同职务的员工考评结果进行比较，因为不同职务的考评人不同，所以不同职务之间的比较可靠性较差。

2. 光环效应误差

当一个人有一个显著的优点的时候，人们会误以为他在其他方面也有同样的优点，这就是光环效应。在考评中也是如此，比如，被考评人工作非常积极主动，考评人可能会误以为他的工作业绩也非常优秀，从而给被考评人较高的评价。在进行考评时，被考评人应该将所有考评人的同一项考评内容同时考评，而不要以人为单位进行考评，这样可以有效地防止光环效应。

3. 趋中误差

考评人倾向于将被考评人的考评结果放置在中间的位置，就会产生趋中误差。这主要是由于考评人害怕承担责任或对被考评人不熟悉所造成的。在考评前，应对考评人员进行必要的绩效考评培训，消除考评人的后顾之忧，同时避免让对被考评人不熟悉的考评人进行考评，可以有效地防止趋中误差。

4. 近期误差

由于人们对最近发生的事情记忆深刻，而对以前发生的事情印象浅显，所以容易产生近期误差。考评人往往会用被考评人近一个月的表现来评判一个季度的表现，从而产生误差。消除近期误差的最好方法是考评人每月进行一次当月考评记录，在每季度进行正式的考评时，参考月度考评记录来得出正确的考评结果。

5. 个人偏见误差

考评人喜欢或不喜欢（熟悉或不熟悉）被考评人，都会对被考评人的考评结果产生影响。考评人往往会给自己喜欢（或熟悉）的人较高的评价，而对自己不喜欢（或不熟悉）的人给予较低的评价，这就是个人偏见误差。采取小组评价或员工互评的方法可以有效地防止个人偏见误差。

6. 压力误差

当考评人了解到本次考评的结果会与被考评人的薪酬或职务变更有直接的关系，或者惧怕在考评沟通时受到被考评人的责难，鉴于上述压力，考评人可能会做出偏高的考评。要解决压力误差，一方面，要注意对考评结果的用途进行保密；另一方面，在考评培训时让考评人掌握考评沟通的技巧。如果考评人不适合进行考评沟通，可以让人力资源部门代为进行。

7. 完美主义误差

考评人可能是一位完美主义者，他往往放大被考评人的缺点，从而对被考评人进行较低的评价，造成完美主义误差。要解决该误差，首先要向考评人讲明考评的原则和方法，另外可以增加员工自评，与考评人考评进行比较。如果差异过大，应该对该项考评进行认真分析，看是否出现了完美主义误差。

8. 自我比较误差

考评人不自觉地将被考评人与自己进行比较，以自己作为衡量被考评人的标准，这样就会产生自我比较误差。解决办法是将考核内容和考核标准细化和明确，并要求考评人严格按照考评要求进行考评。

9. 盲点误差

考评人由于自己有某种缺点，而无法看出被考评人也有同样的缺点，这就造成了盲点误差。盲点误差的解决方法和自我比较误差的解决方法相同。

本章案例研究

贝尔—阿尔卡特激励从不满意开始

贝尔—阿尔卡特是一家从事通信设备制造的企业，在员工构成上，不超过32岁的青年员工约占员工总数的76.3%，员工具有本科及本科以上学历的约占57.3%。这样的年龄结构和受教育水平比较能代表当前我国IT企业的现状。为了对员工进行有效激励，专家通过分析调查数据，得出影响该公司员工积极性的主要原因，并提出从考核、激励和培训三个环节入手解决问题。相信通过对这一案例进行分析，会给我国IT企业在员工激励方面以借鉴。

一、调查影响员工积极性的主要因素

根据对贝尔—阿尔卡特公司针对公司成员的考核制度的调查显示，员工表示满意的为32.5%，而表示不满意的为67.5%。不满意的主要原因是：考核评估的指标体系不够科学、考核评估过于主观、考核过程走过场、考核不定期等。89.4%的员工认为对公司内不同的员工应采用不同的考核方法和指标体系。

在企业高速发展的过程中，容易发生对员工行为绩效进行有效评价滞后的现象，这必然会影响员工的积极性。如对公司目前的奖励措施表示不满的高达77.2%，这主要是因为奖励的金额太小、次数太少，未能体现出多劳多得。

工资待遇是激励制度中最基本的保健要素。而该公司员工表示不满意的达77.9%，说明工资不能反映自己的工作能力水平。该公司的工资水平低于同行业其他公司，对于薪资的提升，过分看重学历、工龄，较少考虑工作绩效，不能激发员工的积极性，反而让员工牢骚满腹。另外，很多员工并不清楚自己的工资结构，且对公司的福利制度表示非常不满。

在公司环境和吸引力方面，大多数员工都是较为满意的，因为他们认为能够学到许多知识，工作关系融洽。但在对公司战略目标的调查中，多数员工表示不清楚。

通过以上调查可以发现，影响员工积极性的主要因素有：考核制度不健全、奖励制度不完善、员工缺乏再培训、缺乏对公司广泛的认同感。

二、解决方案

（一）在考核制度设计方面

公平、公正地对员工进行考核，根据员工贡献大小决定其职位等级和待遇。需重点解决两个问题：一是明确考核对象；二是确定考核内容和依据的标准。根据公司的情况，考核对象为公司的员工、部门和项目。对人员的考核包括二级经理、三级经理、技术人员、销售人员和管理人员。

以二级经理的考核为例，由于他的主要职责是使本部门高效有序地运转，因此其考核标准侧重于整个部门的工作绩效、组织协调能力、开拓能力、工作责任心和公正廉洁等。对他的考核采用360度绩效考评法，除自述外，还要接受上级领导、同事及下属员工的打分，最终由人力资源部门进行综合评定。

部门考核在年底进行,对不同部门设计不同的指标和权重,由部门经理自评、人力资源部门给出意见,公司主管领导根据部门业绩并结合其他打分给出最终的分数。对项目的考核则要以项目质量、完成时间及用户满意度等为指标进行最终打分。

(二) 在激励制度设计方面

1. 奖励制度的设计

奖励制度的设计要考虑以下几个方面:奖励的价值和数量、奖励的时间、奖励的公平性及员工的偏好。一般来说,公司对于有出色业绩的员工给予及时的奖励,形式包括加薪、奖金和福利待遇等。

企业通常根据考核结果确定加薪名单。获得职位提升的员工,若其工资未到提升新职位后的最低工资等级的,应加薪。处于原职位最高工资等级的员工,就要提升职位并给予加薪。奖金的设计包括销售奖、经理奖和购房基金奖。同时为了培养员工的团队精神,设立部门奖,奖励依据为部门考核部分。

在福利制度上,设立健康安全类、日常服务类、带薪休假类和住房类四类福利项目。健康安全类主要指社会养老保险、社会医疗保险、失业保险、工伤保险和生育保险等;日常服务类包括法定节假日和年度休假两部分,按职位等级增加;住房类包括住房公积金、住房补贴和住房补偿款。

2. 职位系列设计

为避免晋升途径单一化,晋升采用行政管理职位系列和专业技术职位系列。其中,行政管理职位序列设计七个等级,由低到高依次为:初级职员、中级职员、高级职员、主任、三级经理、二级经理和一级经理。每级享受相对应的待遇,如初级员工享受1~3级待遇,二级经理享受8~9级待遇。基层员工外部招聘,经理层主要由内部晋升或董事会提名产生。

技术职位序列为六个级别,从低到高依次为:职业技师、助理职业工程师、三级职业工程师、一级职业工程师和专家。各级别有对应的福利待遇,到年终根据考核的结果进行相应的职位晋升或奖励。

(三) 在培训制度设计方面

公司成立专门的培训部门,根据调查和分析结果对项目管理人员和营销人员从知识技能、基本素质和能力三个方面进行培训。知识技能包括公司概况、产品知识、客户服务、英语技能等通用知识;项目人员应掌握的专业知识包括管理基础、计划控制、工作流程管理等,营销人员应掌握的专业知识包括市场研究与调查、营销策略、价格策略等。培训方式多种多样,如专题讲座、案例分析、经验分享会等。

[讨论题]

试对贝尔—阿尔卡特公司的薪酬激励方案进行分析与评价。

本章小结

激励薪酬也叫可变薪酬或绩效薪酬,是指员工在达到了某个具体目标或绩效水准或创造了某种盈利后所增加的薪酬收入部分,它是以员工、团队或者组织的短期或长期绩效为依据而支付给员工个人或团体的薪酬。

激励薪酬从时间角度划分为长期激励薪酬和短期激励薪酬,从激励对象角度划分为个体激励薪酬和群体激励薪酬。其中，短期激励薪酬包括绩效加薪、月度/季度浮动薪酬、一次性奖金；长期激励薪酬包括以现股计划、期股计划、期权计划为主的长期股权计划和以项目现金计划等为主的长期现金计划，但现在长期现金计划已被多数企业抛弃。另外，个人激励薪酬包含计件工资、差额计件工资和标准工时等。群体激励薪酬包括：收益分享计划、利润分享计划、成功分享计划等。

常见的激励理论有需要层次理论、双因素理论、期望理论、公平理论、委托—代理理论等。

绩效考核是针对企业中每个职工所承担的工作，应用各种科学的定性和定量的方法，对职工行为的实际效果及其对企业的贡献或价值进行考核和评价。

按照绩效考核的时间，可以分为定期考核与不定期考核；按考核的内容，可分为特征导向型、行为导向型、结果导向型；按主观和客观，将绩效考核分为客观考核方法和主观考核方法。

绩效考评按考评时间不同，可分为日常考评与定期考评。日常考评。指对被考评者的出勤情况、产量和质量实绩、平时的工作行为所作的经常性考评；定期考评。指按照一定的固定周期所进行的考评，如年度考评、季度考评等。按考评主体的不同，可分为主管考评、自我考评、同事考评、下属考评和顾客考评。

绩效考核按照考评结果的表现形式不同，可分为定性考评与定量考评。定性考评的结果表现为对某人工作评价的文字描述，或对员工之间评价高低的相对次序以优、良、中、及、差等形式表示；定量考评的结果则以分值或系数等数量形式表示。

绩效考核的方法主要有图尺度考核法、交替排序法、配对比较法、强制分布法、关键事件法、行为锚定等级考核法、目标管理法。

复习思考题

1. 什么是激励薪酬？其特点是什么？
2. 激励薪酬的类型有哪些？
3. 实施激励薪酬的目的是什么？
4. 激励薪酬的原理有哪些？可得到哪些启示？
5. 个体激励薪酬有哪些类型？
6. 群体激励薪酬有哪些类型？
7. 长期激励薪酬有哪些类型？
8. 短期激励薪酬有哪些类型？
9. 激励薪酬设计的步骤如何？
10. 实施激励薪酬应注意哪些问题？
11. 绩效考核的种类有哪些？
12. 绩效考核的方法有哪些？

第八章

特殊人员薪酬管理策略

本章内容提要
1. 管理人员的薪酬管理。
2. 销售人员的薪酬管理。
3. 专业技术人员的薪酬管理。
4. 外派员工的薪酬管理。

引导案例

A 公司的特殊人员薪酬管理战略

A 公司主要从事维修服务、配件销售等业务,下设有一家小型租赁分公司,从事工程机械的租赁业务。按照业务类型,公司可以分为四个部门:项目部、修理厂(大修厂)、贸易公司和租赁公司。项目部是针对钢铁厂的一些外包服务而设立的,服务于数家钢铁厂。贸易公司的业务主要分为两个方面:一是为公司发标书、竞标以及与投标现场对接,二是在市区以及外地进行采购。租赁公司主要从事租赁工程设备方面的业务,负责提供设备和操作手。

随着近几年企业经营走上轨道,业务量逐渐扩大,公司内部人员管理的问题逐渐凸显。尤其是公司涉及的业务类型较多,关联度不大,各业务部内部的人员结构、管理要求不同,使得建设合理薪酬体系的难度加大。

一、现状问题

通过与 A 公司沟通,调查人员发现公司在规范化管理方面存在着很大的问题,具体可以总结如下:

1. 行业特殊性决定技术人员的培养和储备难度较大

A 公司维修业务(包括项目部和大修厂)虽不是收入主体,但却是规模主体,需要的员工最多,对技术性人才培养和储备的要求较高。A 公司维修业务的员工属于技术工人,该类型人才培养的特点是时间长、难度大,并且维修类技术工人的社会存量较少,在行业间人才需求竞争较大。

2. 员工满意度较低，难以留住核心人才

该公司的绩效考核体系不明确，薪酬制度不合理。对于一线工人以及普通管理人员，并没有按照工作量和工作难度来制定合理的薪酬体系，缺乏一个合理的、量化的指标。导致员工满意度下降，员工为追求更高工资选择跳槽。

3. 岗位说明不明确，工作安排随意性较大

例如，在工作内容上，A公司并没有明确、具体地规定员工的工作内容，只是自然地让技术高的员工干高技术的工作，让技术低的员工干低技术的工作。

4. 劳动合同制度不规范，存在人才流失的隐患

例如，租赁公司操作手与A公司之间没有固定的正式劳务合同关系，人员比较松散，不固定。

总的来说，A公司在薪酬方面安排随意性较大，存在着人才流失的隐患，只有建立合理、规范、可量化、令人信服的制度，才可以大幅度提高员工的满意度，保持公司人员的稳定性。

A公司在完善制度方面会面临较大的变动，对于公司来说，这是一件大事，一定要周详考虑，尽量避免引起员工的反感和抵制，对任何人员在薪酬、岗位上的变动都要谨慎安排。

二、解决方案

1. 人员定岗定编，签订劳务合同，留住技术员工

维修业务是公司重要的利润来源，要确保公司的稳定收入和良好发展，首要的是设法留住维修技术人员。为实现有效留住维修技术人才的目的，企业可从以下两方面入手：

（1）通过人员定岗定编，明确各岗位的职责和具体人员安排，从而提高工作效率；

（2）通过与技术人才签订劳务合同，与技术人员建立长期的劳动关系，一方面能确保人员稳定，另一方面对于员工以及公司的权利义务也都有合同可依，有利于规范管理。

2. 理顺组织架构，形成员工梯队

对员工层级应根据其技术水平、工作经验、工作难度与工作量，分为不同的梯队，在对员工的管理上，根据不同的梯队设定不同的制度和考核指标，这样，有利于组织的优化和员工的考核。

3. 建立科学、规范的绩效考核制度

合理的绩效考核制度可以对员工形成有效的激励机制，使得员工能够自觉提高工作效率、完成任务。绩效考核指标的选取必须与工作量、工作难度、工作积极性、工作成果等联系起来，并且公平、科学、可量化、可操作，能够留住人才。

4. 建立问责机制，部门业绩与经理薪资挂钩

建立明确的问责机制、清晰的权责关系，使得各项工作能够明确责任人，确保工作质量，提高工作效率，防止和减少过错。同时将奖惩机制和问责机制联系起来，能够更加完善企业的组织管理。

[讨论题]

如何根据各群体人员工作的特性来分析他们各不相同的薪酬管理策略。

薪酬实际上是企业与员工之间的一种经济契约。当员工的工作满足企业发展的要求时，

企业就会给员工相应的回报，并给予适当的激励。从理论上来说，每位员工的绩效都有差异，因此他们应该得到各不相同的薪酬作为回报，但这种理论上的公平很难实现。在现实中，我们通常认为员工可以依据其专业分工的不同及岗位内容等特性划分为几个大类，尤其是那些对企业的发展起着至关重要作用的员工，我们将它们称为特殊人员。特殊人员主要包含：管理人员、销售人员、专业技术人员、外派员工四大类。如何给予特殊人员合适的薪酬，激发他们工作的积极性，这是薪酬管理必须解决的一大问题。

第一节 管理人员的薪酬管理

一、管理人员的概念和分类

（一）管理人员的概念

管理人员通常是指中、基层管理人员，也就是在企业中从事中层、基础管理工作的管理人员，他们往往在其中起到一个承上启下的作用。也正是由于他们处于这样一个特殊的地位，因此在现代很多企业也开始关注应该怎样对其进行人力资源的管理。

管理者是管理行为过程的主体，管理者一般由拥有相应的权力和责任，具有一定管理能力，从事现实管理活动的人或人群组成。管理者及其管理技能在组织管理活动中起决定性作用。管理者通过协调和监视其他人的工作来完成组织活动中的目标。

（二）管理人员的分类

一般来讲，企业中的管理者通常分为三个不同的等级：高层管理人员、中层管理人员与基层管理人员。高层管理人员是指对整个组织的管理负有全面责任的人，他们的主要职责是制定组织的总目标、总战略，掌握组织的大政方针，并评价整个组织的绩效。中层管理人员是指处于高层管理人员和基层管理人员之间的一个或若干个中间层次的管理人员，他们的主要职责是，贯彻执行高层管理人员所制定的重大决策，监督和协调基层管理人员的工作。相对于高层管理人员与中层管理人员而言，在一个单位，基层管理人员通常是指在生产、教学、科研一线，承担管理任务的人员。基层劳动纪律的管理，是基层管理人员最重要的日常管理工作。高层管理者就是企业的经营者。

二、管理人员的薪酬要求

企业中的管理者通常通过对企业内部活动的监督与指导来实现企业的经营计划和目标。基层管理者有很大的职位晋升空间，在其薪酬的管理上也应该更加关注短期绩效的激励。而中层管理者的晋升空间相对小于基层管理者，因此在薪酬设计时应该相应提高绩效薪酬在其薪酬构成中的比例。

（一）在企业中对管理人员的薪酬主要有以下几个要求

（1）企业中管理者的基本工资需求要高于企业普通的员工。这些人员对于薪酬有明显的高标准，由于他们在企业的身份和地位，导致他们对自己和对自己参与的工作更加有信心，与此同时他们追求更高的权力和更大的自我实现，他们还能对自己追求高薪的行为加以理性的控制。

(2) 企业中层管理人员薪酬的制定要和其经济利益和绩效相互联系，才能提高每个部门的绩效，乃至扩大到整个企业的绩效，通过相关的奖金设定的激励可以增强企业中层管理人员管理的部门的协作。此外，除了高薪之外，他们还对于企业环境和个人发展等方面有着特殊的要求，同时他们还要求有多种的培训和提高机会，所以企业要为他们设计多种培训方案以实现他们的要求。

(二) 要真正设计好管理人员的薪酬内容，需从以下几个方面入手

(1) 对岗位相关职责进行确定。对于行政序列、技术序列和生产序列等的岗位确定要建立在明确的职务等级序列之上，同时还要规范各个岗位的相关设置，把岗位设置和规范的职务序列相结合，在岗位上体现职务等级，这样就可以对每个经营人员的相关岗位进行全面的工作分析，以明确其职责和资格。

(2) 在岗位职责明确的基础之上，企业要对每个管理岗位进行工作分析，以组织内管理岗位的特点为研究对象，进行工作职责、任务、要求、环境等信息的收集和整理，确定工作的任务和资格。

(3) 人力资源部门要进行薪酬市场的调查和确定。对于企业管理人员，我们要对相关类型企业和相关岗位进行研究和分析，确定他们的流向，这样的调查和研究不仅包括薪酬增长情况的分析和薪酬结构对比等因素，同时还要对薪酬数据、奖金和福利等情况进行掌握，这样才能保证企业经营人员不会跳槽。

(4) 企业管理人员的区别薪酬体系指的是要在同一职级之上对于薪酬进行确定。我们既要满足工资起伏不大的要求，同时还要进行同级同酬结构的确保工作。区别薪酬体系建立的基础是绩效工资，绩效工资的发放可以按照岗位工资的相关比例情况进行，有奖有罚，实现长效的考核与激励体系。

(5) 对于管理人员我们还要提供培训、拓展、进修等机会，这些作为隐形福利会深受管理者的喜爱，同时还满足了他们实现自我价值的需要。这样一来，企业和员工实现共赢，企业的管理人员流动程度将会降低，给企业发展带来内动力。

三、管理人员的薪酬制度

(一) 高层管理者的薪酬制度

经营者[①]薪酬计划是指公司对经营者的薪金、奖酬及其相关事宜做出的制度安排，是经营者激励机制在物质上的具体体现，包括薪酬构成、计量依据、支付标准、支付方式等基本内容。作为企业组织结构的最高层管理者，经营者的比例往往很低，甚至不到员工总数的1%。他们密切关注企业面临的外部环境，为达到企业的战略经营目标努力获取各种外部资源。经营者往往掌控着组织的整体经营状况，并担负着企业发展的责任。

下面我们以中百集团的薪酬管理办法为例详细分析企业经营者的薪酬管理策略。

---

① 此处经营者特指高层管理者。

专栏 8-1

中百集团经营者薪酬管理办法

(2017 年 5 月制定)

根据公司控股股东武汉商联(集团)股份有限公司《关于上市公司经营者薪酬管理的指导意见》,为进一步完善公司经营者的激励约束与监督机制,科学、准确地评价公司经营成果和经营管理人员的业绩贡献,调动其积极性和创造性,现制定以下薪酬管理办法:

一、适用范围

公司经营者系指在公司支取薪酬的高级管理人员,包括董事长、总经理和其他高级管理人员。市场化选聘的高级管理人员,其薪酬由公司董事会根据市场化薪酬水平合理确定。

二、实施原则

公司经营者的经营业绩评价,遵循年度评价与任期评价相结合、结果评价与过程评价相结合、评价结果与激励约束机制相结合的原则。

三、薪酬管理及兑现方式

(一) 薪酬构成

董事长年度薪酬由基薪和绩效年薪构成,计算公式如下:

$$董事长年度薪酬 = 基薪 + 绩效年薪$$

1. 基薪

这是指企业董事长的年度基本收入,由公司根据历史薪酬水平、同类上市公司高级管理人员薪酬水平、武汉市上年岗位平均工资水平等因素确定,按月发放。

2. 绩效年薪

这是指与董事长年度考核评价结果相联系的收入,体现经营者业绩水平,根据绩效年薪基数和企业年度综合评价得分确定。

(1) 绩效年薪在考核当期发放 70%,30% 延期兑付。

(2) 绩效年薪可按月预支绩效年薪基数 70% 中的 30%。

3. 延期兑付

延期绩效年薪在经营者任期届满或离任时,根据审计结果予以兑现。延期兑付薪酬可在公司实施股权激励时作为资金来源之一。

(二) 绩效年薪

(1) 绩效年薪 = 绩效年薪基数 × 年度综合评价得分/100。

(2) 绩效年薪基数为考核前两个年度的实际发放绩效年薪的平均值。

(3) 年度综合评价得分 = 定量指标得分 × 业绩评价系数 + 定性指标得分 + 加分指标得分 - 扣分指标得分。

(4) 业绩评价系数根据企业营业收入、利润总额、人均利润总额等因素综合确定,三项指标权重分别为 30%、40%、30%。

①业绩评价系数计算公式：

业绩评价系数 = 本年度实际完成营业收入/上年度实际完成营业收入×30% +
本年度实际完成利润总额/上年度实际完成利润总额×40% +
本年度实际完成人均利润总额/上年度实际完成人均利润总额×30%

②业绩评价系数校正。

本年度实际完成的利润总额、人均利润总额中某项指标为负值时，对应的业绩评价系数为0；在计算当年业绩评价系数时，上年度实际完成利润总额指标低于5000万元时，按5000万元计算，上年度实际完成人均利润总额指标低于0.5万元时，按0.5万元计算，且相对应的业绩评价系数不超过0.8。

（三）分配系数

董事长年度薪酬分配系数为1，其他经营者分配系数取值区间为0.4~0.9。其他经营者分配系数的确定：公司建立岗位评估和业绩评价体系，根据经营者岗位职责、风险和贡献确定分配系数，合理拉开薪酬差距。

四、经营业绩指标评价体系及评价方式

（一）年度经营业绩评价指标

年度经营评价指标分为定量指标、定性指标、加分指标、扣分指标四大类。

1. 定量指标

包括但不限于规模销售、营业收入、利润总额、净资产收益率、每股经营活动产生的现金流量净额等指标。

（1）利润总额是指经审计、核定后的企业合并报表利润总额。对于企业利润总额中的非经常性损益，原则上应予以剔除。

（2）净资产收益率是指企业经核定的归属于母公司所有者的净利润与平均归属于母公司所有者权益的比率。

净资产收益率 = 归属于母公司所有者的净利润/[（年初归属于母公司所有者权益 + 年末归属于母公司所有者权益）÷2］×100%

2. 定性指标

围绕公司战略目标实现应采取的各项举措，包括但不限于企业重点业务落实、报告备案执行情况、党建工作。

3. 加分指标

包括但不限于经济增加值等指标。经济增加值是指企业税后净营业利润减去资本成本后的余额。

4. 扣分指标

包括但不限于预算管理出现重大偏差、安全生产出现责任事故等工作。

（二）年度经营目标的确定

1. 定量指标目标值原则上应大于或等于基准值

基准值为上年实际完成值和前三年平均完成值中的较高值。

若公司对外信息披露中有明确业绩目标约定或承诺的，目标值以高者为确定原则。若公司对职业经理人有专项约定的，以与职业经理人签订的协议为准。

2. 公司每年应以书面形式明确当年的经营目标

定量指标、定性指标、加分指标、扣分指标的目标值及基本分值，由武汉商联（集团）股份有限公司（以下简称"武商联"）以《年度经营目标建议函》的方式向公司提出。

（三）年度经营业绩指标评价的计分办法

定量指标和定性指标满分分值100分，原则上定量指标权重系数为70%，定性指标权重系数为30%，该权重可根据企业所处发展阶段进行调整。

1. 定量指标评价计分办法

（1）完成目标值得基本分；

（2）相对值指标完成值与目标值进行比较，每增、减1个百分点，加、减该项指标基本分值的10%；

（3）绝对值指标完成值与目标值进行比较，每增、减1个百分点，加、减该项指标基本分值的1%。

（4）公司定量指标实际完成值超过目标值20%以上的部分不予加分。

2. 定性指标评价计分办法

定性指标按每项工作完成程度与目标要求进行比较，完成得基本分，部分完成按完成程度确定得分。

3. 单项指标扣分方法

以该项指标基本分值为限，扣完为止。

4. 加分指标评价计分办法

完成或超额完成目标值得基本分值，未完成目标值不加分。

5. 扣分指标评价计分办法

达到工作要求的不扣分，未达到要求的视情况予以扣分。

（四）经营目标值的调整

年度经营目标经公司董事会确定后原则上不作调整，但出现以下情况，经公司董事会审定通过后可酌情对考核指标适时进行调整：

（1）涉及对企业发展起导向性、重要性作用的原定考核指标值或相关条款，与实际情况明显不相适宜的。

（2）因国家法律法规和相关重大政策出台，以及企业增资、减资等因素，对考核指标值或相关条款的完成程度产生较大影响的。

五、特别奖励

经营者在企业转型、开拓创新、经营业绩等方面有突出贡献，可由公司提出申请，经公司核实提议，公司董事会审定，给予一定额度的特别奖励。

六、经营者薪酬的监督管理

（1）公司年报公布后的一个月内，根据年度审计及评价结果，公司向武商联提出薪酬兑付方案，武商联核实后提出薪酬兑付建议，经公司相关程序审议后计发。

（2）公司经营者年度薪酬为税前收入，应依法缴纳个人所得税，个人应缴住房公积金和社会保险费用，由公司从其基薪中代扣代缴。

（3）公司经营者岗位发生变动或达到法定退休年龄办理退休的，其当年绩效年薪按在岗时段计算。因本人违反劳动合同或公司规章制度被公司依法解除劳动合同的，不参与当年绩效年薪考核。

（4）公司经营者年度薪酬必须严格按经董事会审议通过的年度薪酬水平和分配系数发放，对超标准获取的薪酬收入责令追回，并追究相关人员责任。

公司经营者在所属企业任职的，可按所任职企业薪酬分配管理办法取酬，但不得多方取酬，且需向武商联备案说明。

（5）公司经营者年度薪酬计发后的30日内，应向武商联提交《薪酬发放备案报告》。

（6）公司经营者虚报、瞒报财务状况的，酌情扣发董事长及相关负责人当届任期年度的延期绩效年薪。

（7）公司经营者违反国家法律法规，或失职、渎职，导致重大决策失误，发生重大安全生产责任事故、重大质量事故和重大违纪违法事件，给公司造成不良影响或造成国有资产流失的，除由有关部门依法处理外，扣发当届任期全部延期绩效年薪、酌情扣发当年绩效年薪。

七、其他

（1）公司薪酬及考核委员会负责绩效考核及薪酬管理办法的制定、报批、实施等工作。

（2）按照公司法人治理结构的要求，绩效考核及薪酬管理办法，由公司董事会薪酬及考核委员会提交董事会予以审议，提交股东大会表决通过后实施。

（3）本薪酬管理办法从2016年度开始实施。

（二）基层管理人员的薪酬制度

企业在设计基层管理人员的薪酬结构时，以基本薪酬+绩效奖金+福利的模式为主，这也是一种通用的薪酬结构模式。对于三者之间的比例协调，应当视企业所处行业、地域和经济环境等情况来决定。

1. 基本薪酬

基层管理人员的基本薪酬水平除了要考虑当地的薪酬整体情况以及行业的竞争力外，主要根据管理者的工作年限、管理能力、管理幅度、管理难度、管理业绩和管理职责来确定。其比例一般占整体薪酬水平的60%左右，不反映员工的绩效完成情况。基本薪酬主要是对基层管理人员的生活起到一个保障的作用，而在激励员工方面的作用不是十分明显。

2. 绩效奖金

基层管理人员的绩效直接与其管理部门的产量增加、质量提高等工作完成情况相挂钩。基层管理人员的绩效奖金一定要反映其完成业绩的能力，以发挥奖金的激励作用，进一步提高业绩水平，同时还不能使基层管理人员与员工之间产生过大的差距，不利于管理者与员工之间距离的拉近，阻碍管理活动的进行。但是由于绩效奖金一般是和部门阶段性的业绩完成情况相关，虽然激励的作用明显，但是作用的周期并不是很长，所以还需要辅助其他形式的激励措施。

3. 福利待遇

对于基层管理人员来说，工作比较忙碌而单一，因此在考虑其福利计划时可以为其增加一些物质性的福利项目，例如在工作场所设置一些娱乐设施、健身设施等；或者开展一些团体性的活动，比如带薪年假的机会或者家庭旅游活动等。可以为其提供种类层次多种多样的"自助式的福利套餐"，由其根据自己的需求选择组合方式，决定自己的福利待遇。同时由于基层管理人员在工作时要时刻面对基层的员工，在履行管理职责时容易发生冲突，尤其是在被管理者素质较低时，有可能出现一些危及自身安全的情况。所以可以在基层管理人员的福利项目中增加一些保障性的福利，如人身伤害险等。企业还可以为基层管理人员提供一些培训学习、外出考察和交流的机会，在提高其管理技能的同时，也有利于其增加晋升机会。

这种通用的薪酬管理模式在使用上具有一定的优势：

（1）薪酬中固定工资与员工的管理能力和经验相联系，具有较好的保健功能，增加了员工的稳定感和安全感；

（2）绩效工资部分有效地激励员工完成工作目标，在稳定团队的同时最大限度地追求了企业整体绩效提升的平衡，具有明显的激励功能；

（3）员工福利比较灵活，可以满足员工对于物质之外的需求，有利于稳定员工，降低人员流失。

这些优势是这种管理模式广泛应用于基层管理人员薪酬结构的前提，但是需要注意的是，在实施这种薪酬结构前，一定要有一套相应的岗位评价体系作为薪酬水平确定的依据，同时岗位工资要灵活调整，适应市场不断提高的薪酬水平与生活水平。

管理人员的薪酬结构设计在众多的薪酬体系中比较复杂，因为位于不同管理序列的管理人员薪酬结构差别很大。基层管理人员是企业发展的中坚力量，一定要重视科学的薪酬结构对其积极工作的激励作用。华恒智信认为，薪酬结构比薪酬总额更重要，企业也只有合理设计基层管理人员的薪酬结构，才能更好地激发基层管理人员的工作积极性和主观能动性，从而为企业创造更多的利益。

（三）中层管理人员的薪酬制度

与基层管理人员的薪酬管理类似，中层管理人员的薪酬管理也主要由基本薪酬＋绩效奖金＋福利待遇构成。不同的是，由于中层管理人员的工作特性和职位要求的差异，在设计中层管理人员薪酬各部分的组成时，要更加注重长期绩效奖金在薪酬管理中的重要地位。

1. 基本薪酬

中层管理人员的基本薪酬水平除了受到企业规模、经营状况、其他员工的薪酬水平等因素的影响外，还受到企业层级结构的制约。因此，中层管理人员的基本薪酬通常要高于基层管理人员，但又低于高层管理者或者说是经营者的基本薪酬。

2. 绩效奖金

根据马斯洛需求层次理论及赫茨伯格的双因素理论可知，在通过基本薪酬满足员工物质生活的基本需求外，还必须通过适当的绩效奖金激励员工的工作积极性。与基层管理者不同的是，中层管理者的绩效奖金除短期奖金外，还应该注重长期激励。例如：适当数量的股权有助于激发中层管理者的工作积极性，并有效吸引中层管理者服务于企业，增强其忠诚度和使命感。

3. 福利与服务

由于中层管理人员在企业层级中的等级较高，因此在福利待遇的设计上可以给予中层管理人员优待。比如：除所有员工都有的节日福利外，在满足国家法律法规的基础上，中高层管理人员可以享受更长的带薪年假、全家免费出国旅游、国外学习深造等福利待遇。

第二节 销售人员的薪酬管理

一、销售人员的概念和特点

（一）销售人员的概念

在现代企业发展中，销售人员占有很重要的地位。企业要想扩大市场占有率，销售更多自己的产品，就需要销售人员为他们联系客户、创造市场。销售人员是指直接进行销售的人员，包括：总经理、业务经理、市场经理、区域经理、业务代表等。

（二）销售人员的分类

1. 根据销售职责分类

销售职责包括从最简单的到最复杂的所有销售活动，简单的销售活动只需要销售人员保持现有客户并接受客户的订单，创造性的销售活动则要求销售人员寻找潜在客户并使之成为企业的实际客户。根据销售职责可以把销售人员划分为五类：

（1）简单送货型销售人员，主要负责把客户已购买的产品发送给客户；

（2）简单接单型销售人员，主要负责把客户的订单转交给企业的生产部门；

（3）客户关系型销售人员，主要负责在客户中间建立起良好的声誉，使客户满意；

（4）技术型销售人员，主要负责向客户提供技术方面的服务，提高客户的忠诚度；

（5）创造型销售人员，主要负责寻找产品的潜在客户，并把他们转变为企业的实际客户。

2. 根据在商品流通链中的位置分类

按照销售人员在商品流通链中所处的位置分，可以将销售人员分为厂家销售人员和商家销售人员。

（1）厂家销售人员不直接面对消费者，而是面对商家，面对经销商，其主要工作内容是客户管理，是开发新客户和维护老客户，规范价格，维护市场。

（2）商家销售人员则直接面对顾客，进行店面管理和现场管理。

（三）销售人员的特点

销售人员作为企业员工中相对独立的一个群体，有以下明显的特点：

1. 工作难以监督

销售人员独立开展销售工作，工作时间自由，单独行动多。管理人员无法全面监督销售人员的行为，销售人员的工作绩效在很大程度上取决于销售人员愿意怎样付出劳动和钻研销售，很难用公式化的硬性规定来约束销售人员的行为，而用科学有效的绩效考核制度作为指导销售人员从事销售活动的指挥棒,能规范销售人员的行为,使销售人员全身心地投入到销售工作中,提高工作效率。

2. 工作业绩不稳定

销售人员的工作业绩受多方面因素的影响,例如社会政治环境、社会舆论、流行趋势、季节变化、消费者心理等都会影响客户的购买能力或购买需求,从而影响销售人员的工作业绩,从某种程度上说,销售人员的工作业绩具有不可控性,非常不稳定。

3. 对工作安定的需求不大

销售人员经常想到跳槽以改变自己的工作环境。他们也试图通过不断地跳槽来找到最适合自己的工作,从而使自己对未来的职业生涯有所规划。

二、销售人员薪酬的常见问题

薪酬是指个人获得的工资、奖金及以金钱或实物形式支付的劳动回报,一般与工作时间的长短有关。但销售人员有别于一般的管理人员和生产人员,因为他们的工作时间自由、开放度大,完全以市场为导向。很难以工作时间的长短进行计算。销售人员的薪酬是指销售人员用时间、努力、劳动来追求,企业愿意用来交换的一切事物。其主要目标在于指导公司的销售人员成功地向顾客销售产品并同顾客进行有效的交流。从本质意义上说,是对人力资源的成本与吸引和保持销售人员的需要之间进行权衡的结果。

(一)销售成果与业绩挂钩不足

企业由于未充分考虑如何将销售成果和销售业绩挂钩,导致设计的薪酬管理模式未能建立根据销售人员的销售业绩加以考核和奖励等合理机制,这样往往会挫伤销售人员的积极性。如果企业内部销售人员之间的销售业绩差距很大,而薪酬差距却不大,销售人员就会失去奋斗的动力,以至辞职而去,使企业失去那些非常优秀的销售人员。

(二)销售人员的薪酬缺乏公平

销售人员的薪酬缺乏公平主要表现在以下几方面:

1. 量化指标不合理

销售人员的薪酬政策只对易量化指标考核,这种业绩考核以及相应的薪酬制度在理论上是有显著缺陷的。仅对易量化指标进行的定量业绩考核的优点是便于操作,但因为有些难以定量化的非常重要的定性指标未纳入绩效考核体系,从而使销售人员的实际表现与考核的结果产生一定的背离。这些定性指标主要有顾客满意度、销售人员反馈信息的质量水平,等等。按现有的考核制度,在其他条件相同的情况下,一个年销售额高的销售人员比一个年销售额低的销售人员的业绩考评结果要好,从而收入也要更高,所以,这种考核方法的缺点是明的。可见,对销售人员的绩效考核应该采用定量指标与定性指标相结合的方法,对定量指标与定性指标予以分解,赋以权数,然后加权计算,评定绩效考核等级。当然,薪酬计算可能会更复杂而难以在实践中操作。因此,可以采用如下方法来简化薪酬的计算:销售额决定业绩提成,定性因素部分决定奖金额。

2. 销售定额不合理

在定额考核与非定额考核从定量的业绩考核的通常结果来看。定额考核比非定额考核要好。非定额考核未考虑销售区域、产品线、市场竞争的剧烈程度、宏观经济环境等具体情况,因而显失公平。但如果采用定额考核法,定额制定的合理化将是一个挑战。定额是一个综合了多种因素的结果,因而只能依靠历史数据估计加以测算。

3. 薪酬考核体系重视数量、忽视效率

薪酬考核体系重视数量、忽视效率,必然导致企业发展后劲不足。企业一定要实现从重视数量型经营到效率型经营的转变,而这种转变首先应从销售部门开始,实行效率导向型薪酬管理模式。在其他条件相同的假设下,销售额的多少与市场份额的大小、企业生产能力的利用率高低有一定关系,所以对销售额指标的关注是很自然的。薪酬考核体系的设计不仅要考虑销售定额指标,而且也要考虑利润率指标。

三、销售人员的薪酬要求

(一) 充分考虑销售人员薪酬的影响因素

1. 销售经验

销售经验的多寡对销售人员的销售业绩有着非常明显的影响。一个有着丰富销售经验的员工有可能为企业创造更多的销售额。因此,企业在招聘销售人员的时候一般都会优先聘用具有丰富销售经验的应聘者。任何一个销售人员在不同时期、在销售工作中的表现都是有差异的。有丰富销售经验的销售人员在大部分时间会表现得更出色,对于这种对企业贡献大的销售人员,其薪酬自然应该要更高,反之亦然。

2. 行业特点

对于一些需要拥有较高专业技术能力的销售人员的行业,其薪酬水平相对较高。如医药、IT行业的销售工作中包含了一定的技术支持。相比其他行业的销售人员,其岗位进入壁垒高,薪酬也应该提高。

3. 市场供求

销售人员的薪酬水平也受到劳动力市场供求状况的影响。在劳动力市场供不应求时,其薪酬水平会提高;反之,其薪酬水平会下降。一般而言,技术含量高的销售工作,以及高级销售管理人员在市场上较为稀缺,其薪酬水平较高,而普通的销售人员在市场上通常会供过于求,所以其薪酬水平一般较低。

(二) 实现销售人员薪酬的公平

根据亚当斯的公平理论可以认识到公平理论是客观存在的,但其实施过程却是一个相当复杂的问题。因此,在运用公平理论时要注意以下几个方面:即公平不是绝对的,它是相对的;要注意对销售人员的公平心理进行疏导,树立正确的公平观;企业应尽量做到公正,尽量减少销售人员严重的不公平感。薪酬是否公平合理,对销售人员的工作积极性和士气影响巨大。销售人员对薪酬的公平感,也就是对薪酬发放是否公正的认识和判断,是设计薪酬制度和进行薪酬管理时要考虑的首要因素。

企业销售人员薪酬公平的实现,应注意以下几个方面:

(1) 薪酬制度要有明确一致的原则作指导,并有统一的、可以说明的标准作为依据;

(2) 薪酬制度要有民主性和透明性。当销售人员能够了解和监督薪酬制度的制定和管理,

并能对薪酬制度的制定有一定的发言权时,就会减少猜疑和误解,不公平感也会显著降低;

(3) 企业的高级销售管理人员要为销售人员创造机会均等、公平竞争的条件,并引导销售人员把注意力从结果公平转移到机会公平上来。

(三) 重视效率

企业的高级销售管理人员通常可以通过以下指标判断销售人员薪酬的效率:

(1) 增长指标,即新市场开拓、新客户的获取以及现有客户的留住率等。

(2) 利润指标和客户满意度。这个指标直接反映薪酬是否对销售人员起到了激励作用,是否促使他们向客户提供了恰当的产品或服务,从而产生利润。

(3) 销售人员流动率。相对稳定的销售人员队伍不仅减轻了企业重置人力的成本,而且减少了企业的经营风险。

四、销售人员的薪酬制度

在企业内部,不同销售业绩的销售人员之间的薪酬水平应该有一定的差距,从而不断地激励员工提高工作绩效。具有激励性的薪酬可以增强员工的责任感,并调动其积极性和工作热情,创造一种奋发向上、积极进取的企业氛围。制定薪酬方案的主要目的是实现组织已制定的目标。对于销售人员薪酬有影响的主要是其业绩评价结果,主要包括:销售计划完成率、新客户开发完成率、市场情报收集情况、工作态度、利润、客户满意度等。与业绩挂钩可以采用以下薪酬制度:

(一) 基本薪酬 + 佣金制

这是指销售人员每月有固定的基本薪酬,在此基础上再根据每个月的销售业绩领取销售佣金。基本薪酬部分为销售人员提供了稳定的基本收入保障,解决了单纯佣金制下的销售人员因收入不稳定可能出现的问题,佣金部分通常是根据销售额的大小制定不同的比例,用以刺激销售人员采取方法扩大销售。佣金具有一定的激励作用,可以增加企业对高素质员工的吸引力。基本薪酬 + 佣金制主要有两种表现形式:

1. 基本薪酬 + 直接佣金

直接佣金是销售人员按产品或服务直接的销售额的固定百分比提取的佣金。销售人员除了获取基本薪酬外,还可以根据不同产品的佣金比率再提取一部分佣金,如销售某种家用电器,金额达到 100 元,可得到的佣金是 5 元,金额达到 1000 元,可得到的佣金是 50 元,佣金比率为 5%。

2. 基本薪酬 + 间接佣金

间接佣金的计算不是以直接的销售额作为提成的基础,而是将销售业绩转化为一定的点值后,根据点值的大小来计算佣金的数量。如销售人员每销售某产品一个单位就可以积一个点值;然后将点值加起来,乘以点值的单价,便可以计算出销售人员当月所得的佣金数。这种方法在化妆品企业、保健品企业运用较多。

(二) 基本薪酬 + 奖金制

佣金制是直接以产品的销售业绩为标准进行计算的,而奖金和销售业绩之间的关系是间接的,与销售人员绩效目标的达成情况有关,通常情况下,销售人员的业绩只有超过了某一销售额才能获得一定数量的奖金。绩效目标除了包含销售额之外，还有如客户满意度、市场份额等。

（三）基本薪酬＋佣金＋奖金制

这种方式是将佣金制与奖金制相结合，企业一般给销售部门整体一个一定时期的销售定额。销售部门将这个整体的销售定额按照一定比例分解给每个销售人员，作为单个销售人员的销售定额。销售人员不论是否完成定额，都会获得基本薪酬，销售人员如果超额完成基本定额，超额完成的部分按比例提取佣金，销售部门超额完成整体销售定额，可提取部门奖金总额，再将奖金总额按个人完成销售额占整体完成销售额的比例分发给每一个销售人员。这种薪酬模式的最大优点是它兼顾了基本薪酬、佣金、奖金这3种报酬的特点，考虑到销售人员工作的独特性，充分发挥了薪酬在调动销售人员积极性方面的激励作用，因此该模式已为国内外企业界广泛接受。

专栏 8-2

某公司薪酬模式的失误

H公司是一家以生产绿色食品为主的中型民营企业。和其他一些公司一样，H公司对销售人员也采用了基本工资加业务提成的薪酬模式。其基本工资根据销售人员的学历作了等级设计：

（1）刚步出学校门的，学习市场营销专业的本科起点销售人员，基本月薪1200元；

（2）有相关工作经验，非市场营销专业的本科学历销售人员，基本月薪1000元；

（3）有一定工作经验，大专起点的销售人员，基本月薪800元，其业务提成为业务量的5%。

公司整体业绩还不错，老板和员工之间的关系也很好，但跳槽现象却时有发生，其中有公司的销售骨干，也有刚招进来的新人，很多本来销售业绩做得很好的销售人员说走就走了。公司人员的频繁流动使得销售业绩下滑，很多销售计划也因为人员的流动而被迫搁浅或中断，公司人力资源部不得不经常奔波于人才市场和学校招聘会之间。

公司总经理感到非常困惑。根据对跳槽人员的回访，大部分人对公司的薪酬表示不满……

H公司销售人员的薪酬模式存在以下问题：

（1）销售人员的基本工资等级划分不应基于学历设置；

（2）提成比例没有按业绩结果设计；

（3）新、老销售人员的薪酬设计不应完全相同；

（4）销售人员薪酬设计的目标不明确；

（5）没有考虑用其他嘉奖代替部分薪酬发放；

（6）中小企业不应照搬大公司的薪酬模式。

第三节 专业技术人员的薪酬管理

一、专业技术人员的概念和特点

（一）专业技术人员的概念

专业技术工作通常是指利用既有的知识和经验来解决企业经营中所遇到的各种技术或管理问题，帮助企业实现经营目标。这里的专业技术一般是指通过大学或更高程度的正式学习才可以掌握的知识。专业技术工作大多以脑力工作为主，需要特定员工在工作过程中充分发挥自己的积极性和主动性，利用已掌握的知识和工作经验作出决策或进行创新。专业技术人员一般是指那些具有专门的技术知识和经验或者专业技术资格证书的工程师、会计师、律师、科学家、经济学家等。专业技术人员从事的主要是脑力工作，他们或者把握企业的整体运行情况，为企业的发展提供咨询建议或谋略支持；或者直接从事专业技术研究开发工作，对企业的相对技术竞争优势产生重要的影响。

（二）专业技术人员的特点

由于专业技术人员从事的科技活动的性质，专业技术人员和一般的员工相比，有一些独特的特点。

1. 较强的自主意识

由于专业技术人员工作中个人的独立性相对较强，上司很难对其进行直接的控制，他们往往更倾向于一个自主的工作环境。本身的工作性质，也使得他们更多地关注事，而不是关注人，他们更强调工作中的自我引导，对各种可能性做最大的尝试。

2. 独立的价值观

与一般员工相比，专业技术员工更有一种自我表现的强烈欲望，工作目标比较明确，更在意自身价值的实现，并期望得到社会的认可。因此，他们热衷于具有挑战性的工作，把攻克难关当作一种乐趣、一种体现自我价值的方式。

3. 潜在流动能力较强

专业技术人员凭着自身拥有的专业技能，在劳动力市场上有较强的竞争力，由于外资、三资企业在资信、知名度和人力争夺战中的选才攻势等方面皆强于国内的企业，加之员工对自己职业感觉和发展前景有着强烈的追求，因此技术人员更容易流动。

4. 注重能力的持续提升

专业技能是专业技术人员最宝贵的资本，由于知识和技术更新不断加快，专业技术人员的知识价值面临贬值风险，为了持续地保持自己在技术上的领先水平，专业技术人员还必须不断学习，以保持其人力资本价值。因此在企业中，专业技术员工非常重视公司是否能够提供给他们一个良好的学习环境和机会。

二、专业技术人员薪酬的常见问题

薪酬指企业针对员工所做的贡献，包括他们实现的绩效、付出的努力与占用的时间，以及他们的学识、技能、经验与创造，所付给的相应的回报或答谢，是员工在向企业让渡其劳动或劳务使用权后获得的报偿。因此，专业技术人员薪酬设计的关键也就是如何在一定的工作期限内评价专业技术人员对企业所作的贡献。当然，除了这个问题，合理的薪酬设计还要体现出对专业技术人员的激励问题。因此，专业技术人员的薪酬设计要充分结合专业技术人员的特征来考虑。不过由于专业技术人员工作的特殊性，对专业技术人员的薪酬管理要处理好一些内在的矛盾问题。人们发现专业技术人员的薪酬管理中经常会存在以下问题：

（一）企业和专业技术员工对其贡献的目标追求不同

专业技术人员在企业中经常遇到追求技术本身的完美性和企业追求利润等目标的矛盾。企业希望一种性能并不是很稳定的产品尽快抢占市场，而专业技术人员却希望该产品的稳定性更强一些。或者专业技术人员可能希望研制一种技术含量高的产品，而较少关注产品的市场前景，但企业对产品的技术含量就不是十分感兴趣，更加关注的是新产品的盈利价值。由于企业与员工对贡献衡量的标准认识不同，导致对薪酬公平性的理解有偏差，降低了薪酬对员工的激励作用。

（二）缺乏长期激励制度，薪酬的结构形式单一

从企业的实际状况来看，对管理类、生产类以及营销类人员来说，以对企业的短期贡献为基础的基本薪酬方式起码在现阶段是比较适用的。企业为了调动员工的积极性，鼓励员工多做贡献，通常把奖金作为重要的激励手段。事先以合同或规章制度的形式为员工确定一个短期的绩效目标和奖励标准，期末通过考核来决定发放奖金的数额。与生产或营销类的员工相比，专业技术人员的工作结果在很多时候不容易在短期内显现出来，从一个产品的初期立项、研发、测试到后期的销售并创造利润，需要一定时间，而在初期阶段，企业看不到专业技术人员带来的贡献，若企业忽视专业技术工作的长期影响力，仅以短期工作绩效来决定员工的薪酬，会造成专业技术人员过度关注"短平快"的项目，从而放弃能为企业带来长期利益的项目。

（三）薪酬没有体现出专业技术人员承担的学习费用

专业技术人员往往需要花费大量的时间和金钱学习新的理论和各种专业知识。而这部分投资又很难在短期内直接在工作绩效中体现出来。如果企业薪酬体现不出对员工本身人力资本投入的补偿，就会影响员工学习的积极性。

（四）专业技术人员薪酬未能体现出内部公平性

技术的开发工作，关键是要看开发产品的时间性以及市场的销售状况。专业技术开发人员从事的工作内容基本相同，但是他们在工作中投入的时间和精力却存在很大差异。因此，简单地根据他们所从事的工作来确定其薪酬水平，很难体现不同专业技术人员对企业所作出的贡献差别。但不少企业的专业技术人员的薪酬很平均，仅仅按职称、资历或者学历来确定，体现不出专业技术人员的价值。因此，在专业技术人员的薪酬设计过程中，有效区分不同专业技术人员的技术水平非常重要。

（五）薪酬结构不合理，不能有效满足需求

企业中员工的类型很多，不同层次、不同类型的员工对薪酬结构的要求有较大的差异。尤其是专业技术人员，由于受教育程度、工作性质和环境等方面的不同，他们具有独特的价

值观，自主意识较强，更多地关注薪酬的内在激励性。大多数的专业技术人员都是风险回避型的，而且对专业技术的认同程度高，期望得到较高及稳定的收入。另外，除了工作条件和工作环境之外，专业技术人员会比较看重企业提供的继续教育和培训的机会。

三、专业技术人员的薪酬要求

现代企业将薪酬视为激励劳动效率的主要杠杆，不仅注重利用工资、奖金、福利等物质报酬激励劳动者，而且注重利用岗位的多样性、工作的挑战性、取得的成就、得到的认可、承担的责任、获取的新技巧和事业发展的机会等精神报酬从内部激励劳动者，从而使薪酬管理过程成为劳动者的激励过程。根据以上分析，对于专业技术人员的薪酬，要着重从以下几个方面来考虑：

（一）合理设计薪酬标准，体现出企业的发展战略

专业技术人员的薪酬设计必须解决企业的基本矛盾，即专业技术人员管理与企业发展战略之间的矛盾、企业发展与员工发展之间的矛盾。它强调企业设计薪酬时必须从企业战略的角度和专业技术人员的角度进行分析，制定的薪酬政策和制度必须体现企业发展战略和专业技术人员目标的要求。企业的薪酬不仅仅只是一种制度，它更是一种机制，合理的薪酬制度驱动那些有利于企业发展战略和调动专业技术人员积极性的因素的成长和提高，同时使那些不利于企业发展战略的因素得到有效的遏制和淘汰。

（二）专业技术成长与薪酬增长相挂钩

专业技术的成长与薪酬增长相挂钩为企业的专业技术人员开辟了一条薪资增长渠道，增加了增薪机会，改变了过去那种单纯依靠管理职位晋升实现增资的局面。另外，专业技术人员的技术职务晋升速度通过规定专业技术职务任职资格来调整，与学历紧密挂钩，学历越高，晋升速度越快，薪酬增长越快；学历越低，晋升速度越慢，薪酬增长也越慢。还要考虑到专业技术人员放弃专业技术进入管理阶层的问题，企业应在薪酬方面为专业技术人员寻求不同的晋升路线：一种是专业技术工作转变为管理工作，另一种是继续从事专业技术工作。无论是哪一条路线，专业技术人员都可以拥有薪酬增加的机会。

（三）薪酬的设计要体现出内部公平

相对公平是公平理论在薪酬设计中的运用，它强调企业在设计薪酬时要"一碗水端平"。一方面，企业专业技术人员之间的薪酬标准、尺度应该是一致的；另一方面，对于技术人员比较多的一些企业来说，对技术类人员实行以技能为基础的基本薪酬确定方式可能比较合理，也比较有利。但在实行技能工资制的情况下，企业必须制定出明确的技能等级评价以及再评价的方案，而不能搞成变相的论资排辈。单纯依赖国家的职称评定系统来界定技术类人员技能等级的做法，已远远适应不了企业人力资源管理的需要，企业必须自行研究制定适用于本企业的技能资格等级标准并定期进行评价和重新评价，这样才能保证技能工资制真正落到实处。

（四）短期激励和长期激励相结合，关注员工的长期发展

专业技术人员的工作周期在很多时候比较长，而且其工作结果对企业的影响也是滞后的，甚至有时根本就显现不出来。所以，对他们的评价和激励不能以短期的利润为重要依据。对于有突出贡献的专业技术人员，应该给予一定金额的一次性奖励，或按其成果所创造

的利润进行提成。为了解决短期的激励存在不足的问题，可以采取股票期权制，逐渐完善长期激励机制。企业给予员工股票的目的在于鼓励人才与企业共存亡，彼此倾向订立长远的契约关系。通过股票期权制度，优秀专业技术人才可以获得相当可观的回报。同时，由于股票期权制度具有延期支付的特点，如果员工在合同期满之前离开公司，他就会丧失本来可以获得的期权，这样就加大了专业技术人员离职的机会成本。

（五）合理设计薪酬结构，满足专业技术人员的个性化需求

合理的薪酬结构应该能体现出各层职工的个性要求。大多数的专业技术人员都是风险回避型的，而且对专业技术的认同程度高，期望得到较高且稳定的收入，以潜心于专业研究。因此，专业技术人员的基本薪酬应当在薪酬总额中占较大的比重，并且处于劳动力市场的领先地位，至少不应低于竞争对手支付的水平。另外，专业技术人员除了对工作条件和工作环境会比较看重外，可能更看重的是继续受教育和接受培训的机会。因此，针对专业技术人员的薪酬应体现出对这种机会的提供，并把知识水平和能力的提高作为加薪的依据。

四、专业技术人员的薪酬制度

（一）基本薪酬与加薪

专业技术人员的基本薪酬往往取决于他们所掌握的专业知识与技术的广度与深度以及他们运用这些知识与技术的熟练程度，而不是他们所从事的具体工作岗位的重要性。在基本薪酬一定的情况下，专业技术人员的加薪主要取决于他们的专业知识和技能的积累程度以及运用这些专业知识和技能的熟练水平的提高。因此，通过接受各种培训以及获得相应的学习机会提高自身的知识水平和能力，是专业技术人员获得加薪的一个主要途径。由于在知识水平一定的情况下，专业技术人员的工作经验是其生产率的一个很好的预测变量，因此，专业技术人员的薪酬随着工作年限的延长而上升的情况是很常见的。此外，专业技术人员的绩效评价结果对他们的加薪也会有一定的影响。

（二）奖金

在专业技术人员的薪酬体系中，奖金的重要性不大，而在很多时候，他们的这种专业知识和技能本身是有明确的市场价值的。因此，专业技术人员通常可能获得较高的基本薪酬，即使有一定的奖金发放，奖金所占的比例通常也比较小。一种可能的例外是，对从事技术或产品研发的专业技术人员，以及研发出为企业带来较多利润的新产品的专业技术人员或专业技术人员团队，企业往往会给予一定金额的一次性奖励，或者让他们分享新产品上市后一段时期内所产生的利润。

（三）福利与服务

在专业技术人员比较多的企业中，企业除了尽力为专业技术人员的工作提供各种物质条件上的便利之外，还会尽量为员工提供一些在国内外进修深造的机会，为他们参加各种学术活动提供费用和时间上的便利。企业这样做，一方面是为了满足员工个人发展的需求，提高其对组织的忠诚度；另一方面是要使他们有机会吸收新的科技知识，接触本学科的前沿问题，学习其他企业同类人员的科研方法，同时建立企业间的技术合作关系，从而为员工个人和企业的未来发展创造条件。

第四节 外派员工的薪酬管理

一、外派员工的概念

外派员工是指由母公司任命的在东道国工作的母国公民或者第三国公民,也包括在母公司工作的外国公民,其中以在东道国工作的母国公民为主。他们通常因为短期使命而被派至国外工作,任期持续1~5年不等。不同的企业通常会制定出不同的外派员工薪酬管理政策,以便他们能够努力地完成企业赋予的使命。

从外派员工的来源来看,外派员工可以由两部分人构成:一是母国外派人员,二是第三国外派人员。其中,母国外派员工是指由本国直接派往目标国家工作的员工,又可以称为国外服务员工、国际员工等。第三国外派员工则是指因为工作需要,暂时为其他国家的企业在第三国工作的员工。具体来说,当一名德国人被某日本企业雇佣并且暂时派往美国工作时,他就成为一名第三国外派员工。本节我们主要阐述母国外派员工的有关特征及其薪酬管理。

二、外派员工薪酬的定价方式

在确定外派员工的薪酬时,不同的企业可能会选择不同的做法,主要包括:谈判法、当地定价法、平衡定价法、一次性支付法、自助餐法等。

(一)谈判法

谈判法通常是那些新进入国际市场的企业确定外派员工薪酬的主要方法。因为他们所需要外派的员工通常人数较少,管理人通过与每一位员工单独交涉来确定薪酬。生活费用、居住成本、税率等问题往往并不是双方考虑的重点,最终达成的结果在很大程度上取决于双方的谈判技巧以及员工执行特定任务的愿望。这种薪酬确定方法操作简单、成本较低,使用起来相对广泛。但是一旦外派员工之间的差异性薪酬被其他外派员工知道,在这种比较之下产生的不均衡心理可能会降低员工对企业的信任,严重的会导致员工因对薪酬不满而离职。

(二)当地定价法

当地定价法是指向处于类似职位的外派员工支付与东道国员工相同数量的薪酬。在特定情况下,例如把一个员工由一个国家永久性地迁移到另一个国家或是该员工将在东道国度过其余下的职业生涯,这种做法的优越之处表现得十分明显。它有利于保证员工对企业内部公平状况的认同感,有利于保持企业员工的稳定性。

但需要注意的是,定价时还必须考虑到薪酬是否能够满足员工生活成本的需要。如果员工必须缴纳显然比国内水平要高的房租、水电费、交通成本、子女教育费用,企业就必须给予员工足够的补贴,这样才能为外派员工提供基本的工作条件和生活条件。

(三)平衡定价法

通过给员工支付一定数量的薪酬,确保员工在东道国享受到与母国相同或相近的生活水平,并使其薪酬水平、薪酬结构与母国同事始终具有一定的可比性,这就是平衡定价法。在这种方法下,员工的经济实力和购买力基本上不会受到什么损失,同时还可以确保员工在企业内部实现最大限度的流动性。与其他方式相比，平衡定价法可以以相对较低的成本对员工进行有效激励，同时确保员工在企业内部的充分流动性。但是平衡定价法操作起来比较麻烦，企业需要支付较高的管理成本。

（四）一次性支付法

一次性支付法是指企业会给外派员工在基本薪酬和各种奖金之外附加一笔额外的补贴。这笔钱通常都是一次性付清的，员工可以随心所欲地支配。这种支付法可以最大限度地重视员工在母国时的薪酬环境，因此能够更好地满足外派员工对外派前后生活水平持平的要求。但是如何确定一次性支付的具体额度，却是一个难题。

（五）自助餐法

自助餐法是指在薪酬总量一定的情况下，企业向员工提供各种不同的薪酬组合供员工选择，外派员工可以选择自己认为最理想的薪酬构成及其相应的薪酬水平。

三、外派员工的薪酬制度

在各种可能的约束条件下，外派员工对公平性的要求是外派员工薪酬管理的一个关键问题。这种公平性包括外派员工与其国内同事之间的公平，外派员工与东道国同事之间的公平，以及母国外派员工与第三国外派员工之间的公平等。一般来说，外派员工的薪酬制度主要包含以下几个方面：

（一）基本薪酬

作为薪酬的基本组成部分，外派员工的基本薪酬应该和在国内与其处于相似位置的同事处于同一个薪酬等级上，这可以通过职位评价和薪酬等级评定来确定。此外，在同一薪酬等级内部对国内员工和外派员工薪酬水平的日常调整，应该在同一个时间段里按照同样的幅度进行。

（二）奖金

在对外派员工进行管理的时候，最重要的是使他们保持在国内时一样的心态，考虑到外派工作往往与一些不利条件联系在一起，比如工作时缺乏必要的监督和指导，要与陌生的文化打交道，要学会适应另一种语言，要改变既有的家庭生活方式等，在这样的环境下工作，员工必然要付出更大的努力，需要通过发放奖金的形式安慰和激励外派员工。当员工的工作结果比较容易衡量时，支付奖金的做法能够有效地解决监督不足的问题。

（三）补贴

国内与东道国的工作环境和生活环境之间存在很大差异，而企业向外派员工支付补贴的目的就在于，对他们的生活成本进行补偿，使他们得以维持在国内时的那种生活水平。一般来说，企业为外派员工提供的基本补贴通常与税收、住房、教育成本、生活费用、利率差异等有一定关系。

（四）福利

企业在制定福利制度时通常对外派员工的福利做出单独的考虑。举例来说。东道国的医疗保险、房屋费用、交通成本可能都与国内存在不小的差距，这些必须在福利费用中体现出来。此外，外派员工的假期通常应该更长一些。

> **专栏8-3**
>
> ## 某台资企业外派人员的薪酬管理制度
>
> Gabriel是东莞市一家台资企业的人力资源管理经理。公司在菲律宾设有工厂，现在要从东莞总公司派出IT技术人才两名，生产管理科长、主任各一名，销售经理一名。能达到公司要求的人才并不少，但是通过初步沟通，大多数人都不愿意过去。
>
> 常言道："重赏之下必有勇夫。"如何制定有良好诱惑力的薪酬，让这些"养尊处优"的人才愿意到那相对艰苦的菲律宾去工作，是Gabriel当前的重要工作。Gabriel首先想到的是要了解菲律宾当地的生活水平，特别是薪酬水平。经过与不同的薪酬专业机构谈判与了解，最后考虑与专业的人才服务机构合作，让其提供菲律宾市场的薪酬水平。但是，当Gabriel根据当地市场薪酬水平制定完一套看似专业的薪酬体系后，却怎么也高兴不起来。因为她经沟通后发现，即使按菲律宾市场薪酬水平的双倍付薪，也没有人愿意去那边工作。这使她陷入了很无奈的困境。
>
> 事实上，对于外派人才的薪酬制定，除了要考虑定薪的4P原则外，还需要更多考虑到外派人员的心理诉求和感受，不能只是依据市场的薪酬水平及调研机构给的专业数据。特别是外派到菲律宾这种欠发达地区，其生活水平远远低于中国，特别是明显低于沿海的发达城市东莞，所以，大多数人都不愿去。因此，Gabriel在与之前曾经临时外派到菲律宾工作的同事做了充分沟通后，了解到定薪时还必须考虑其他一些问题，具体包括：外派人员在菲律宾那边的生活及需求点；公司整体薪酬水平的平衡及可承受范围；外派目标人才的生活水平（整体来说，选择外派的人才基本上都是专业技术人才或中高层的管理人才，他们的生活水平相对较高，对生活的质量有一定的要求）；外派人才的职业发展规划方向；公司对外派人才的定位与外派的价值。
>
> 在经过反复沟通和测算后，Gabriel对原来的薪酬制度进行了修改完善。大体内容如下：
>
> （1）外派菲律宾的工作人员分为两种：一是临时性外派，即外派菲律宾工厂工作在三个月以内的人员；二是长驻外派，即外派超过一年的人员。
>
> （2）外派人员的用餐、住宿、交通、通信，按公司《中方人才外派海外的标准》执行，即统一按副总经理级别执行。
>
> （3）临时性外派人员的薪酬，按现在总部的薪酬标准执行，即薪酬保持不变，另外再增加相当于个人原在总部工资一倍的临时性外派补助。
>
> （4）长驻外派人员的薪资底薪不变，加设60%的外派地区差异津贴（便于今后工资调整）；同时增加外派补助，标准与临时外派人员相同，但基数高于临时外派人员，即原在总部工资的1~2倍。

(5) 为了方便管理，对于外派补助的发放进行考核管理。由驻地最高中方管理人员及总部对口业务部门负责人对其进行双向考核评定。驻地最高中方管理人员的考核权重占60%，总部业务对口部门的考核权重占40%。

(6) 为了保证外派人员的积极性及管理上的有效性，对外派人员的考核性补助作出限定，即外派人员通过考核后，拿到的补助一般可达到基数的80%～150%。

(7) 长驻外派人员，在外驻期间，每工作满一年，可以享有加薪的资格或权利，加薪的幅度以月考核的总体平均分为依据。

(8) 外驻两年或以上者，回国后职务、职级均加升一级。

(9) 外派人员在外派期间，在公司的原有福利保持不变。

在这样的薪酬和晋升制度吸引下，Gabriel终于找到了有兴趣到菲律宾的人才。

本章案例研究

公司管理人员的薪酬该怎么制定

现代企业关注的焦点是人才竞争，管理人员的竞争尤其激烈。科学、合理而有效的管理人员薪酬结构能够更好地吸引、保留和激励公司高层管理人员，从而有利于实现组织目标。下面的案例虽然来自海外，但是对于国内企业如何去制定管理人员的薪酬结构或许能带来一些启发意义。

New（新百伦贸易）公司属于一个管制非常强的行业，现拥有雇员2000余名。几年前，该公司几乎要破产，但最终成功地从困境中挣脱出来。原先，New公司实行雇员持股计划，在转变期间，管理层接受了低水平的、缺乏竞争力的货币工资来协助公司渡过难关。管理层知道，在转变期间，要证明对管理人员授予股票期权的正确性是很困难的，主要是由于人们已经根深蒂固地接受了雇员持股计划这种所有权模型的理念。然而，在成功避免了全面的财政危机后，公司管理层成功地进行了股票首次共开发行来增加资本、减少负债和扩大收益。另外，公司的成功转变使得该行业注意到其高层管理人员的业务素质，因为高层管理者经常碰到有竞争力的跳槽机会。管理层决定改变组织的薪酬结构来适应变化的环境，以对它的管理人员在过去和未来为公司财务成功运转所作的努力进行奖励。

为了实施这一薪酬战略，New公司重新建立了管理人员的薪酬结构，该薪酬结构主要考虑了以下一些驱动因素和限制性因素。

事业战略：New公司需要为降低债务和未来进行兼并存储现金资源。这样他们希望为实行可变薪酬计划而强调财务绩效指标，并将股票权益作为一个薪酬工具。

人员战略：现在的管理队伍使公司的价值大大提升，并且他们认为这种趋势能够继续下去。然而，仍需要招聘一些具有财务管理技能和业务开发技能的关键人员。这些人将从外部招聘进来，这些人应该具有创业精神。这些情况表明，浮动的货币工资、股票期权或其他权益工具将被要求作为主要的薪酬因素。

风险—收益框架：尽管New公司已经取得了相当好的财务业绩，但行业中的激烈竞争，未还清的债务和未解决的诉讼都显示了这个组织面临着相对较高的风险。管理层的感觉、外部法律顾问和投资银行专家都认为高水平的获得报酬的机会是适合企业的高风险特性的。

所有权结构：雇员持股计划有助于组织的内部公平。因此，坚持雇员持股计划的理事认为，通过授予股票期权导致的管理层收入不平衡很难说是合理的。理事赞成在主要应用货币工资的薪酬结构基础上增加适量的股票期权。这种观点代表一种传统的薪酬结构。据考察，以前该种结构在权益方面没有对其他类似于 New 公司的内部公平产生过严重影响。

财务能力：大家都认为，公司储存的现金最好能够减少现有债务，清理资产负债表，并分配到将来的兼并。因此，薪酬开支就与财务绩效目标和非货币工资的应用联系在一起，而非货币资金的应用有利于增加流动资金。

法规限制：作为雇员持股计划的拥护者，该计划委员会负责人当然有义务依照《雇员退休收入保障法》来保护雇员的利益。现在的管理人员挽留和招聘高素质人才的能力可以从长远利益来考虑。然而，委员会负责人将面临一旦开始大量授予股票期权，就会造成雇员减少的局面。另外，考虑近期的股票首次公开发放，由于长期激励产生大笔开支，从而对公司收益有负面影响，所以不可能应用任何的长期激励工具。

竞争实践：研究表明，在公司转型期间，企业家通常会从雇主那里得到相当可观的股票激励，以分享公司的一部分利润或平衡低于市场水平的货币工资。然而股票期权并没有被特定行业的竞争者作为重要的报酬形式采用，主要是因为行业中大部分企业都是所有权与经营权合二为一的。研究表明，大部分管理者得到的货币工资大大低于同类国内公司的标准。有关竞争实践的一个不同意见是应该对以下三类公司加以分析：特定行业公司、处于转型期的公司和实行雇员持股计划的公司。调查发现，所有这三类公司都广泛使用了股票激励。特定行业公司对于管理人员似乎更支持广泛退休计划、附加管理人员退休计划、延期支付计划和额外补贴方案。

在上述情况下，董事会提出了如下的薪酬战略并最终获得通过。

1. 薪酬结构

管理人员薪酬包括以下部分：

(1) 基本薪酬，因为经验和能力达到预期水平而付给管理人员的报酬；

(2) 年度奖金，奖励管理人员超越了战略、财务和运营目标，这些目标被认为是有利于公司持续发展和对盈利有至关重要的贡献；

(3) 长期激励，以股票期权形式，允许管理人员合理分享公司未来的成长，使他的经济利益和雇员持股计划相一致，并吸引和留住管理人员。在少数情况下应用受限股票来达到特殊的招聘和保留目的；

(4) 不为管理者提供退休方案和额外补贴，因为这些计划普遍缺乏绩效激励，并且其他雇员也未应用。

2. 竞争定位

New 公司的薪酬方案有如下性质：

(1) 为避免 New 公司的职员由于薪酬原因被竞争对手挖走，管理人员的年度现金薪酬是参照同一行业中规模和收入处于同等水平的公司或其他性质相近的受管制行业的企业而确定的；

(2) 为了在有效处理公司财务的同时提供合理的有吸引力的薪酬水平，规定如下：如果达到本年的财务、战略和执行目标，年度货币工资将被定为市场第 50 个百分位的水平；如果超过公司预定的目标，将提供达到市场第 75 个百分位上的总货币工资水平；

（3）为保证公司雇员持股的水平，授予初步的长期激励将参照它们对股权稀释的影响而确定，这一点可以参照那些实行雇员持股计划的公司和被认为已陷入困境或正在转型的公司的股权稀释比率；

（4）为便于管理和保持一致性，长期激励仍然参照确定货币工资时所参照的同类规模公司以评估提供给管理人员的现金报酬；

（5）长期激励的最迟授予期比市场上普遍的为留住关键人才的授予期更长。

3. 绩效指标和标准

为了将管理人员的薪酬和公司目标联系起来，New 公司的管理人员报酬将按照以下提示进行：

（1）为了支持组织财务目标并使股东获得最大利益，短期激励主要决定于组织绩效，并依据对组织目标的个人贡献大小授予不同奖励，同时保持适度的弹性；

（2）为了在 2~3 年内达到完成股票首次公开发行的组织目标，绩效指标应该是可量化的、客观的，并与组织的战略增长和利益创造直接有关；

（3）为了满足公司的战略财务需要，绩效将主要依据财务结构进行衡量，这些财务结果包括原始收入、现金流、总收入的年增长；

（4）为了使公司从同行业中脱颖而出，绩效考核将同时参考内部财务预算目标和行业中同等规模公司的相对绩效；

（5）为了使管理人员集中精力于产生稳定而持续的财务增长率，绩效考核将在相对窄的范围内进行，当绩效低于期望财务业绩的 90% 时，就不会得到奖金，如果绩效超过期望值的 110%，奖金就会达到上限值；

（6）依据首席执行官对每个管理者的努力程度的评价来确定管理人员通过股票或股票期权分享公司收益增长的资格。这一评价将接受薪酬委员会重审。

[讨论题]

讨论该公司应该依据哪些特征来执行薪酬实践和政策？

本章小结

特殊群体主要是指销售人员、专业技术人员、外派员工及中高层管理人员等几类特殊人员。

管理者是管理行为过程的主体，管理者一般由拥有相应的权力和责任，具有一定管理能力，从事现实管理活动的人或人群组成。管理者及其管理技能在组织管理活动中起决定性作用。管理者通过协调和监视其他人的工作来完成组织活动中的目标。企业中的管理者通常分为三个不同的等级：高层管理人员、中层管理人员与基层管理人员。管理人员通常是指中、基层管理人员，也就是在企业中从事中层、基础管理工作的管理人员，他们往往在其中起到一个承上启下的作用。企业在设计中、基层管理人员的薪酬结构时，以基本薪酬＋绩效奖金＋福利的管理模式为主，这也是一种通用的薪酬结构模式。对于三者之间的比例协调，应当视企业所处行业、地域和经济环境等情况来决定。

销售人员是指直接进行销售的人员，包括总经理、业务经理、市场经理、区域经理、业务代表等。根据销售职责把销售人员可以划分为简单送货型销售人员、简单接单型销售人员、客户关系型销售人员、技术型销售人员、创造型销售人员；按照销售人员在商品流通链中所处的位置分，可以将销售人员分为厂家销售人员和商家销售人员。

专业技术人员一般是指那些具有专门的技术知识和经验或者专业技术资格证书的工程师、会计师、律师、科学家、经济学家等。专业技术人员从事的主要是脑力工作，他们或者把握企业的整体运行情况，为企业的发展提供咨询建议或谋略支持；或者直接从事专业技术研究开发工作，对企业的相对技术竞争优势产生重要的影响。

外派员工是指由母公司任命的在东道国工作的母国公民或者第三国公民，也包括在母公司工作的外国公民，其中以在东道国工作的母国公民为主。

复习思考题

1. 特殊群体有哪些？
2. 经营者的薪酬要求是什么？
3. 简述销售人员的概念及分类。
4. 影响销售人员薪酬的因素有哪些？
5. 什么是专业技术人员？举例说明。
6. 简述外派员工的定义及构成。
7. 高层管理人员的特点是什么？对薪酬的要求如何？
8. 销售人员、外派人员、专业技术人员的薪酬管理制度是怎样的？
9. 经营者、管理者①的薪酬管理制度有何区别？
10. 思考在制定特殊群体薪酬制度时应注意什么？

---

① 经营者主要指高层管理者，管理者主要指中、基层管理者。

第九章

员工福利管理

本章内容提要
1. 员工福利的内涵。
2. 员工福利的类型。
3. 员工福利的规划与管理。
4. 弹性福利计划。

引导案例

中国建设银行员工福利制度沿革

建设银行员工福利制度经历了从分散到部分统一、从实物到货币化的发展轨迹。目前，建设银行的员工福利制度主要包括两部分内容：一是按照国家相关规定建立的社会保险和住房公积金，二是结合建设银行实际建立并实施的企业福利。

一、社会保险和住房公积金

（一）社会保险

1995年11月1日，建设银行系统全面启动基本养老保险系统统筹。从1998年9月1日起，将基本养老保险行业统筹移交地方管理，建设银行员工的基本养老保险费和离退休人员基本养老金由各省、市、区社会保险经办机构负责收缴和发放。2001年1月，总行发出通知，要求各分支机构按照属地化原则，以地市以上分（支）行作为基本参保单位，积极参加单位所在地的失业保险。2001年8月，总行通知要求各行按照属地化管理原则积极参加城镇职工基本医疗保险。2003年4月后，建设银行各级机构陆续按照地方政府出台的实施细则，参加了当地的工伤保险。目前建设银行部分机构按照部分试行生育保险地区的政策，参加了生育保险。

（二）住房公积金

建设银行各级机构陆续按照地方政府出台的实施细则，参加了当地的住房公积金。

二、企业福利

长期以来，建设银行各级分支机构的企业福利制度一直实行分散管理，分配形式以实物分配为主，没有一套统一的、以货币化为取向的福利制度。2003年，建设银行推行企业福利分配制度改革，建立了住房补贴、企业年金和补充医疗保险三项企业福利制度。

（一）住房补贴制度

2002年12月，根据国家相关政策，改革住房实物分配方式，实行住房分配货币化，建设银行建立了与绩效挂钩的薪酬性货币化住房分配制度。住房货币化分配的资金总量根据经营状况和经济承受能力确定，与各行经营绩效挂钩分配，员工个人年度住房补贴与其岗位责任和贡献挂钩，体现住房分配货币化的激励与保障功能。

（二）企业年金制度

2003年10月，建设银行正式启动实施企业年金制度，并开始征缴企业年金个人缴费。2005年7月，启动企业年金单位缴费，缴费水平由建设银行总行根据经济承受能力进行动态调整。

（三）补充医疗保险制度

2002年12月，按照适度积累、量入为出的原则，建设银行系统建立补充医疗保险的制度。在员工享受基本医疗保险和大额医疗费用补助待遇的基础上，对个人负担的医疗费用给予适当补贴，保障员工合理的医疗待遇水平。

［讨论题］

中国建设银行员工福利制度改革的经济和社会背景是什么？

第一节 员工福利的内涵

一、福利的基本内涵

福利（包括退休福利、健康福利、带薪休假、实物发放、员工服务等）有别于根据员工的工作时间计算的薪酬形式。与基本薪酬相比，福利具有以下两个方面的重要特征：一是基本薪酬采取的往往是货币支付和现期支付的方式，而福利则通常采取实物支付或者延期支付的方式；二是基本薪酬在企业的成本项目中属于可变成本，而福利，无论是实物支付还是延期支付，通常都有类似固定成本的特点，因为福利与员工的工作时间之间并没有直接的关系。正是福利在上述两个方面的重要特征，决定了被称为间接薪酬的福利作为企业总薪酬的一个重要组成部分，在企业的薪酬系统中发挥着自己独特的作用。

专栏9-1

福利与工资的关系

工资和福利共同构成了薪酬体系,这两者既有区别又有联系。

两者的联系体现在:首先,工资与福利同属员工的劳动所得,属于劳动报酬的范畴;其次,两者均具有经济保障功能;再次,两者都要在一定程度上受到政府法律法规的约束;最后,两者均具有一些弹性项目,可以依据经济条件的变化而做出调整,以满足不同的员工需求。

两者的区别主要有以下几点:一是产生的效用不同:工资对于员工的生活水平起决定性作用,而福利则是在此基础上起到一种保障和提高的作用。二是支付依据不同:工资是按劳付酬,或按能力、业绩支付,不同岗位的员工以及同一岗位不同员工之间均存在着工资差别;而福利则在很大程度上是按需支付。三是支付形式不同:工资具有即期现金支付的特点,而福利则多以实物和延期支付为主。四是费用来源不同:工资来源于直接的劳动再生产费用,而福利则来源于间接的劳动生产费用。五是列支渠道不同:工资从成本中列支,而有些福利项目从利润中支付,不计入成本,享有税收优惠。此外,工资具有个别性、稳定性,而福利则具有集体性和随机性。

二、福利对企业和员工的影响

(一) 福利对企业的影响

1. 大多数国家对于劳动者在就业过程当中以及退出劳动力市场之后所应当享受的福利都有强制性的规定,其中最为集中地体现在有关社会保障的法律法规方面劳动者是一个国家公民群体中相当大的一个组成部分,企业员工的基本福利状况不仅对一个国家的社会福利水平有着重大影响,而且对一个国家的社会稳定程度起着很大的作用。一般情况下,法律规定企业必须提供的员工福利项目包括养老保险、失业保险、工伤保险、带薪休假、法定节假日休息等各种形式。

2. 除了国家法定的一些福利项目之外,企业在选择是否设立其他福利项目时,在形式上是有自主权的但事实上,从某种意义上来说,企业实际上被强制性地要求必须设立某些福利项目。这是因为,在一个竞争性的,尤其是紧张型劳动力市场上,随着越来越多的企业提供某种形式的福利,其余的企业实际上也被迫提供这种福利。

3. 福利是一种很好的吸引和保留员工的工具

有吸引力的员工福利计划既能帮助组织招聘到高素质的员工,同时又能保证已经被雇用来的高素质员工能够继续留在组织中工作。福利计划有助于营造和谐的企业文化,强化员工的忠诚度。组织通过福利的形式,为员工提供各种照顾,会让员工感觉到企业和员工之间不仅仅是一种单纯的经济契约关系,从而在雇佣关系中增加一种类似家庭关系的感情成分,提高员工的工作满意度,或者减少员工的不满情绪。

4. 福利可享受国家的税收优惠政策,提高企业成本支出的有效性员工福利计划所受到的税收待遇往往要比货币薪酬所受到的税收待遇更优惠。为员工所提供的同等价值的福利比在货币薪酬上所支出的同等货币能够产生更大的潜在价值。对企业来说，虽然用于现金报酬和大多数员工福利项目的开支都可以列为成本开支而不必纳税，但是增加员工的现金报酬会导致企业必须缴纳的社会保险费用上升，而用来购买或举办大多数员工福利项目的成本却可以享受免税待遇。企业将一定的收入以福利的形式而不是现金的形式提供给员工更具有成本方面的优势。

（二）员工福利对员工的影响

1. 税收的优惠

福利不仅对企业来说存在税收优惠，对员工来说也同样如此。以福利形式所获得的收入往往无须缴纳个人收入所得税；即使需要缴税，往往也不是在现期，而是等到员工退休以后。到那个时候，员工的总体收入水平就会比他们在工作的时候低，从而所面临的税收水平会更低。这样，他们还是能够享受到一定的税收优惠。因此，在企业薪酬成本一定的情况下，员工直接从企业获得福利，与自己用拿到手的薪酬收入再去购买福利相比，其成本要低许多，节省的那一部分就相当于所缴纳的税金。

2. 集体购买的优惠或规模经济效应

员工福利中的许多内容是员工工作或生活所必需的，即员工福利具有其自身的实际价值。即使企业不为员工提供这些福利，员工自己也要花钱去购买。而在许多商品和服务的购买方面，集体购买显然比个人购买更具有价格方面的优势。代表较大员工群体的企业可以因规模经济而以较低的费率购买保险，企业在代表员工与保险服务提供商或者医疗服务提供商进行谈判时，其谈判力量显然比单个员工更强。此外，企业还可以以较低的成本为员工提供某些项目的服务，因为它可以将固定成本分散到较多的员工身上，从而降低每位员工所承担的成本。如果每位员工自己去购买某种福利，则福利的成本可能会很高。

3. 员工的偏好

从经济学的角度来说，大多数劳动者都是风险规避型的，他们在收入方面会追求收入稳定性，不希望收入存在风险波动。与基本薪酬和浮动薪酬相比，福利的稳定性无疑更大。这样，那些追求稳定和安全感的员工会对福利比较感兴趣。即使对同一个人来说，在其职业生涯的不同阶段，他们对福利的偏好也是不同的。对于有孩子的中年人以及接近退休的老人来说，福利的吸引力通常比较大。

4. 平等和归属的需要

员工在一个企业中工作的时候并不只有经济方面的需要，他们还产生心理方面的需要，比如受到尊重和公平对待以及有归属感的需要等。直接薪酬更为偏重员工的能力和业绩，而福利则可以满足员工在平等和归属等其他方面的一些需要。事实上，福利水平的高低会直接影响到一家企业内部的雇佣关系到底是一种什么样的性质。在力图培养企业和员工之间的长期雇佣关系的企业中，福利的项目往往比较多，福利水平相对来说也会比较高。

专栏9-2

你将怎么办？

假如你到一家私营医药生产企业工作，被老板任命为总经理。企业的规模不是很大，但生产的产品质量不错，一年的销售额不少，利润率也不低。新官上任，老板要你将公司的福利打理一下，原因是公司"花了很多钱，但讨不到员工欢心"。公司实行车贴，但是没车的员工怨声载道；公司实行幼儿免费入托，可是没有小孩或小孩不上幼儿园的员工又颇有微词；逢年过节，公司统一给员工送的礼物也引起不少员工的不满，认为不如"红包、奖金"实惠。福利"众口难调"，你如何打理才能让员工对公司福利满意呢？

三、员工福利存在的普遍问题

（一）对福利的认识不清晰

在实践中，到底企业应当提供何种福利，员工应当享受何种福利，大家的认识都很模糊。从企业的角度来说，什么样的福利能够满足员工的需求？员工的哪些福利应当由企业来满足？哪些应当由社会保障系统、其他系统或员工自己来满足？如何保持企业福利制度的连续性？企业应当在福利项目中承担多大的成本？这些问题始终困扰着企业。很多时候企业只是在被动地制定福利方案，对于这些福利方案存在的合理性及其实施效果却并不是很清楚。从员工的角度来说，他们只知道自己对某些福利存在需求，但并不清楚企业是否应当满足自己这方面的需求。大多数员工对企业所提供的福利的种类、期限以及适用范围是模棱两可、一知半解的。

（二）福利成本居高不下

福利的成本几乎是每一家企业都会遇到的问题。福利开支对企业的人工成本影响非常大，许多企业都在千方百计地压缩福利成本和预算。一方面，存在福利总成本过高的问题；另一方面，还存在企业的福利成本增长过快的问题。一种情况是企业在实施福利的初期，没有预见到福利发展到一定阶段之后，给企业所带来的成本可能是非常高的。由于在初期设计福利的时候没有考虑到未来的风险，所以导致后来企业越来越不堪重负。另一种情况是由于外界环境变化所致。

（三）福利的回报性不高

许多企业明显感到自己在福利方面付出了很大的代价，但是没有得到相应的回报。一方面，员工将享受福利看成是自己的一种既定权利或正当利益，对企业所提供的福利越来越不满足；另一方面，企业看到自己的经济负担越来越重，管理方面的麻烦也越来越多，但是并没有什么明显的收益。造成这种情况的一个重要原因可能是企业的福利缺少计划性。此外，员工的道德风险也是一个不可忽视的问题。

(四) 福利制度缺乏灵活性和针对性

传统的福利制度大多是针对传统的工作方式和家庭模式的，随着劳动力队伍构成的变化，不同文化层次、不同收入层次的员工对福利的需求产生了较大的差异。而传统的福利制度则相对固定和死板，对有些人会出现重复保险的问题，对另一些人则存在保险不足的问题，并且很难满足多样化和人性化的福利需求。企业一旦制订了某种福利计划，这种福利计划就会对所有的员工开放。这样，一方面有可能会出现企业花了很多钱实行某种福利，但是这种福利对于一些员工来说没有价值的情况；另一方面又可能会出现企业由于担心福利成本增加而放弃某种福利，结果导致对某种福利具有很高需求的员工无法享受这种福利的情况。

第二节 员工福利的类型

一、法定福利

(一) 法定社会保险

大多数市场经济国家的企业都要面对很多按照法律规定必须提供的福利项目。我国规定的集中法定社会保险类型为：养老保险、失业保险、医疗保险、工伤保险以及生育保险。

1. 养老保险

法律规定的养老保险又称老年社会保障，是社会保障系统中的一项重要内容。它是针对退出劳动领域或无劳动能力的老年人实行的社会保护和社会救助措施。老年是人生中劳动能力不断减弱的阶段，意味着永久性"失业"，每个人都会进入老年，从这种意义上说，由老年导致的无劳动能力是一种确定性的和不可避免的风险。从资金的筹集管理和发放方面考虑，现代老年社会保险制度有以下几种基本模式：国家统筹的养老保险模式、投保自助型的养老保险模式和自我保障模式。

(1) 国家统筹的养老保险模式的主要特点是：工薪劳动者在年老丧失劳动能力之后，均可享受国家法定的社会保险待遇，但国家不向劳动者本人征收任何老年保险费，老年保险需要的全部资金，都来自国家的财政拨款。苏联和我国在计划经济体制下实行的就是这种方式。

(2) 自我保障模式也称强制储蓄模式。这种保险制度下的保险基金来自企业和劳动者两个方面，国家不进行投保资助，仅仅给予一定的政策性优惠。这种社会自我保障的做法，必然要求企业和劳动者的投保费较高，否则无法得到足够的资金。因此，必须在经济发展迅速而且水平也较高的情况下才能实行。世界上只有少数国家实行这一制度，取得成功的是新加坡。

(3) 世界上大多数国家实行的是投保自助型的养老保险模式，这是一种由社会共同负担、社会共享的保险模式。它规定：每一个工薪劳动者和未在职的普通公民都属于社会保险的参加者和受保对象；在职的企业员工必须按工资的一定比例定期缴纳社会保险费，不在职的社会成员也必须向社会保险机构缴纳一定的养老保险费，作为参加养老保险所履行的义务，这样才有资格享受社会保险；同时还规定：企业或企业主也必须按企业工资总额的一定比例定期缴纳保险费。

2. 失业保险

失业保险是为遭遇失业风险、收入暂时中断的失业者设置的一道安全网。它的覆盖范围通常包括社会经济活动中的所有劳动者。我国于1999年1月20日颁布的《失业保险条例》规定，企事业单位按本单位工资总额的2%缴纳失业保险费，职工按本人工资的1%缴纳失业保险费，由所在单位从本人工资中代为扣缴。

失业保险的开支范围是：失业保险金、领取医疗保险金期间的医疗补助金、丧葬补助金、抚恤金、领取失业保险金期间接受的职业培训补贴和职业介绍补贴、国务院规定或批准的与失业保险有关的其他费用。享受失业保险待遇的条件为：所在单位和本人按规定履行交费义务满1年，非本人意愿中断就业，已办理失业登记并有求职要求。同时具备以上三个条件者才有申请资格。

关于失业保险金的给付期限，具体的规定是，最长为24个月，最短为12个月。其中累计缴费时间满1年不足5年的，给付期最长为12个月；满5年不满10年的，给付期最长为18个月；10年以上的，给付期最长为24个月。对连续工作满一年的农民合同工，根据其工作时间长短支付一次性生活补助。

3. 医疗保险

医疗保险是指由国家立法，通过强制性社会保险原则和方法筹集医疗资金，保证人们平等地获得适当的医疗服务的一种制度。为了实现我国职工医疗保险制度的创新，在总结我国医疗保险制度改革试点单位的经验，借鉴国外医疗保险制度的成功做法的基础上，1993年，党的十四届三中全会决议中明确指出，要建立社会统筹与个人账户相结合的新型职工医疗保险制度。基本医疗保险费由用人单位和职工共同缴纳。用人单位缴费费率应控制在职工工资总额的6%左右，其中的30%进入个人账户；职工的缴费费率一般为本人工资收入的2%。

4. 工伤保险

工伤保险是针对那些最容易发生工商事故和职业病的工作人群的一种特殊社会保险。工伤保险制度建立了基金体制，工伤保险费完全由企业承担，按照本企业职工工资总额的一定比例缴纳，职工个人不缴纳工伤保险费。与养老、医疗、失业保险不同，工伤保险除了体现社会调剂、分散风险的社会保险一般原则外，还体现工伤预防、减少事故和职业病的发病率、体现企业责任等原则。我国采取了与国际接轨的做法，对于工伤保险费不实行统一的费率，而是根据各行业的伤亡事故风险和职业危害程度类别，实行不同的费率，主要包括差别费率和浮动费率两种形式。

5. 生育保险

这是承担女职工的生育费用和由于生育而带来的经济损失的一种保险。生育费用有社会统筹的模式，提出由企业按其工资总额的一定比例向社会保险经办机构缴纳生育保险费，建立生育保险基金。生育保险费由当地人民政府根据实际情况确定，但最高不超过工资总额的1%。企业缴纳的生育保险费列入企业管理费用，职工个人不缴纳生育保险费。女职工生育期间的检查费、接生费、手术费、住院费和医疗费，都由生育保险基金支付，规定的医疗服务费和药费由职工个人负担。产假期间按照本企业上年度职工月平均工资支付的生育津贴，由生育保险基金支付。

（二）住房公积金

为了加强对住房公积金的管理，维护住房公积金所有者的合法权益，促进城镇住房建设，提高城镇居民的居住水平，国务院 1999 年 4 月颁布了《住房公积金管理条例》，并于 2002 年 3 月对该条例进行了相应的修改。住房公积金，是指单位及其在职员工缴存长期住房储金，包括员工个人缴存的住房公积金和员工所在单位为员工缴存的住房公积金，它属于员工个人所有。员工的住房公积金的月缴存额为员工本人上一年度月平均工资乘以员工住房公积金缴存比例。单位为员工缴存的住房公积金的月缴存额为员工本人上一年度月平均工资乘以单位住房公积金缴存比例。我国住房公积金设有专门机构进行管理，且实行专款专用。

（三）法定假期

1. 公休假期

公休假日是劳动者工作满一个工作周之后的休息时间。国家实行劳动者每日工作时间不超过 8 小时、平均每周工作时间不超过 44 小时的工时制度。《中华人民共和国劳动法》（以下简称《劳动法》）第 38 条规定：用人单位应当保证劳动者每周至少休息一天。

2. 法定休假日

法定休假日即法定节日休假。我国全体公民放假的节日包括：新年、春节、清明节、劳动节、端午节、中秋节、国庆节等。《劳动法》规定，法定休假日安排劳动者工作的，支付不低于工资的 300% 的劳动报酬。

3. 带薪年休假

很多国家都通过法律规定了带薪年休假制度，但是带薪年休假的天数却相差很大。我国《劳动法》第 45 条规定，国家实行带薪休假制度。《职工带薪年休假条例》规定，机关、团体、企业事业、单位民办非企业单位、有雇主的个体工商户等单位的职工连续工作 1 年以上的，享受带薪年休假（以下简称年休假）。职工在年休假期间享受与正常工作期间相同的工资收入。国家法定休假日、休息日不计入年休假的假期。

4. 其他假期

在员工福利中通常还包含病假。病假是指在员工因病无法上班时，组织仍然继续给他们支付薪酬的一种福利计划。一般情况下，员工能够请病假的时间长短取决于他们在企业中的服务年限，但是会对允许员工请病假的天数有一个上限规定。有些企业允许员工在一年当中积累病假天数，但是年底还未休的病假就自动取消。然而，由于这种做法可能会对员工产生一种错误的激励，鼓励他们在年底之前休完所有的病假，所以，有些企业采取了另外一些变通的做法，比如，在每年年底或员工退休或离职时，根据员工应休而未休的带薪病假天数支付部分或全部的薪酬。

员工还可以享受探亲假、婚丧假、产假与配偶生育假等。探亲假的享受对象是组织中那些与配偶及父母不在同一个区域的员工。达到法定结婚年龄的员工可以享受婚假，晚婚者可以多享受一定的假期。符合生育政策的女职工可以享受产假，而男职工可以享受配偶生育假以照顾分娩的妻子。

二、企业补充保险计划

(一) 补充养老金计划

由于各方面的原因,法律所规定的养老金水平不会很高,很难保证劳动者在退休以后能过上宽裕的生活。为此,很多国家都鼓励企业在国家法定的养老保险之外,自行建立补充养老保险计划,其主要手段是提供税收方面的优惠。企业年金是指企业及其职工在依法参加基本养老保险的基础上,自愿建立的补充养老保险制度。依法参加基本养老保险并履行缴费义务,具有相应的经济负担能力,并且已经建立了集体协商机制的企业,均可以建立企业年金。企业年金所需费用由企业和职工个人共同缴纳,职工在达到国家规定的退休年龄时,可从本人企业年金个人账户中一次或定期领取企业年金,未达到国家规定年龄的,不得从个人账户中提前提取资金。

美国养老计划有三种基本形式,分别是团体养老金计划、延期利润分享计划和储蓄计划。团体养老金计划是指企业(可能也包括员工)向养老基金缴纳一定的养老金。延期利润分享计划是指组织会在每一个员工的储蓄账户上贷记一笔数额一定的应得利润。储蓄计划是指员工从其工资中提取一定比例的储蓄金作为以后的养老金,与此同时,企业通常还会付给员工相当于储蓄金金额一半或者同样数额的补贴。

养老金的基本形式还可以为固定受益制、固定缴费制和现金余额计划。固定受益制包括确定养老金数量的一套标准,这样就可以实现确定员工应得的养老金数额。固定缴费制并不确定员工最终所得的养老金数量,只确定计划的定期缴纳额。现金余额计划能将固定收益制和固定缴费制的优势相结合,开设个人账户,所有缴费都来自企业,同时这些资金会根据一个预定的利率赚取利息。在固定受益制中,员工在退休以前就可以事先明确他们的退休所得。而在固定缴费制中,员工并不能确定他们的养老金数额,员工的最终所得与仰赖基金的摊缴额和退休基金的投资收益情况密切相关。在现金余额计划中,企业可以规划它们需要交纳的费用,同时员工也可以预测它们的退休福利金额。

(二) 团体人寿保险计划

人寿保险是市场经济国家的一些企业提供的一种最常见的福利。大多数企业都为其员工提供团体人寿保险,因为这一适用于团体的寿险方案对企业和员工都有优点。作为一个群体的员工,相对于个人而言,可以以比较低的费率购买到相同的保险,而且团体方案通常适用于所有的员工(包括新进员工),而不论他们的身体状况如何。在多数情况下,企业会支付全部的基本保险费,承保金额相当于员工两年的薪酬收入。

(三) 健康医疗保险计划

健康医疗保险的目的是减少当员工生病或遭受事故时本人或其家庭所遭受的损失。这种由企业补充保险的形式主要存在于美国等一些经济发达国家。在这种情况下,企业通常以两种方式提供这方面的福利:集体投保或者加入健康维护组织或优先提供者组织。

集体投保是指企业向保险公司支付一笔费用作为保费,当员工或其家庭发生某些事故时,保险公司可以部分或全部地赔偿其损失。从长期来说,企业所缴纳的保费应该等于保险公司向员工支付的赔偿金与保险公司的管理费用之和。但是保险项目必须界定清楚保险的范围以及赔偿金的比率。有时，有些企业还采取了自保的形式：企业自己划出一部分资金作为员工的保险金，而不在向保险公司投保。这是一种控制健康保险成本的方式，但是，这种做法会将原来转嫁到保险公司的风险重新移回到自己的身上。企业还可以采取加入健康维护组织的方式来为员工提供健康医疗保险服务。

三、员工服务福利

（一）员工援助计划

员工援助计划是企业针对诸如酗酒、吸毒、赌博或压力问题等向员工提供咨询或治疗的正式计划。基本模式有四种：

（1）在内部模式中，由公司自行雇用全部援助人员。

（2）在外部模式中，公司与第三方签订合同，由第三方提供员工援助服务所需的工作人员和服务内容，提供的服务地点可以是第三方的上班地点、本公司的上班地点或者二者的结合。

（3）在合作模式中，多个公司集中它们的资源共同制订一个员工援助计划。

（4）在加盟模式中，第三方已经与公司签订了合同，但第三方将合同转包给一个地方性的专业机构，而不是利用自己的员工来执行合同。如果实施员工援助计划的第三方在客户公司所在地没有办公地点，就通常采用加盟模式向客户公司的员工提供服务。

（二）咨询服务

企业可以向员工提供广泛的咨询服务。咨询服务包括财务咨询、家庭咨询、职业生涯咨询、重新谋职咨询以及退休咨询等。在条件允许的情况下，企业还可以向员工提供法律咨询。一些企业还通过网络等各种方式向员工提供一些有价值的信息，有些公司的内部网络上还会为组织内部的员工提供各种关于儿童教育、租房、交换家庭物品以及寻求其他方面同事帮助的信息平台。

（三）教育援助计划

教育援助计划是针对那些想接受继续教育或完成教育的员工实施的一种很普遍的福利计划。教育援助计划分为内部援助计划和外部援助计划两种。内部援助计划主要是指企业的培训。外部援助计划主要指的是学费报销计划。其目的是鼓励员工学习同时吸引那些愿意开发自身知识和技能的员工。典型的学费报销计划通常会涵盖注册费用以及与员工的当前工作或者在组织中的未来职业发展有关的课程方面的费用。当员工证明他们已经完成了组织批准他们参加的课程之后，就可以报销与之相关的所有费用。学费的报销可以采取全额报销、部分报销的方式，也可以采取每年给予固定金额的补助等不同的方式。

（四）儿童看护帮助

在国外，越来越多的公司向员工提供儿童看护帮助。这种帮助可以根据公司介入程度的不同划分为多种形式。企业参与程度最低的一种儿童看护帮助是，企业向员工提供或帮助员工查找儿童看护服务的成本和质量方面的一些信息。在儿童看护帮助方面，参与程度较高的企业向那些已经购买了儿童看护服务的员工提供补贴。在最高的企业参与层次上，企业直接向员工提供工作场所中的儿童看护服务。多项调查都显示，提供儿童看护帮助的企业，员工的缺勤现象大大减少，生产率也会有一定程度的上升。

（五）老人护理服务

随着人口平均年龄的提高，企业和个人都越来越多地关心老年人的护理问题。与儿童看护有些类似，老年护理计划的目的是帮助员工照顾不能充分自理的年迈父母。从企业的角度来说，老年护理福利之所以如此重要，其原因与儿童看护福利一样：帮助员工照顾他们年迈的家人会提高员工的工作绩效。组织提供的老年护理福利主要包括：弹性工作时间、长期保健保险项目以及公司资助的老年人看护中心等。

（六）饮食服务

很多企业为员工提供某种形式的饮食服务，让员工以较低的价格购买膳食、快餐或饮料。在公司内部，这些饮食设施通常是非营利性质的，有的企业甚至以低于成本的价格提供饮食服务。这种做法对员工的好处是显而易见的。对企业来讲，则意味着员工不需要花费很长的就餐时间。即使不提供全部就餐设施的企业，往往也会提供饮水或自动售货机服务以方便员工。那些不提供饮食服务的组织可能就要为其不完善的工作设施支付补偿性的差别工资，或者提供饮食补助。

（七）健康服务

健康服务是员工福利中使用最多的福利项目，也是最受重视的福利项目之一。员工日常需要的健康服务通常是法律规定的养老、生育、工伤保险所不能提供的。大多数情况下，健康服务包括为员工提供健身的场所和器械以及为员工举办健康讲座等。对于那些要求比较高、工作压力比较大的工作来说，有些企业还提供一些有助于员工在工作中投入必要的较长工作时间以及帮助他们缓解压力的福利。

第三节　员工福利的规划与管理

一、福利规划

（一）福利规划的概念

员工福利规划是企业结合自己的发展目标以及对未来各影响因素的预测和分析后，基于特定的阶段对未来一定时间内员工福利的发展走向和具体路径所作的全面、规范、系统的计划。员工福利规划应随着企业的发展进行动态调整，是静态的目标和动态时间相对应的计划，是员工福利发展的指导纲领。员工福利规划有助于员工福利的改善，有助于吸引、激励和留住员工，有助于企业人力资源管理水平的提升。

（二）员工福利规划阶段

1. 政府的强制和引导福利阶段

阶段目标：增强员工对养老、疾病、失业、工伤等社会风险的抵御能力。

2. 企业的普遍福利阶段

阶段目标：满足员工范围更广、层次更高的福利需求。

3. 员工的个性福利阶段

阶段目标：提高员工自身个性化福利需求的满意度。

企业可根据自己的福利现状来决定当前所处的福利阶段，以对员工未来的福利进行规划，应考虑到员工福利的现状、企业的发展目标、企业的经济实力、企业在劳动力市场上的竞争力、企业内部的激励性和凝聚力等各个因素。

（三）福利规划的步骤

1. 根据国家规定及企业自身发展需要设定适当的福利目标

企业应该根据国家相关法律规定及企业具体发展情况，制定符合自身状况的福利目标。此目标的制定应该在福利成本适当的情况下对多数员工具有激励作用。如创业期企业，可以采用高薪酬及较少福利的政策，随着企业发展到成熟期后，就可以提高福利比重。

2. 明确福利措施实施的对象

明确福利对象，即明确福利实施的范围。每类员工当前的迫切需要是不同的，因此，在制定福利政策前必须明确福利实施的对象。面对员工的不同需要，应该采取不同的福利项目，实施差异化福利管理策略。如企业可以将福利实施对象划分为：所有员工、骨干及上层员工、生活困难员工等，进而根据对象确定是采取全员福利、特殊福利还是帮扶福利。

3. 了解员工福利需求

明确福利实施对象后，通过沟通及时清楚地了解员工的福利需求，可实现员工福利效用的最大化。了解员工需求时应该抓住认清员工的关键需求及尚未得到满足的需求，使公司的福利政策设法贴近员工不断变动的需求。企业可以公开向员工介绍有关的福利项目，尽量使公司每个员工都能详尽地了解公司的福利计划，使良好的沟通成为福利工作的一个重要组成部分。如上海贝尔公司结合其员工年龄，沟通了解到大部分员工对于购房置业的需求最为迫切，于是在上海房价高的情况下推出了无息购房贷款的福利项目，这个福利政策的制定是与员工沟通的结果，这为企业更具有针对性地提出福利政策提供了很好的借鉴意义。

4. 福利项目选择

根据员工需要选择相应的福利项目，不同福利待遇间应该保持适度的差距。企业应该结合薪酬政策及员工对企业的贡献值作为衡量福利待遇的指标，相近福利项目间待遇差异不宜过大。

除此之外，福利项目的选择还应该具有弹性、多样性及"接地气性"。弹性是指在控制福利成本下，员工可以灵活制定或选择满足自身迫切需要的福利计划，使其参与到自身福利的设计中来，拥有对自身福利形式的发言权。企业可以设定福利清单，在清单中标明各个福利项目相应的金额，再根据员工的薪酬水平、职位高低等因素设定福利上限，在此基础上要员工自由选择福利项目。如员工可以根据自身需要选择购房还是购车福利，是选择休假还是选择电影券等。

而福利项目的多样性是指企业在福利的实施形式上可以有多种形式供选择，如经济福利（工作餐补贴、住房补贴、带薪休假、健康检查、员工分红持股等）、设施福利（员工餐厅、阅览室、疗养院、职工浴室等）与辅助福利（探亲假、年休假、产假、员工旅行、社团活动、文艺会演）等，也可以是这些不同福利方式的组合。如国外比较流行的"奖励旅行"，对工作优秀的员工组织公费旅游，除了观光休闲外，旅行中会穿插晚宴、颁奖等一些创意性小活动，这种构思新颖、富有新鲜感的多样化福利形式便可以获得更大的效果，满足员工多个层次的需求。

最后，福利项目的选择应更"接地气"，切实满足员工的真正需求。例如，比德文公司的福利内容有遗嘱福利、购房福利及孝福利，这些福利贴近员工现实生活，从实际上减轻了员工压力。因此，福利项目的选择应该注意贴近员工现实需要。

5. 福利项目的实施及跟踪改进

福利项目实施后企业应该对此进行跟踪，征询员工对于福利项目的反馈意见及建议，逐步调整改进不合适环节，进而建立满足员工需求、不断激发员工动力的动态福利体系。

二、福利管理

福利管理是对现存的福利组合进行管理。福利管理的内容包括福利申请的受理与处理、与员工进行福利沟通以及在环境变化时对福利进行监控和修订等。

（一）处理福利申请

一般情况下，员工会根据公司的福利制度和政策向公司提出享受福利的申请，企业此时就需要对这些福利申请进行审查，看其申请是否合理；也就是说，需要审查本企业是否实施了某种相关的福利计划，该员工是否在该计划覆盖的范围之类，以及该员工应当享受什么样的福利待遇等。这并不是一项技能水平要求较高的工作，但是它通常很费时间，并且对从事这项工作的人的人际沟通能力要求较高。这是因为在对福利申请进行处理的时候，还要为那些申请福利被拒绝的员工提供咨询，向他们解释被拒绝的理由。在福利申请的受理以及处理方面，福利管理者能够显示出自己对整个组织的重要价值，因为通过对福利申请者进行认真的审查，并恰当地处理福利申请，可以为企业节省很多不必要的支出。

（二）进行福利沟通

员工福利要对员工的行为和绩效产生影响，就必须使员工认为福利是总薪酬的一部分。但是很多企业的经验显示，即使企业为向员工提供福利作出了很多努力，员工仍没有意识到组织到底提供了什么福利，或者根本没有意识到组织为此付出了多么高额的成本。此外，虽然员工非常看重已经得到的福利，但是这并不意味着他们对企业所提供的每项福利计划都很满意。这两种情况表明，企业有必要设计一种完善的福利沟通模式，一方面，告诉员工他们都享受哪些福利待遇；另一方面，告诉员工他们所享受的福利待遇的市场价值到底有多高。

福利沟通比直接薪酬信息沟通要困难一些。很多时候，在每一个带薪工作日，员工都有可能会得到直接薪酬方面的信息反馈；换句话说，每工作一天，员工都知道今天自己能够赚到多少钱。然而，对大多数员工而言，福利在很长一段时间内可能都是看不到的。在福利计划本身比较复杂的情况下，企业也很难对员工进行详尽的解释。企业应该采取一些有计划的、持续的方式与员工进行福利信息方面的沟通，让员工对他们享有的福利待遇有一定程度的了解。

良好的福利沟通有以下几个措施：

（1）编写福利手册，这些手册可以包含一本总册子和一系列附件，解释企业提供给员工的各项福利计划。

（2）定期向员工公布有关福利的信息。这些信息包括：福利计划的适用范围和福利水平；对具体员工来说，这些福利计划的价值是什么、组织提供这些福利的成本是多少。

（3）在小规模的员工群体中作福利报告，可以由福利管理人员或者部门经理来完成。

（4）建立福利问题咨询办公室或咨询热线。这既有利于员工了解企业的福利政策和福利成本开支情况，同时也是表明企业希望员工关心自己的福利待遇的一种信号。

（5）建立网络化的福利管理系统，在企业组建的内部局域网上发布福利信息，也可以开辟专门的福利板块，与员工进行有关福利问题的双向交流。

（三）加强福利监控

福利领域的情况变化很快，企业必须紧紧跟随组织内部和外部态势的发展变化。

（1）有关福利的法律经常会发生变化，组织需要关注这些法律规定，检查自己是否符合法律法规的规定。一方面，避免自己在不知不觉的情况下违反国家的法律法规；另一方面，企业以法律法规为依据，寻求有利于自己的福利提供方式。

（2）员工的需要和偏好会随员工队伍构成的不断变化以及员工自身职业生涯的发展阶段而处于不断变化之中。因此，员工的福利需求调查应该是一项持续不断、经常进行的工作，而不能一劳永逸。

（3）与对外部市场的直接薪酬状况变化的了解类似，对其他企业福利实践的了解也是企业在劳动力市场上竞争的一种重要手段。

（4）对企业而言，最复杂的问题莫过于由外部组织提供的福利成本所发生的变化引起的问题。例如，由保险公司所提供的保险价格的改变等引起的问题需要企业格外重视。

企业只有对在福利领域所发生的变化进行有效的监控并随时进行调整，才能保证以较低的成本提供令员工满意的福利项目。

第四节 弹性福利计划

一、弹性福利计划的内涵

弹性福利计划又称为自助餐式的福利计划，其基本思想是让员工对自己的福利组合计划进行选择。但这种选择会受两个方面的制约：一是企业必须制定总成本约束线；二是每一种福利组合中都必须包括一些非选择项目，例如社会保险、工伤保险以及失业保险等法定福利计划。在上述两个因素的限制下，员工可以挑选福利项目。传统福利制度所带来的一个问题是：组织提供的福利组合并不适用于每一个员工。在这种情况下，可能企业支付的福利成本很高，但提供的福利对有的员工没有价值。弹性福利计划则为员工提供了多种不同的福利选择方案，从而满足了不同员工的相同需要。

虽然很多企业是因为其他企业实施了弹性福利计划而追随实施的，但是更多的企业从全面薪酬管理的角度来分析自己提供福利的行为。推行弹性福利计划不仅能够提供最适合员工需求的福利组合，还能够更好地控制福利成本。提供弹性福利计划还有其他很多好处。例如，弹性福利计划促使员工考虑他们所获得的福利的市场价格，从而认识到组织为其提供的福利是有成本的。此外，员工能够选择最适合他们的福利组合，对组织而言，福利成本的付出就获得了最大的回报，否则，即使组织承担的成本再高，员工也可能会感觉不到。最后，弹性福利给予员工更大的权利来控制自己的福利选择，这种做法本身就是一种组织信任员工的信号，有助于增强员工对组织的忠诚度等。

专栏 9-3

Astra Zeneca 的弹性福利计划

Astra Zeneca 公司是瑞典的药材公司 Astra AB 与英国的 Zeneca 集团 PLC 在 1999 年合并成立的。合并后，新的公司为增加对人才的吸引力，开始改革原有薪酬体系。"我们的首席执行官对全球人力资源部门的作用提出了挑战，以一种工业主导的方式融合各种条件和情况，保护法人的权利，但是要尽可能快地并且用最小的代价实现它。"Astra Zeneca 公司在英国的人力资源副经理 Malcolm Hurrell 说："弹性福利方案是满足所有这一标准的唯一方法。"Hurrell 说："尽管合并也促进了弹性福利方案的实现，但是 Astra Zeneca 采取弹性补贴方案的主要原因却是人才的竞争。我们这个行业人才的竞争十分激烈，对我们来说，知识和技能就是一切。我们最基本的目标就是让我们看起来像是最有吸引力的雇主。"Astra Zeneca 的决定给了市场一个信号，公司应该是一个令人兴奋的工作场所。"我们在这个行业中率先把工资和福利转化成简单的现金，从而使员工能灵活地选择他们想要的东西。"Hurrell 说："我们已经收到的反响令人难以置信。"自从 2001 年早些时候开始实行这项计划以来，Astra Zeneca 公司 92% 的员工选择了与他们原来不同的工资与福利组合方式。

Hurrell 把员工高度的知晓权和高涨的参与热情归结于一场广泛的交流活动。他命名为"AZ – Advantage"的这场活动为弹性福利方案树立了一个品牌，并且在新的福利制度实施以前 6 个月为员工提供了相应的培训。"我们能够引起员工关于这个品牌的兴趣，并且在员工必须做出决定之前使他们充分理解新的福利制度。"Hurrell 说。

二、弹性福利计划的实施方式

企业可以采取多种方式实现从传统福利计划向弹性福利计划的过渡。简单的做法是适当降低基本薪酬，增加福利待遇的可选择性。复杂的做法是可以运行设计完备的福利选择系统。无论如何，只要员工有机会在一系列的福利计划之间作出选择，弹性福利计划就能够发挥作用。选择何种弹性福利计划方案，取决于企业想要从弹性福利计划中获得什么。

（一）附加福利计划

实施这种附加福利计划，不会降低原有的直接薪酬水平和福利水平，而是提供给员工一张特殊的信用卡，员工可以根据自己的需要自行购买商品或福利。发放给员工的信用卡中可使用的金钱额度取决于员工的任职年限、绩效水平，还可以根据员工基本薪酬的百分比来确定。在实施这种福利计划时，信用卡可能局限于某一商场或某一福利提供组织，如某一保险公司。换句话说，信用卡中的钱必须全部花完，不能提取现金，这是与直接薪酬相区别之处。从薪酬的角度来看，任何附加福利计划都会提高组织的薪酬成本。但是，对那些直接薪酬低于市场水平而又想在劳动力市场上具有一定竞争力的组织而言，这是一种很好的办法。

（二）混合匹配福利计划

在实施混合匹配福利计划时，员工可以按照自己的意愿在企业提供的福利领域中决定每种福利的多少，但是总福利水平不变。一种福利的减少意味着员工有权选择更多的其他福利。当然，如果降低其他福利项目的水平仍然不能使员工对某种特定的福利感到满意，企业就只能采取降低基本薪酬的办法了。

（三）核心福利项目计划

核心福利项目计划是指为员工提供包括健康保险、人寿保险以及其他一系列企业认为所有员工必须拥有的福利项目的福利组合。企业会将所有这些福利项目的水平都降到各项标准要求的最低水平上，然后让员工根据自己的爱好和需要选择其他福利项目，或者增加某种核心福利项目的保障水平。

（四）标准福利计划

在这种经常被使用的标准福利计划下，员工面对着多种不同的福利组合。他们可以在这些组合之间自由选择，但是没有权利自行构建自己认为合适的福利项目组合。每一种福利组合，我们都可以称之为一个福利模。一个福利模与另一个福利模之间的差异可能在于福利项目的构成不同，也可能是由同样的项目构成，但是每种福利项目的水平之间存在差异。如果福利模的成本不同，那些选择成本较小的福利模的员工会遭受利益的损失。那些将福利管理外包给外部专业组织的企业经常使用这种弹性福利模式。

三、实行弹性福利计划应注意的问题

在实施弹性福利计划的过程中，企业往往不能给予在法律允许范围内员工所能够拥有的最大限度的自由选择权。这种做法会因为个别员工的特殊福利要求而大大提高公司的福利成本；此外，如果某一员工在其职业生涯的早期阶段作出了一个并不明智的福利选择，到后来才发现这一选择其实是一种错误，那么到那个时候，企业赋予员工的这种自由度很大的选择权反而会招致员工的怨恨。因此，在实施自助餐式的福利计划时，除了国家法律规定的必选福利项目之外，企业还应该限定某些员工必须选择一些福利项目。在这个基础上，员工才可以作出进一步的福利选择。另外，为了保证福利计划的总成本不超出预算，在提供弹性福利计划之前，还需要在组织内部进行福利调查，提供给员工一系列可供选择的福利项目，让他们确定自己的福利组合。组织不会提供那些只有少数人选择的福利项目。

本章案例研究

谷歌的超级福利体系

谷歌拥有令人艳羡的福利体系，这也是很多人想加入谷歌的原因之一，其中包括免费理发、美食、医疗服务以及各种高科技清洗服务等。不过谷歌刚推出不久的一项福利却鲜为人知，但这也是最令人惊讶的一项福利，就是员工死亡福利。

谷歌人事主管 Laszlo Bock 表示："我们已经推出了一项谷歌员工死亡福利，这听起来不可思议，但的确是真的。"Bock 所说的员工死亡福利是指：如果谷歌员工去世，那么其配偶不仅可以在未来10年领到去世员工一半的薪水，还能获得去世员工的股权授予。此外，他们的未成年子女每月还能领到1000美元的生活费，直到19岁为止，如果子女是全职学生，那么可以享受这项福利直至23岁。这项福利对员工的工作期限没有限制，这就意味着谷歌3.4万名员工都能享受到这项福利。

Bock 还表示："谷歌推出的这项福利对谷歌可谓只有付出没有回报，但帮助去世员工的家属渡过生命中艰难的那段时间对谷歌来说也是非常重要的。"

除了丰厚的员工死亡福利外，谷歌的产假待遇也着实另其他公司的员工羡慕。男性员工在孩子出生时可获得6周的带薪假期，女性员工的带薪产假长达18周。

2012年10月2日，谷歌已经超过微软，成为按市值计算的全球第二大科技公司。谷歌一直善待员工，谷歌员工的平均薪资比其他公司从事同类工作的员工的平均薪资高出23%，比其他大型技术公司从事同类工作的员工的平均薪资高出10%以上。谷歌推出死亡福利，看似是一个匪夷所思的管理举措，但其中包含深刻的管理内涵。

薪酬在人力资源管理体系中，对于劳资双方都具有不同的功能和意义，并且是双方都很关注的一个问题。对于员工来说，薪酬不仅是获得生活条件的经济保障，而且也体现了个人的能力、价值和社会地位。同样对于企业来说，薪酬不仅仅代表着一种成本的支出，而且也是吸引、激励和留住员工的主要手段。

[讨论题]

从现代企业使用的福利管理（即从工资奖金之外的激励手段）分析如何留住公司需要的员工？

本章小结

作为一种间接薪酬形式的福利在整个薪酬体系中具有越来越重要的作用。它一方面有利于企业吸引、保留以及激励员工，培育积极、和谐的企业文化，合理降低税收成本；另一方面，福利能够满足员工的多种不同需要。

虽然员工福利得到了迅速的发展，但是在福利管理方面存在很多问题，其中主要是对福利的认识有些混乱、福利成本居高不下以及福利的投资回报率比较低。

员工福利主要包括法定福利、企业补充保险计划以及员工服务福利等。其中法定福利主要是养老、失业等各种社会保险计划、住房公积金以及法定假期。企业补充保险计划包括补充养老金计划、团体人寿保险计划以及健康医疗保险计划等。员工服务福利则包括员工援助计划、儿童老人看护服务、健康服务以及教育援助计划、咨询服务等。

福利规划和管理工作非常重要，其中主要是合理确定福利项目以及可以享受的福利范围。同时，还要注意做好福利申请受理、福利沟通以及福利监控方面的工作。

弹性福利计划是一种赋予员工灵活选择权的福利计划，其优点是能够有效满足员工个人的独特需要，但是同时也增加了福利管理的成本。

复习思考题

1. 员工福利的发展趋势是怎样的？目前存在哪些问题？
2. 员工福利对企业和员工分别有怎样的影响？

3. 员工福利主要包括哪些类型？这些福利计划的作用分别是怎样的？
4. 福利规划的内容是什么？福利规划主要涉及哪些方面的决策？
5. 为什么说福利沟通非常重要？
6. 企业在实施福利管理的过程中应当注意哪些要点？
7. 什么是弹性福利计划？实施弹性福利计划应当注意什么？

第十章

薪酬管理的实施和调整

本章内容提要
1. 薪酬预算。
2. 薪酬控制。
3. 薪酬调整。

引导案例

胡雪岩以财揽才

办什么事情都要靠人，因此人才就是企业的生命线。胡雪岩深明此理，他收揽人才的方法更令人称道。他用厚利来买人才，却并不是买人，而是买心，以诚相待、信则不疑，不但调动了手下人的积极性，而且使许多人对他感恩戴德，追随一生。

胡雪岩在筹办阜康钱庄之初，急需一个得力的"挡手"。经过考察，他决定让原大源钱庄的一般伙计刘庆生来担当此任。钱庄还没有开业，周转资金都没有到位，胡雪岩就决定给刘庆生一年200两银子的薪水，还不包括年终的"花红"。

靠厚利，胡雪岩一下子就打动了刘庆生的心。当他将200两银子的预付薪水拿出来的时候，刘庆生激动地对胡雪岩说："胡先生，你这样待人，说实话，我听都没有听说过。铜钱银子用得完，但大家永远是一颗心；胡先生，你吩咐好了，怎么说怎么好！"从一开始就让刘庆生心悦诚服了。

与此同时，胡雪岩还替他考虑到了家里的事情，让他把留在家乡的父母妻儿接来杭州，上可尽孝，下可尽责，解决了其后顾之忧，以便他倾尽全力照顾钱庄生意。

一次的慷慨，便得到了一个确实有能力，也的确是忠心耿耿的帮手，阜康钱庄的具体营运，他几乎可以完全放手不管了。

胡雪岩对有功者，特设"功劳股"，就是从盈利中抽出一份特别红利，专门奖给对胡庆余堂有贡献的人。功劳股是永久性的，一直可以拿到本人去世为止。有位叫孙永康的年轻药工就曾获得此项奖励。有一次，胡庆余堂对面的一排商店失火，火势迅速蔓延，眼看无情的火焰扑向胡庆余堂门前的两块金字招牌，孙永康毫不犹豫地用一桶冷水将全身淋湿，迅速冲进火场，抢出招牌，头发、眉毛都让火烧掉了。胡雪岩闻讯，立即当众宣布给孙永康一份"功劳股"。

同时，胡雪岩还设立了"阳俸"和"阴俸"。所谓阳俸，就像现在的退休金，发给老弱多病无法继续工作的人。而阴俸如同现在的遗属生活补助费，是职工死后，按照工龄长短发给其家属的生活费。当然，不是人人都可以得到阳俸和阴俸，要以对胡庆余堂有过贡献为前提，含有论功行赏的意义。虽然，阳俸、阴俸成了胡庆余堂一笔不小的开支，但收到了解除员工后顾之忧、促使人们争强好胜的客观效果，由此激发的生产积极性和创造力所转化的经济效益远远超过了所支出的金额。

［讨论题］
胡雪岩收揽人才的核心是什么？

第一节　薪酬预算

一、薪酬预算概述

（一）薪酬预算的概念

预算是特定的主体决定要实现怎样的目标以及准备以何种成本或代价来实现这一目标的过程。对于任何一种经济活动而言，通过预算来进行成本控制都是不可或缺的一个环节。鉴于薪酬问题在经济上的敏感性及其对企业财务状况的重要影响，薪酬预算理所当然地成为企业战略决策过程中的一个关键问题。它要求管理者在进行薪酬决策的时候，必须把企业的财务状况、所面临的市场竞争压力以及薪酬预算、薪酬控制等问题放在一起加以综合考虑。同样，在决定要更新企业的薪酬结构、为员工加薪或者实施收益分享计划的时候，薪酬预算也是确保薪酬成本不超出企业承受能力的一个重要措施。

薪酬预算是管理者在薪酬管理过程中进行的一系列成本开支方面的权衡和取舍。在新的财务年度，管理者需要综合考虑外部市场的薪酬水平、员工个人的工作绩效、企业的经营业绩以及生活成本的变动情况等各种要素，并对这些要素在加薪中分别占据的比重进行权衡。这种权衡还发生在长期奖金与短期奖金之间、根据绩效加薪与根据资历加薪之间以及直接货币报酬与间接福利支出之间。主要以薪酬作为激励手段还是转而用其他人力资源管理手段来激励员工，同样是有一个管理者值得考虑的问题。

（二）薪酬预算的目标

任何一个企业都是由一定数量和质量的员工组成的集合，这些员工聚集在一起，在实现企业经营目标的同时，也为实现特定的个人目标而努力。从这个意义上来说，薪酬实际上是企业与员工之间达成一项隐含契约，它体现了雇佣双方就彼此的付出和给予达成一致性意见。正是凭借这一契约，员工个人与企业之间得到交换才得以实现。因此，在制定薪酬预算的时候，企业一般希望凭借这一举措实现以下两个方面的目标。

1. 合理控制员工流动率,同时降低企业的劳动力成本

与所有的交换一样,发生在企业与员工之间就劳动力和薪酬所进行的交换也要遵循经济学中最基本的规律:双方都想在提供最小投入的情况下从对方处获得最大的产出。具体到企业方面,当它从员工方面得到的收益逐渐增多的时候,它在购买劳动力时需要支付的成本也逐渐上升。因此,在企业劳动力成本的变动过程中,一定会出现这样一点,在该点处能够满足这样一个条件:企业的边际劳动力成本等于它所获得的边际劳动力收益,即达到所谓的均衡状态。而薪酬预算最重要的目标就在于找到这一均衡点,以实现劳动力成本和企业收益之间的平衡,保证企业所有者的收益最大化目标得以实现。

2. 有效影响员工的行为

薪酬预算能够施加影响的员工行为主要包括两个方面,即员工的流动率和他们的绩效表现。

(1) 员工的流动率受到雇佣关系中诸多因素的影响,而薪酬水平是其中非常重要的一个影响因素。企业期望与大多数员工建立起长期稳定的雇佣关系,以充分利用组织的人力资源储备,并节约招募、筛选、培训、和解雇方面的支出;而员工通常会要求得到至少等于、最好超过其自身贡献的回报,否则就有可能终止其与企业的雇佣关系。有鉴于此,企业在制定薪酬预算的时候,必须考虑如何才能既有效地控制劳动力成本,同时还能保持一个较为合理的员工流动率。

(2) 员工的绩效表现对于企业而言是至关重要的。为了促使员工表现出优良的绩效,一种最简单的方法就是把绩效要求直接与特定职位结合在一起,员工在与企业建立雇佣关系的同时就已经明确了其需要达到的绩效标准。从薪酬预算的角度来说,如果企业在绩效薪酬或者浮动薪酬方面增加预算,而在基本薪酬的增长方面注意控制预算的增长幅度,然后再根据员工的绩效表现提供奖励,那么,员工必将重视自身职责的履行以及有效业绩的实现,而不是追求职位的晋升或者在加薪方面盲目攀比。

(三) 薪酬预算的关键决策

在制定薪酬预算的过程中,企业可能需要作出以下关键性决策:

1. 薪酬水平调整的时间

什么时候对薪酬水平进行调整也就是企业在一年中的什么时间为员工调薪的问题。调薪的时间不一样,同样的加薪方案给企业带来的经济压力也是不同的。

2. 薪酬水平调整的对象

此处涉及的是薪酬方案的参与率问题。在企业加薪总额一定的情况下,员工的参与比例提高,每个人可以得到的加薪额度就越小。在现实中,一般刚刚加入企业的员工是不会马上得到加薪的,根据企业政策的不同,这段等待期可能从 6 个月到 1 年不等。

3. 企业人员变动

企业员工人数的多少对组织的整体薪酬支出水平影响较大,当员工人数增加或流动比较频繁时,组织的平均薪酬水平可能会随之降低。与加薪的时间问题一样,在不同的时间对员工人数进行调整,对组织所产生的影响也是不同的。结合员工流动效应进行考虑可以在很大程度上增强企业薪酬预算的准确性和时效性。

4. 企业里职位变化

能够对企业里的职位状况产生影响的因素有很多。以技术水平为例，对于特定职位而言，当它的技术含量提高时，员工所得的薪酬也应该相应提高。因此，在制定预算的时候，应综合考虑企业内部职位发生的整体变化以及各种职位上的人数增减状况。

二、薪酬预算的环境

在做薪酬预算之前，首先对企业所处的内部环境和外部环境加以了解是十分必要的。通过这一步骤，企业可以更清楚地了解自己目前的处境、市场和竞争对手的真实状况以及所面临的机遇与挑战，同时还有助于企业制定相应的策略。

（一）外部市场环境

任何一个企业与其所处的市场间都会有不可分割的联系。从薪酬预算的角度来说，了解外部市场的一种常见方式就是进行薪酬调查。通过薪酬调查，企业可以收集到有关基准职位的市场薪酬水平方面的信息，把它们与组织中的现实情况进行比较，有助于企业判定自己在劳动力市场上的准确定位，从而为企业的预算制定提供准确的依据。不仅如此，随着市场经营环境的不断变化和企业自身情况的改变，有目的地进行市场薪酬调查，对于企业依据市场变化保持相对于竞争对手的劳动力市场优势地位以及确保本企业薪酬预算的时效性是十分必要的。

（二）企业内部环境

企业制定薪酬预算的内部环境主要取决于组织既有的薪酬决策和它在招募、保留员工方面的费用。企业内部环境的变动情况主要源于员工队伍本身发生的变化，例如员工数量的增减以及员工的流动。员工人数的增加和流动的加剧都会降低企业的平均薪酬水平。这是因为，由于资历的缘故，新员工大多处于薪酬等级的底层，资深员工则处于薪酬等级的上层。当以新员工来代替已有员工或增加新员工时，就有可能使得整体的薪酬水平下降；而当员工人数减少或流动速度减缓时，则会产生相反的效应。特定职位上员工更替所导致的薪酬差额称为"流动效应"。核心员工的流动会导致组织人力资本储备的丧失。

技术的进步也会对薪酬预算的内部环境产生较大影响，企业总体技能水平的提高或降低足以发挥出不亚于其他因素的影响作用。当科学技术的发展带来企业技能水平的总体上升时，即使员工的总数减少，平均薪酬水平也会有所上升，而这种上升无疑会给企业的薪酬预算带来种种影响。这些年来随着社会整体技术水平的快速上升，员工薪酬水平随之上涨已成为不争的事实。

（三）生活成本的变动

企业在制定薪酬预算时，把生活成本的变动情况结合起来考虑是一种很自然的做法，毕竟薪酬最基本的功用就在于满足员工生活开支方面的需求。在通货膨胀比较严重的时候，如果企业对薪酬水平的调整跟不上生活成本的剧烈波动，往往会招致员工的强烈不满，甚至导致企业经营上的危机。

但对员工的生活成本进行衡量又实在不是一件很容易的事情，这是因为它关乎员工个人的消费模式、婚姻状况、抚养人数、年龄大小甚至居住地点之间的地域差别；员工的生活成本反过来也与员工领取的薪酬高低存在一定的关联性。为了简便起见，企业普遍采取的做法是选择消费指数（CPI）作为参照物，以产品和服务价格的变化来反映实际生活水平的变动情况。

（四）企业的薪酬现状

企业在制定未来的薪酬预算时必然会以薪酬的现状为参考，薪酬的现状所涉及的范围相当广泛，涵盖了企业薪酬管理的方方面面。其中比较重要的几个问题如下。

1. 上年度的加薪幅度

相对于企业本年度的薪酬预算而言，上年度的加薪幅度可以作为一个参考，目的是确保企业尽量保持不同年份之间薪酬政策的一致性和连贯性，并对年度支出方面进行平衡。无疑，这种做法对于组织结构的稳定性、给员工提供心理上的保障、实现稳定经营都是十分必要的。在数量上，年度加薪的幅度可以用下面的公式来计算：

年度加薪比率 = （年末平均薪酬 − 年初平均薪酬）/ 年初平均薪酬 × 100%

2. 企业的支付能力

在其他因素一定的情况下，企业的支付能力是其自身财务状况的函数。当企业的财务处境良好时，它往往具备保持其在劳动力市场的优势竞争地位的实力，同时还可以通过收益分享及利润分享等方案与员工分享企业的良好经营绩效。而当财务方面出现问题的时候，企业通常会采取裁员、降低基本薪酬上涨幅度或缩短可变薪酬的做法来渡过难关。

3. 企业现行的薪酬政策

企业的薪酬政策主要包括现有的薪酬水平政策及薪酬结构政策。前者可能涉及的问题主要包括：企业是要做特定劳动力市场上的薪酬领袖、跟随者还是拖后者？哪些职位理应得到水平较高的薪酬？而有关薪酬结构的具体问题则包括：在企业的薪酬水平决策中，外部竞争性和内部一致性所起的作用哪一个更大？企业里到底有多少个薪酬等级？各个薪酬等级之间的重叠范围是否足够大？员工在什么情况下会获得加薪？

三、薪酬预算的方法

（一）宏观接近法

宏观接近法指首先对公司的总体业绩指标作出预测，然后确定企业所能够接受的新的薪酬总额，最后按照一定的比例把它分配给各个部门的管理者，由管理者负责进一步的分配到具体的员工。

1. 根据薪酬费用比率推算合理的薪酬预算总额

在企业采取的各种薪酬预算方法中，这是最简单、最基本的分析方法之一。在本企业的经营业绩稳定且增长适度的情况下，管理者可以由本企业过去的经营业绩推导出适合本企业的安全的薪酬费用比率，并以此为依据对未来的薪酬费用总额（包括福利）制定预算；若本企业的经营水平不佳，则应参考行业的一般水平确定合理的薪酬费用比率，并由此推断合理的薪酬费用。薪酬费用比率的计算公式可以表示如下：

薪酬费用比率 = 薪酬费用总额 / 销售额 = （薪酬费用总额 / 员工人数）/（销售额 / 员工人数）

2. 根据盈亏平衡点推断适当的薪酬费用比率

盈亏平衡点指在该点处企业销售产品和服务所获得的收益恰好能够弥补其总成本（含

固定成本和可变成本）而没有额外的盈利。也就是说，企业处于不盈不亏但尚可维持的状态。边际盈利点是指销售产品和服务带来的收益不仅能够弥补全部成本支出，而且可以付给股东适当的股息。安全盈利点则是指在确保股息之外，企业还能得到总以应付未来可能发生的风险或危机的一定盈余。显然，这三个点与企业销售量的大小是密切相关的，而可能实现的销售量的多少又直接关系到薪酬费用水平的高低。

盈亏平衡点、边际盈亏点和安全盈利点所要求的销售额的计算公式分别是：

$$盈亏平衡点 = 固定成本/(1-变动成本比率)$$

$$边际盈利点 = (固定成本+股息分配)/(1-变动成本比率)$$

$$安全盈利点 = (固定成本+股息分配+企业盈利保留)/(1-变动成本比率)$$

根据上面三个公式，我们可以推断出企业支付薪酬费用的各种比率：

薪酬支付的最高比率（最高的薪酬费用比率）= 薪酬成本总额/盈亏平衡点

薪酬支付的可能限度（可能的薪酬费用比率）= 薪酬成本总额/边际盈利点

薪酬支付的安全限度（安全的薪酬费用比率）= 薪酬成本总额/安全盈利点

3. 根据劳动分配率推算合适的薪酬费用总额

劳动分配率指在企业所获得的附加价值中，有多少被用来作为薪酬开支的费用。其计算公式是：

$$劳动分配率 = 薪酬费用总额/附加价值$$

式中，附加价值是指企业本身创造的价值，在性质上犹如家庭的可支配收入。它是生产价值中扣除从外面购买材料或劳动力的费用之后，附加在企业上的价值。它是企业进行劳动力和资本分配的基础。附加价值的计算方法有两种：一种是扣减法，即从销售额中减去原材料等外购的由其他企业创造的价值；另一种是相加法，即将形成附加价值的各项因素相加而得出。其计算方法分别是：

$$附加价值 = 销售额 - 外购部分$$
$$= 净销售额 - 当期进货成本 - (直接原材料+购入零配件+外包加工费+间接材料)$$

$$附加价值利润 + 薪酬费用 + 其他形成附加价值的各项费用$$
$$= 利润+薪酬费用+财务费用+租金+折旧+税收$$

（二）微观接近法

与宏观接近法相对应，微观接近法指的是先由管理者预测出每一位员工在下一年度里的薪酬水平，再把这些数据汇总在一起，从而得到整个企业的薪酬预算。整个过程应该包括以下这些步骤。

1. 对管理者就薪酬政策和薪酬技术进行培训

在采用微观接近法的情况下，各级管理者是决定企业的薪酬预算能否顺利进行的最重要的力量，因此，在实施具体的薪酬预算之前，有必要首先对他们进行培训。通过培训使他们具备根据绩效表现向员工支付薪酬的意识，并掌握加薪和预算等方面的常规薪酬技术。培训的主要内容应该包括公司的薪酬政策、薪酬增长政策线、预算技术以及薪酬等级划分的原则等。同时，就市场上的薪酬数据及其分布情况与这些管理者进行沟通也是十分必要的。

2. 为管理者提供薪酬预算工具和咨询服务

预算工具包括薪酬预算说明书和工作表格。薪酬预算说明书是对薪酬预算需要用到的技术以及这些技术的具体使用方法作出的简要说明，它对管理者起到引导作用，同时也有助于提高管理效率、降低管理成本。而工作表格则主要提供特定员工在薪酬方面的一般性信息，例如该员工一贯的绩效表现、过去的加薪情况、过去的加薪时间。这些数据有助于确保管理者针对特定员工所采取的薪酬管理举措具有一致性和连贯性，更好地实现内部公平。另外，为促进组织内部薪酬预算的顺利进行，持续地向管理者提供咨询建议和薪酬信息，提供技术和政策上的支持也是十分重要的。

3. 审批并批准薪酬预算

在管理者就各个部门的薪酬预算形成初步意见之后，需要对这些意见进行进一步的审核和批准。事实上，这一步骤又可以细化为若干具体的小步骤。首先，要对这些预算意见进行初步的审核，使它们与组织已经制定出来的薪酬政策和薪酬等级相符合；其次，把组织内部各个部门的薪酬预算意见汇总在一起，进行总体上的调节和控制，确保内部公平性和外部一致性，保证各个部门之间的平衡；最后，管理层进行集体决议，得出最终的预算意见，并确保得到决策层的批准。

4. 监督预算方案的运行情况，并向管理者反馈

制定出薪酬预算方案以及得到决策层的认可并不意味着薪酬预算的完结，从某种意义上讲，这一过程才刚刚开始。在预算方案下达到各个具体部门并加以执行的整个过程中，管理者必须对该方案的执行状况进行严密监控，一方面要保持与员工的畅通交流，了解他们的看法和态度，并对他们的反应作出积极、快速的反馈；另一方面要从企业的角度出发，做好因时因地对方案进行调整的准备。

第二节　薪酬控制

一、薪酬控制的作用

薪酬控制指为确保既定薪酬方案顺利落实而采取的种种相关措施。在企业的实际经营中，正式的控制过程往往包括下面几个步骤：

（1）确定相关标准以及若干衡量指标；

（2）将实际结果和既定标准进行比较；企业通过薪酬预算，一般对自己在薪酬方面的具体标准和衡量指标有了比较清晰的认识，而薪酬控制的主要功用就在于确保这些预定标准的顺利实现。

控制对于企业是十分必要的。对薪酬体系的运行状况进行监控，其主要目的在于对之前的预期和之后的实际状况进行对比，薪酬预算和薪酬控制是一个不可分割的整体：企业的薪酬预算需要通过薪酬控制加以实现，在薪酬控制过程中对薪酬预算的修改意味着一轮新的薪酬预算的产生。

二、薪酬控制的难点

对于任何一个企业来说，对日常经营活动进行监督和控制都不是一件轻松的事情；实际的控制要受到多种因素的制约甚至阻碍。而这种情况之所以会出现，主要是因为控制行为本身的复杂性所致。这种复杂性主要表现在以下几个方面：

（一）控制力量的多样性

在一定程度上，每个人都有控制他人的欲望。在企业中，每个人都为实现企业的整体目标而完成自己的手头工作，同时也为实现个人目标而进行种种努力；他们不可避免地要因为受控而承受来自企业和其他员工的压力，同时也在向他人施加一定的压力。概括来说，企业里的控制力主要有以下三种：企业里现有的正式控制体系、来源于小团体或特定个人的社会控制以及员工的自我控制。为了对企业里的各项事宜（包括薪酬）进行有效监控，通常要求这三种控制力量必须被整合在一起，对员工发挥相同方向的作用。但事实上，真正实现这种和谐的可能性是小之又小的，员工在大多数时候都必须在各种冲突力量之间进行选择，这也是企业里的控制体系为什么总是处于次优状况的重要原因。

（二）人的因素的影响

企业的控制体系在不同的时候、处在不同的环境下、面对不同的对象会发挥出不同的作用。举例来说，如果各项工作职责的设计和履行之间彼此独立，工作周期本身又比较短，那么控制体系的作用效果就比较明显；如果从事工作的是一名新员工，对于控制力量本身有着较强的需求，控制的效果也应该不会太差。但是，如果某项工作职责在最终结果出来以前要求在职者接受多年的培训、在很长的时间里与不同的岗位打交道，那么对其进行监控就不会有很明显的效果。这种情况下，借助于社会控制和自我控制的力量往往能够收到更为理想的效果。

三、薪酬控制的途径

（一）薪酬控制的对象

在企业的经营过程中，薪酬控制在很大程度上指的是对劳动力成本的控制。企业的劳动力成本可以用下面的公式表示：

$$劳动力成本 = 雇佣量 \times （平均薪酬水平 + 平均福利成本）$$

可以认为劳动力成本主要取决于企业的雇佣量以及在员工基本薪酬、可变薪酬和福利与服务这三个方面的支出，它们自然也就成了薪酬控制的主要着眼点。同时，企业所采用的薪酬技术，例如职位分析和职位评价、技能薪酬计划、薪酬等级和薪酬宽带、收益分享计划等，在一定意义上也能够对薪酬控制发挥不小的作用。可以从以下几个方面来关注企业的薪酬控制：

（1）通过控制雇佣量来控制薪酬；

（2）通过对平均薪酬水平、薪酬体系的构成调整以及有目的地设计企业的福利计划来达到控制薪酬的目的；

（3）利用一些薪酬技术进行潜在的控制。

（二）通过雇佣量进行薪酬控制

雇佣量取决于企业里的员工人数和他们相对应的工作时数，而通过控制这两个要素来管理劳动力成本可能是最简单、最直接的一种做法。为了更好地管理企业的劳动力成本，许多企业会选择与不同的员工团体建立不同性质的关系：与核心员工之间的关系一般是长期取向的，而且彼此之间有很强的承诺；与非核心员工之间的关系则以短期取向居多，只局限于特定的时间段，非核心员工与核心员工相比，其成本相对较低，流动性却更大。因此，采用这种方式之后，企业可以在不触及核心员工利益的前提下，通过扩大或收缩非核心员工的规模来保持灵活性并达到控制劳动力成本的目的。与变动员工的人数相比，变动员工的工作时数往往更加方便和快捷。企业需要在调整员工人数和调整工作时数两种做法之间作出选择，选择的依据则是哪一种调整方式的成本有效性更高。

（三）通过薪酬水平和薪酬结构进行薪酬控制

对薪酬的控制，主要通过对薪酬水平和薪酬结构的调整来实现。此处的薪酬水平主要是指企业总体上的平均薪酬水平，薪酬结构则主要涉及基本薪酬、可变薪酬和福利支出的构成以及各个具体组成部分所占的比重大小。各种薪酬组成的水平高低不同，所占的比重大小不同，因此对企业薪酬成本的影响也是不同的。

1. 基本薪酬

基本薪酬对薪酬预算与控制的最主要影响体现在加薪方面，而在原有薪酬水平之上的加薪一般基于以下三方面的原因：原有薪酬低于理应得到的水平；根据市场状况进行的调节；更好地实现内部公平性。而任何一次加薪能够发挥的效用直接取决于加薪的规模、加薪的时间以及加薪的员工参与率。由于原有薪酬不足而导致的加薪意味着要把基本薪酬提高到其应处薪酬等级的最低水平线上，这种做法的成本会以下几种因素有关：基本薪酬所得存在不足员工数量；理应加薪的次数；实际加薪的规模。根据市场状况或是企业内部的公平情况来对基本薪酬水平进行调整，更多的是为了确保和加强企业的地位，不管这种地位是相对于竞争对手的地位还是存在于员工的心目当中的地位。

2. 可变薪酬

可变薪酬方案支付形式包括利润分享、收益分享、团队奖励、部门奖金等，它们给组织所带来的成本是进行薪酬预算与控制时必要考虑的内容。一方面，可变薪酬所能发挥的影响同样取决于加薪的规模、加薪的时间以及加薪的员工参与率。另一方面，由于大多数可变薪酬方案都是一年一度的，通常在每个财务年度的年底支付，因此它们对组织的影响也只是一次性的。从劳动力成本方面来看，可变薪酬相对于基本薪酬所占的比例越高，企业劳动力成本的变化余地也就越大，而管理者可以控制预算开支的余地也就越大。

3. 福利支出

可以把企业的福利支出分为两类：与基本薪酬相联系的福利以及与基本薪酬基本没有联系的福利。前者多是像人寿保险和补充养老保险这样比较重要的福利内容。它们本身变动幅度一般不大，但是由于与基本薪酬相联系，因而会随着基本薪酬的变化而变化。由于它们在组织整体支出中所占比重较大，因而会对薪酬预算和薪酬控制产生较大的影响。而后者则主要是一些短期福利项目。

（四）通过薪酬技术进行潜在的薪酬控制

1. 最高薪酬水平和最低薪酬水平

一般来说，每一薪酬等级都会具体规定出该级别内的最高薪酬水平和最低薪酬水平。其中，最高薪酬水平对于企业薪酬控制的意义是比较大的，因为它规定了特定职位能够提供的产出在组织里的最高价值。一旦由于特殊情况而导致员工所得高于这一限额，就会使企业不得不支付"赤字薪酬"。而当这种情况在组织里很普遍时，对薪酬等级和职位说明书进行调整就很必要了。由于最低薪酬水平代表着企业中的职位能够创造出来的最低价值，因而一般会支付给那些尚处于培训期的员工。当然，如果员工因为绩效突出而晋升速度过快的话，也有可能出现这种情况。

2. 薪酬比较比率

在薪酬控制过程中，一项经常会被用到的统计指标是薪酬比较比率。这一数字说明了特定薪酬等级的薪酬水平中值，以及该等级内部职位或员工薪酬的大致分布状况。该比率的计算公式可以表示为：

$$薪酬比较比率 = 实际支付的平均薪酬水平/某一薪酬区间中值$$

当薪酬比较比率值为1时，意味着等级内员工的平均薪酬水平和薪酬区间中值恰好相等。薪酬区间中值是绩效表现居中的员工理应得到的薪酬水平。在理想情况下，企业支付薪酬的平均水平应该等于薪酬区间中值。当比较比率大于1时，说明企业给员工支付的薪酬水平偏高：可能因为人工成本控制不当、多数员工的绩效表现确实突出，或其他原因。而当该数值小于1时，表明薪酬支付不足。

四、薪酬管理实施的保障措施

薪酬管理关系到每一名员工自身的利益，直接影响着员工的积极性和稳定性，相关的保障措施可以确保薪酬体系的顺利实施并且发挥积极的作用。

（一）组织结构保障

企业建立、健全薪酬工作领导小组，为薪酬改革提供组织保障。高层管理者对薪酬体系的设计给予高度的重视和大力的支持。人力资源部门主要负责薪酬体系的具体实施工作，人力资源部门的员工要认真学习各种薪酬理论，仔细研究薪酬体系的内容，正确地执行薪酬体系。基层部门负责人积极支持和参与薪酬体系的执行工作，在执行过程中统一本部门员工的思想，使大家了解和认识薪酬体系的重要性，化解执行过程中的各种矛盾。

（二）宣传和培训保障

为了让员工理解薪酬体系，企业应利用各种媒体进行宣传，包括薪酬体系的内容、岗位评价原则和方法、本行业的薪酬状况等，使员工能够深入了解、接受薪酬体系，并且支持体系的推行。对于员工不理解的问题，企业印发专门的文件进行解释。

薪酬体系设计是一项专业性很强的工作，需要相关人员熟悉、掌握相关理论和操作方法。因此，在薪酬体系设计的过程中，对所有参与人员进行专业的培训，使大家了解薪酬改革中的重点工作和容易出现差错的环节，提升专业水平，以便在薪酬调整设计过程中更好地开展工作。

（三）人力资源保障

人力资源部门在日常的工作中必须加强对薪酬体系的执行力度，确保各个部门都能够严格执行薪酬体系的内容。绩效考核对于薪酬体系的有效执行具有非常重要的意义，员工对薪酬体系的不满很可能来自于绩效考核的不公平。在绩效考核时，部门负责人和人力资源部门与员工要坦诚相待，对员工作出客观的评价，保证员工对绩效考核结果享有申诉的权力，确保通过绩效考核达成公司和员工在最终薪酬决策上的一致。公司逐渐完善各项人力资源管理制度，包括：绩效考核制度、员工招聘制度、人员调动制度、员工奖惩制度、员工晋升制度、员工培训制度和员工薪资调整制度等。

公司为员工建立职业生涯发展规划。员工的职业生涯是涵盖其个人具体职业内容的动态发展的概念，包括从事何种职业，职业发展的阶段，由一种职业向另一种职业的转换等等具体内容。企业进行有效的人力资源开发，必须考虑员工的个人职业发展需求。公司可以根据发展的需要，预测未来的人力资源需求，通过员工的职业生涯规划，为员工提供发展空间、人员开发的鼓励政策以及与职业发展机会相关的信息，从而使员工发展与组织发展结合起来，有效地保证组织未来发展的人才需要。

（四）沟通机制保障

公司加强沟通机制的建设。沟通机制在薪酬体系的岗位分析过程中尤其重要，在岗位分析过程中和岗位分析完结之后，及时向员工反馈岗位分析的阶段性成果和最终结果。这样，员工才会有参与感，才会支持岗位分析及其结果的执行，同时，岗位分析是动态的过程，信息反馈可以为后续的岗位分析提出要求和改进意见。

人力资源部门定期与各部门进行沟通交流，广泛地收集和了解各部门对薪酬体系的意见和建议，并且及时向公司高层管理者反馈大家的想法，采纳合理的建议，逐步使薪酬体系更加完善。通过各类沟通方式让员工了解公司的薪酬体系和自己的薪酬发放标准，提高薪酬体系的透明度。

（五）薪酬总额控制机制保障

人力资源部门通过各种渠道及时获取同行业市场薪酬的情况，考察市场中同行业企业的薪酬水平及同行业人才的竞争现状，根据本企业的薪酬战略进行定位，及时调整公司的岗位工资水平，使每个层次的员工都能拿到比较有竞争力的薪酬而又使公司的薪酬成本不至于太高。对薪酬体系进行控制，应该是从总量上进行控制。薪酬预算的目的在于实现薪酬总额的控制，而薪酬控制的关键在于根据公司的实际情况核定一个合理的薪酬总额，然后以薪酬总额为标准，实施薪酬控制。每年的年末，人力资源部门制定下一年度的薪酬总额预算。薪酬总额应该具有刚性，如果没有特殊情况，每年核定的薪酬总额水平一般应该不低于已往年度的薪酬总额。薪酬总额管理需要根据实际情况及时进行调整，结合薪酬预算方案在执行中存在的问题和企业在经营中出现的新情况，在确有必要的情况下进行调整。调整不是对于原办法的否定，而是根据外部情况的变化及时作出的修正。

第三节　薪酬调整

公司薪酬体系运行一段时间后，随着企业发展战略以及人力资源战略的变化，现行的薪酬体系可能不适应企业发展的需要，这时应对企业薪酬管理做系统的诊断，确定最新的薪酬策略，同时对薪酬体系做出调整。薪酬调整是保持薪酬动态平衡、实现组织薪酬目标的重要手段，也是薪酬管理的日常工作。

薪酬调整包括薪酬水平调整、薪酬结构调整和薪酬构成调整三个方面。

一、薪酬水平调整

薪酬水平调整是指在薪酬结构、薪酬构成等不变的情况下，对薪酬水平进行调整的过程。薪酬水平调整包括薪酬整体调整、薪酬部分调整以及薪酬个人调整三个方面。

（一）薪酬整体调整

薪酬整体调整是指公司根据国家政策和物价水平等宏观因素的变化、行业及地区竞争状况、企业发展战略变化、公司整体效益情况以及员工工龄（司龄）变化，而对公司所有岗位人员进行的调整。

薪酬整体调整就是整体调高或调低所有岗位和任职者薪酬水平，调整方式一般有以下几种：

1. 等比例调整

等比例调整是所有员工都在原工资基础上增长或降低同一百分比。等比例调整使工资高的员工调整幅度大于工资低的员工，从激励效果来看，这种调整方法能对所有人产生相同的激励效用。

2. 等额式调整

等额式调整是不管员工原有工资高低，一律给予等幅调整。

3. 综合调整

综合调整考虑了等比例调整和等额式调整的优点，同一职等岗位调整幅度相同，不同职等岗位调整幅度不同，一般情况下，高职等岗位调整幅度大，低职等岗位调整幅度小。

在薪酬管理实践中，薪酬的整体调整是通过调整工资或津贴补贴项目来实现的。

如果是因为物价上涨等因素增加薪酬，应该采用等额式调整，一般采取增加津贴补贴项目数额的方法；如果是因为外部竞争性以及公司效益进行调整，应该采用等比例调整法或综合调整法，一般都是通过调整岗位工资来实现；如果是因为工龄（司龄）因素进行调整，一般采取等额式调整，对司龄（工龄）工资或津贴进行调整。

对于岗位工资的调整，一般都是对每个员工岗位工资调整固定的等级，调整形式是由工资等级表的形式决定的。一般情况下，不同等级员工岗位工资调整大致符合等比例原则，同等级员工岗位工资调整大致符合等比例原则或者等额原则。

（二）薪酬部分调整

薪酬部分调整是指定期或不定期根据公司发展战略、公司效益、部门及个人业绩、人力资源市场价格变化、年终绩效考核情况，而对某一类岗位任职员工进行的调整，可以是某一部门员工，也可以是某一岗位序列员工，抑或是符合一定条件的员工。

年末，人力资源部门根据公司效益、物价指数以及部门、个人绩效考核情况，提出岗位工资调整方案，经公司讨论后实施。一般情况下，个人绩效考核结果成为员工岗位工资调整的主要影响因素。对年终绩效考核结果优秀的员工，进行岗位工资晋级激励；对年终绩效考核结果不合格的员工，可以进行岗位工资降级处理。

根据人力资源市场价格变化，可以调整某岗位序列员工薪酬水平。薪酬调整可以通过调整岗位工资，也可以通过增加奖金、津贴补贴项目等形式来实现。

根据公司发展战略以及公司效益情况，可以调整某部门员工薪酬水平。薪酬调整一般不通过调整岗位工资实现，因为那样容易引起其他部门内部不公平感，一般情况下是通过增加奖金、津贴补贴项目等形式来实现。

（三）薪酬个人调整

薪酬个人调整是由于个人岗位变动、绩效考核或者为公司做出突出贡献，而给予岗位工资等级的调整。

员工岗位变动或者试用期满正式任用后，要根据新岗位进行工资等级确定；根据绩效管理制度，绩效考核优秀者可以晋升工资等级，绩效考核不合格者可以降低工资等级；对公司做出突出贡献者，可以给予晋级奖励。

二、薪酬结构调整

这是指在薪酬体系运行的过程中，随着公司发展战略的变化，薪酬结构应随着战略变化而调整，尤其是在组织结构扁平化趋势下，公司的职务等级数量会大大减少；另外，由于受到劳动力市场供求变化的影响，公司不同层级、不同岗位薪酬差距可能发生变化，这些都会对薪酬结构的调整提出要求。

一般情况下，通过调整各岗位工资基准等级，就能实现不同岗位、不同层级薪酬差距调整要求；但当变化较大，现有薪酬结构不能适应变化后的发展要求时，就需要对公司的薪酬结构进行重新调整设计。薪酬结构的调整设计包括薪酬职等数量设计、职等薪酬增长率设计、薪级数量设计以及薪级级差设计等各方面。

在进行薪酬体系设计时，要充分考虑薪酬结构变化的趋势和要求，使通过调整各岗位工资基准等级，就能实现薪酬的结构调整，这样操作简单、方便。不到万不得已，不要轻易进行薪酬结构的重新设计。

三、薪酬构成调整

薪酬构成调整就是调整固定工资、绩效工资、奖金以及津贴补贴的比例关系。

一般情况下，固定工资和绩效工资是通过占有岗位工资比例来调整的。在企业刚开始进行绩效考核时，往往绩效工资占有较小的比例，随着绩效考核工作落到实处，绩效工资可以逐步加大比例。

津贴补贴项目也应根据企业的实际情况进行调整，在那些津贴补贴理由已经不存在的情况下，应该取消相应的津贴补贴项目。

奖金根据企业效益情况以及人力资源市场价格，进行增加或降低的调整。

四、薪酬调整注意事项

（一）薪酬调整要注意系统性、均衡性

薪酬调整是牵一发而动全身的，无论是薪酬的整体调整、部分调整、个人调整，还是薪酬结构调整、薪酬构成调整，都涉及员工的切身利益，因此薪酬调整要慎重，注意系统性，同时注意不同层级、不同部门员工薪酬的平衡。另一方面，薪酬调整应保持常态进行，不能一次调整幅度过大。

某民营路桥建设集团自2005年开展绩效管理以来，公司业绩稳步增长。2007年公司效益大幅提高，年末老板提出了一般员工工资涨6级、业绩良好员工涨7级、业绩优秀员工涨8级的薪酬晋级方案。公司岗位工资是等比序列的，一级为5%，涨6级意味着给员工工资的增长幅度为30%以上。在公司老板征求我们的意见时，我们提出了不同看法，今年涨这么大的幅度，明年会涨多少呢？如果明年没有保持这么大幅度的增长，员工会有不满意倾向的。因此我们建议，减少晋级等级数目，将晋级数目分别改为3、4和5级，增加年终奖金发放数额，同时修改公司薪酬调整策略，将一次性年底大规模调整改为季度根据业绩表现及时调整，增加薪酬的激励效果。该集团在2008年又取得了非常好的业绩，在平时对连续3个月度业绩考核优秀者进行晋级激励的情况下，年末又对员工进行了大幅度工资晋级激励。

（二）建立薪酬调整长效机制

建立薪酬调整长效机制，使员工收入增长与企业效益、物价上涨水平保持同步，使业绩优秀者得到晋级，使业绩低下者薪酬不能得到增长。

以下是国家烟草专卖局在深化行业收入分配改革的指导意见中，有关建立工资收入正常调整机制的条款：

（1）通过岗位变动调整工资，通过公开选拔、竞争上岗、择优聘用等实现"岗变薪变"。

（2）通过岗位等级变动调整工资，通过专业技术职务评聘、职业资格认证以及工作业绩考核等实现"等级能升能降"。

（3）通过岗位档次变动调整工资，通过年度绩效考核，确定进退档比例，对考核优秀者直接晋升一档；对连续两年考核称职者晋升一档；对考核基本称职者不调档；对考核不称职及连续两年考核基本称职者降一档。

从以上条款可以看出，国家局对薪酬个体调整做了明确说明，在岗位变动、职务晋升、年度考核等方面对薪酬调整都做出了规定。

从这个文件可以看出，国家烟草专卖局的目的是改变过去事业单位工资两年一次整体调整的做法，根据绩效考核做部分调整，业绩好的每年可以晋升一级，业绩一般的两年晋升一级，业绩较差的不晋级甚至降级。

本章案例研究

某集团公司薪酬政策

某集团公司对下属子公司实行薪酬总额控制，对子公司总经理、生产厂长、主管销售总经理、财务总监岗位等高管人员实行年薪制，年薪制具体实施办法根据集团公司薪酬管理制度执行。

对子公司除总经理、生产厂长、主管销售总经理、财务总监以外的员工，实行以工资总额控制为主、过程指导为辅、实际总额与子公司目标任务完成情况挂钩的政策。二次分配权下放子公司,从而完成子公司人权、事权的统一,保证子公司经营管理者责权利的统一,使其有足够的权力与动力去完成集团公司下达的生产经营目标。

子公司工资总额=职能员工工资总额+工厂员工工资总额+销售公司工资总额

(一) 职能员工工资总额

集团公司总部根据定岗定编方案及各岗位工资标准,结合各子公司当地工资水平,核定子公司职能岗位工资总额,年终根据子公司目标任务完成情况,核算实际工资总额。

职能岗位人员包括财务部、综合管理部、品质管理部员工。

核定工资总额=编制内所有岗位工资的总和×区域系数

实际工资总额=核定工资总额×子公司年度绩效考核系数

各地子公司区域系数见表10-1。

表10-1 各地子公司区域系数

子公司	区域系数
上海公司、深圳公司、北京公司	1.2
南京公司、天津公司、重庆公司	1.1
山西公司、贵州公司、山东公司、唐山公司、邯郸公司、衡水公司、承德公司、保定公司、邢台公司	1.0

(二) 工厂员工工资总额

工厂员工包括生产厂长、生产技术部、酿造车间、灌装车间、动力设备车间所有岗位人员。工厂员工工资总额按产量、质量、税前利润等因素提取一定比例,提取比例应考虑子公司产能规模和区域因素。

(三) 销售公司工资总额

销售公司人员包括主管销售总经理、销售管理部、市场部、区域分公司所有岗位人员,工资总额按销售额、税前利润等因素提取一定比例,提取比例应考虑子公司产能规模和区域因素。

各子公司应在集团公司总部的监督、指导下,制定适合企业实际情况的薪酬绩效管理方案,充分发挥薪酬的激励作用,促使集团公司绩效提升。对职能部门人员实行岗位绩效工资制,对技术工人实行技术等级工资制,对普通操作类工人实行岗位工资、计件工资与计时工资相结合的工资体系,对销售人员实行业绩提成工资制。

各子公司应在集团公司总部的指导下,逐步推行对各部门及各岗位的考核工作,并将考核结果与薪酬挂钩,实现薪酬的激励作用。

子公司总经理负责子公司薪酬、绩效管理工作,集团公司人力资源总部和财务管理总部监督子公司的薪酬绩效管理工作。

[讨论题]

请分析该集团子公司的薪酬设计有什么弊端?

本章小结

薪酬预算是管理者在薪酬管理过程中进行的一系列成本开支方面的权衡和取舍,其目标是有效控制成本并影响员工的行为。薪酬预算需要注意薪酬水平的调整幅度、调整范围以及人员和职位的变动等情况，同时还需要考虑到组织内部和外部的诸多环境因素。

薪酬预算的方法有宏观接近法和微观接近法两种。宏观接近法是根据公司总体业绩指标作出预测，然后确定企业能够接受的薪酬总额，并分配到各部门。微观接近法则是管理者自下而上预测并对员工的薪酬总额加以汇总的一种预算方法。

薪酬预算完成以后，在实际的薪酬管理过程中，薪酬控制也非常重要。企业可以通过对薪酬水平、雇佣人数以及薪酬结构的调控来合理控制总薪酬费用开支。

薪酬调整包括薪酬水平调整、薪酬结构调整和薪酬构成调整三个方面。薪酬水平调整是指在薪酬结构、薪酬构成等不变的情况下，对薪酬水平进行调整的过程。薪酬结构调整是指在薪酬体系运行的过程中，随着公司发展战略的变化，薪酬结构应随着战略变化而调整。薪酬构成调整就是调整固定工资、绩效工资、奖金以及津贴补贴的比例关系。

复习思考题

1. 薪酬预算在企业薪酬管理体系中的地位和作用是什么？
2. 在薪酬预算中需要作出哪些重要决策？
3. 薪酬预算的外部和内部环境对薪酬预算会产生哪些影响？
4. 薪酬预算的两种主要方法是什么？如何操作？
5. 薪酬控制对于企业成本控制的意义是什么？其难点有哪些？
6. 薪酬控制的主要途径有哪些？
7. 薪酬调整包含几个方面？具体内容有哪些？

薪酬管理有关法律法规

我国政府制定的规范薪酬管理的主要法律法规和政策有：《中华人民共和国宪法》（以下简称《宪法》）、《中华人民共和国公司法》（以下简称《公司法》）、《中华人民共和国劳动法》（以下简称《劳动法》）、《中华人民共和国劳动合同法》（以下简称《劳动合同法》）、《中华人民共和国个人所得税法》（以下简称《个人所得税法》）等。

一、《宪法》中有关劳动报酬的规定

《宪法》是国家根本大法，具有最高的法律效力。《宪法》中有关劳动报酬问题的规定如下：

第十三条：公民的合法私有财产不受侵犯。国家依照法律规定保护公民的私有财产权和继承权。国家为了公共利益的需要，可以依照法律规定对公民的私有财产实行征收或者征用并给予补偿。

第十四条：国家通过提高劳动者的积极性和技术水平，推广先进的科学技术，完善经济管理体制和企业经营管理制度，实行各种形式的社会主义责任制，改进劳动组织，以不断提高劳动生产率和经济效益，发展社会生产力。国家厉行节约，反对浪费。国家合理安排积累和消费，兼顾国家、集体和个人的利益，在发展生产的基础上，逐步改善人民的物质生活和文化生活。国家建立健全同经济发展水平相适应的社会保障制度。

第四十二条：中华人民共和国公民有劳动的权利和义务。国家通过各种途径，创造劳动就业条件，加强劳动保护，改善劳动条件，并在发展生产的基础上，提高劳动报酬和福利待遇。劳动是一切有劳动能力的公民的光荣职责。国有企业和城乡集体经济组织的劳动者都应当以国家主人翁的态度对待自己的劳动。国家提倡社会主义劳动竞赛，奖励劳动模范和先进工作者。国家提倡公民从事义务劳动。国家对就业前的公民进行必要的劳动就业训练。

第四十三条：中华人民共和国劳动者有休息的权利。国家发展劳动者休息和休养的设施，规定职工的工作时间和休假制度。

第四十四条：国家依照法律规定实行企业事业组织的职工和国家机关工作人员的退休制

度。退休人员的生活受到国家和社会的保障。

第四十五条：中华人民共和国公民在年老、疾病或者丧失劳动能力的情况下，有从国家和社会获得物质帮助的权利。国家发展为公民享受这些权利所需要的社会保险、社会救济和医疗卫生事业。国家和社会保障残废军人的生活，抚恤烈士家属，优待军人家属。国家和社会帮助安排盲、聋、哑和其他有残疾的公民的劳动、生活和教育。

第四十六条：中华人民共和国公民有受教育的权利和义务。国家培养青年、少年、儿童在品德、智力、体质等方面全面发展。

第四十八条：中华人民共和国妇女在政治的、经济的、文化的、社会的和家庭的生活等各方面享有同男子平等的权利。国家保护妇女的权利和利益，实行男女同工同酬，培养和选拔妇女干部。

二、劳动法律法规有关规定

（一）劳动法律法规的内涵

劳动法律法规是指包括《公司法》、《劳动法》、《劳动合同法》在内的一系列有关劳动报酬法律法规的总称，包括有关法律、劳动行政法规、劳动行政规章、地方性劳动法规等，这些法规和规章是《劳动法》和《劳动合同法》的重要补充，但其效力低于《劳动法》和《劳动合同法》。

1. 《公司法》

《中华人民共和国公司法》是为了规范公司的组织和行为，保护公司、股东和债权人的合法权益，维护社会经济秩序，促进社会主义市场经济的发展而制定颁布施行的。《中华人民共和国公司法》于1993年12月29日第八届全国人民代表大会常务委员会第五次会议通过，2005年10月27日第十届全国人民代表大会常务委员会第十八次会议修订，自2006年1月1日起施行。

2. 《劳动法》和《劳动合同法》

《中华人民共和国劳动法》于1994年7月5日由第八届全国人民代表大会常务委员会第八次会议通过，1995年开始施行；《中华人民共和国劳动合同法》于2007年6月29日由中华人民共和国第十届全国人民代表大会常务委员会第二十八次会议通过，自2008年1月1日起施行。

《劳动合同法》是规范劳动关系的一部重要法律，在中国特色社会主义法律体系中属于社会法。劳动合同在明确劳动合同双方当事人的权利和义务的前提下，重在对劳动者合法权益的保护，为构建与发展和谐、稳定的劳动关系提供法律保障。《劳动合同法》的颁布实施有着深远意义。

《劳动合同法》与《劳动法》两法之间是平行的关系，按照《立法法》中"新法优于旧法"的原则，凡是《劳动法》当中与《劳动合同法》不一致的地方，2008年1月1日以后以《劳动合同法》为准。比如经济补偿问题、劳动合同的解除情形等，新法都做了补充性规定。而《劳动合同法》中没有涉及的或者没有加以规定的，则仍以《劳动法》为准。比如加班工资比例问题，《劳动合同法》只规定不能强迫或变相强迫加班，而对于支付加班工资的比例则没有规定，因此这一问题应当以《劳动法》为准。

3. 劳动行政法规

劳动行政法规是由国务院依据《宪法》和法律制定的调整劳动法律关系的规范性文件，包括有关劳动关系的条例、规定、办法三种形式。其地位和效力低于《宪法》和《劳动法》。

4. 劳动行政规章

劳动行政规章是由国务院各部委依据劳动法规制定的实施细则、实施办法等。

5. 地方性劳动法规

地方性劳动法规是由省、自治区、直辖市的人民代表大会及其常务委员会依据《宪法》、《劳动法》、《劳动合同法》和劳动法规，结合本辖区具体情况制定和发布的，只在本辖区内有效力的有关劳动法律关系的规范性文件。

（二）《公司法》有关劳动报酬规定

《公司法》中有关劳动报酬问题的规定如下：

第十七条：必须保护职工的合法权益，依法与职工签订劳动合同，参加社会保险，加强劳动保护，实现安全生产。公司应当采用多种形式，加强公司职工的职业教育和岗位培训，提高职工素质。

第十八条：公司职工依照《中华人民共和国工会法》组织工会，开展工会活动，维护职工合法权益。公司应当为本公司工会提供必要的活动条件。公司工会代表职工就职工的劳动报酬、工作时间、福利、保险和劳动安全卫生等事项依法与公司签订集体合同。公司依照宪法和有关法律的规定，通过职工代表大会或者其他形式，实行民主管理。公司研究决定改制以及经营方面的重大问题、制定重要的规章制度时，应当听取公司工会的意见，并通过职工代表大会或者其他形式听取职工的意见和建议。

第三十八条：由股东会选举和更换非由职工代表担任的董事、监事，决定有关董事、监事的报酬事项。

第四十七条：董事会对股东会负责，决定聘任或者解聘公司经理及其报酬事项，并根据经理的提名决定聘任或者解聘公司副经理、财务负责人及其报酬事项；董事会对股东会负责，制定公司的基本管理制度。

第五十条：有限责任公司可以设经理，由董事会决定聘任或者解聘。经理对董事会负责，拟定公司的基本管理制度。

第一百条、第一百零九条、第一百一十四条分别说明了有限责任公司股东会职权、董事会职权、经理职权适用于股份有限公司。

（三）《劳动合同法》有关劳动合同规定

1. 适用范围

第二条：中华人民共和国境内的企业、个体经济组织、民办非企业单位等组织（以下称用人单位）与劳动者建立劳动关系，订立、履行、变更、解除或者终止劳动合同，适用本法。国家机关、事业单位、社会团体和与其建立劳动关系的劳动者，订立、履行、变更、解除或者终止劳动合同，依照本法执行。

第四条：用人单位应当依法建立和完善劳动规章制度，保障劳动者享有劳动权利、履行劳动义务。用人单位在制定、修改或者决定有关劳动报酬、工作时间、休息休假、劳动安全卫生、保险福利、职工培训、劳动纪律以及劳动定额管理等直接涉及劳动者切身利益的规章制度或者重大事项时，应当经职工代表大会或者全体职工讨论，提出方案和意见，与工会或者职工代表平等协商确定。在规章制度和重大事项决定实施过程中，工会或者职工认为不适当的，有权向用人单位提出，通过协商予以修改完善。用人单位应当将直接涉及劳动者切身利益的规章制度和重大事项决定公示，或者告知劳动者。

2. 劳动合同订立

第八条：用人单位招用劳动者时，应当如实告知劳动者工作内容、工作条件、工作地点、职业危害、安全生产状况、劳动报酬，以及劳动者要求了解的其他情况；用人单位有权了解劳动者与劳动合同直接相关的基本情况，劳动者应当如实说明。

第十条：建立劳动关系，应当订立书面劳动合同。已建立劳动关系，未同时订立书面劳动合同的，应当自用工之日起一个月内订立书面劳动合同。用人单位与劳动者在用工前订立劳动合同的，劳动关系自用工之日起建立。

第十二条：劳动合同分为固定期限劳动合同、无固定期限劳动合同和以完成一定工作任务为期限的劳动合同。

第十四条：无固定期限劳动合同，是指用人单位与劳动者约定无确定终止时间的劳动合同。用人单位与劳动者协商一致，可以订立无固定期限劳动合同。有下列情形之一，劳动者提出或者同意续订、订立劳动合同的，除劳动者提出订立固定期限劳动合同外，应当订立无固定期限劳动合同：

（一）劳动者在该用人单位连续工作满十年的；（二）用人单位初次实行劳动合同制度或者国有企业改制重新订立劳动合同时，劳动者在该用人单位连续工作满十年且距法定退休年龄不足十年的；（三）连续订立二次固定期限劳动合同，且劳动者没有本法第三十九条和第四十条第一项、第二项规定的情形，续订劳动合同的。用人单位自用工之日起满一年不与劳动者订立书面劳动合同的，视为用人单位与劳动者已订立无固定期限劳动合同。

3. 劳动合同的内容

第十七条：劳动合同应当具备以下条款：

（一）用人单位的名称、住所和法定代表人或者主要负责人；（二）劳动者的姓名、住址和居民身份证或者其他有效身份证件号码；（三）劳动合同期限；（四）工作内容和工作地点；（五）工作时间和休息休假；（六）劳动报酬；（七）社会保险；（八）劳动保护、劳动条件和职业危害防护；（九）法律、法规规定应当纳入劳动合同的其他事项。劳动合同除前款规定的必备条款外，用人单位与劳动者可以约定试用期、培训、保守秘密、补充保险和福利待遇等其他事项。

第十八条：劳动合同对劳动报酬和劳动条件等标准约定不明确，引发争议的，用人单位与劳动者可以重新协商；协商不成的，适用集体合同规定；没有集体合同或者集体合同未规定劳动报酬的，实行同工同酬；没有集体合同或者集体合同未规定劳动条件等标准的，适用国家有关规定。

第二十条：劳动者在试用期的工资不得低于本单位相同岗位最低档工资或者劳动合同约定工资的百分之八十，并不得低于用人单位所在地的最低工资标准。

第二十二条：用人单位为劳动者提供专项培训费用，对其进行专业技术培训的，可以与该劳动者订立协议，约定服务期。劳动者违反服务期约定的，应当按照约定向用人单位支付违约金。违约金的数额不得超过用人单位提供的培训费用。用人单位要求劳动者支付的违约金不得超过服务期尚未履行部分所应分摊的培训费用。用人单位与劳动者约定服务期的，不影响按照正常的工资调整机制提高劳动者在服务期间的劳动报酬。

第二十三条：用人单位与劳动者可以在劳动合同中约定保守用人单位的商业秘密和与知识产权相关的保密事项。对负有保密义务的劳动者，用人单位可以在劳动合同或者保密协议中与劳动者约定竞业限制条款，并约定在解除或者终止劳动合同后，在竞业限制期限内按月给予劳动者经济补偿。劳动者违反竞业限制约定的，应当按照约定向用人单位支付违约金。

第二十四条：竞业限制的人员限于用人单位的高级管理人员、高级技术人员和其他负有保密义务的人员。竞业限制的范围、地域、期限由用人单位与劳动者约定，竞业限制的约定不得违反法律、法规的规定。在解除或者终止劳动合同后，前款规定的人员到与本单位生产或者经营同类产品、从事同类业务的有竞争关系的其他用人单位，或者自己开业生产或者经营同类产品、从事同类业务的竞业限制期限，不得超过二年。

4. 劳动合同的履行和变更

第二十九条：用人单位与劳动者应当按照劳动合同的约定，全面履行各自的义务。

第三十条：用人单位应当按照劳动合同约定和国家规定，向劳动者及时足额支付劳动报酬。用人单位拖欠或者未足额支付劳动报酬的，劳动者可以依法向当地人民法院申请支付令，人民法院应当依法发出支付令。

第三十一条：用人单位应当严格执行劳动定额标准，不得强迫或者变相强迫劳动者加班。用人单位安排加班的，应当按照国家有关规定向劳动者支付加班费。

5. 劳动合同的解除和终止

第三十六条：用人单位与劳动者协商一致，可以解除劳动合同。

第三十七条：劳动者提前三十日以书面形式通知用人单位，可以解除劳动合同。劳动者在试用期内提前三日通知用人单位，可以解除劳动合同。

第三十八条：用人单位有下列情形之一的，劳动者可以解除劳动合同：

（一）未按照劳动合同约定提供劳动保护或者劳动条件的；（二）未及时足额支付劳动报酬的；（三）未依法为劳动者缴纳社会保险费的；（四）用人单位的规章制度违反法律、法规的规定，损害劳动者权益的；（五）因本法第二十六条第一款规定的情形致使劳动合同无效的；（六）法律、行政法规规定劳动者可以解除劳动合同的其他情形。用人单位以暴力、威胁或者非法限制人身自由的手段强迫劳动者劳动的，或者用人单位违章指挥、强令冒险作业危及劳动者人身安全的，劳动者可以立即解除劳动合同，不需事先告知用人单位。

第三十九条：劳动者有下列情形之一的，用人单位可以解除劳动合同：

（一）在试用期间被证明不符合录用条件的；（二）严重违反用人单位的规章制度的；（三）严重失职，营私舞弊，给用人单位造成重大损害的；（四）劳动者同时与其他用人单位建立劳动关系，对完成本单位的工作任务造成严重影响，或者经用人单位提出，拒不改正的；（五）因本法第二十六条第一款第一项规定的情形致使劳动合同无效的；（六）被依法追究刑事责任的。

第四十条：有下列情形之一的，用人单位提前三十日以书面形式通知劳动者本人或者额外支付劳动者一个月工资后，可以解除劳动合同：

（一）劳动者患病或者非因工负伤，在规定的医疗期满后不能从事原工作，也不能从事由用人单位另行安排的工作的；

（二）劳动者不能胜任工作，经过培训或者调整工作岗位，仍不能胜任工作的；

（三）劳动合同订立时所依据的客观情况发生重大变化，致使劳动合同无法履行，经用人单位与劳动者协商，未能就变更劳动合同内容达成协议的。

（四）劳动合同解除规定

针对劳动合同法关于"无固定期限劳动合同"的规定，国务院法制办于2008年5月8日公布的《中华人民共和国劳动合同法实施条例（草案）》规定，用人单位在十四种情形之下可以与劳动者解除"无固定期限劳动合同"，在五种情形之下"无固定期限劳动合同"终止：

第二十八条：有《劳动合同法》规定的下列情形之一的，用人单位可以与劳动者解除无固定期限劳动合同：

（一）用人单位与劳动者协商一致的；（二）劳动者在试用期间被证明不符合录用条件的；（三）劳动者严重违反用人单位的规章制度的；（四）劳动者严重失职，营私舞弊，给用人单位造成重大损害的；（五）劳动者同时与其他用人单位建立劳动关系，对完成本单位的工作任务造成严重影响，或者经用人单位提出，拒不改正的；（六）因劳动合同法第二十六条第一款第一项关于劳动者以欺诈、胁迫的手段或者乘人之危，使用人单位在违背真实意思情况下订立或者变更劳动合同，致使劳动合同无效的；（七）劳动者被依法追究刑事责任的；（八）劳动者患病或者非因工负伤，在规定的医疗期满后不能从事原工作，也不能从事由用人单位另行安排的工作的；（九）劳动者不能胜任工作，经过培训或者调整工作岗位，仍不能胜任工作的；（十）劳动合同订立时所依据的客观情况发生重大变化，致使劳动合同无法履行，经用人单位与劳动者协商，未能就变更劳动合同内容达成协议的；（十一）用人单位依照企业破产法规定进行重整的；（十二）用人单位生产经营发生严重困难的；（十三）企业转产、重大技术革新或者经营方式调整，经变更劳动合同后，仍需裁减人员的；（十四）其他因劳动合同订立时所依据的客观经济情况发生重大变化，致使劳动合同无法履行的。

第二十九条：有《劳动合同法》规定的下列情形之一的，无固定期限劳动合同终止：

（一）劳动者开始依法享受基本养老保险待遇的；（二）劳动者死亡，或者被人民法院宣告死亡或者宣告失踪的；（三）用人单位被依法宣告破产的；（四）用人单位被吊销营业执照、责令关闭、撤销或者用人单位决定提前解散的；（五）法律、行政法规规定的其他情形。此外，《劳动合同法》第八十七条规定：用单位违反本法规定解除或者终止劳动合同的，应当依照本法第四十七条规定的经济补偿标准的二倍向劳动者支付赔偿金。

（五）劳动报酬、最低工资保障等有关规定

1. 工资分配原则及加班工资有关规定

《劳动法》第四十四条、四十六条、四十七条分别对加班工资计算和工资分配原则做出了规定：

第四十四条：有下列情形之一的，用人单位应当按照下列标准支付高于劳动者正常工作时间工资的工资报酬：

（一）安排劳动者延长工作时间的，支付不低于工资的百分之一百五十的工资报酬；（二）休息日安排劳动者工作又不能安排补休的，支付不低于工资的百分之二百的工资报酬；（三）法定休假日安排劳动者工作的，支付不低于工资的百分之三百的工资报酬。

第四十六条：工资分配应当遵循按劳分配原则，实行同工同酬。工资水平在经济发展的基础上逐步提高。国家对工资总量实行宏观调控。

第四十七条：

用人单位根据本单位的生产经营特点和经济效益，依法自主确定本单位的工资分配方式和工资水平。

2. 带薪年休假有关规定

《劳动法》第四十五条：国家实行带薪年休假制度。劳动者连续工作一年以上的，享受带薪年休假。具体办法由国务院规定。

《职工带薪年休假条例》已于2007年12月7日国务院第198次常务会议通过，自2008年1月1日起施行。《职工带薪年休假条例》主要条款如下：

第二条：机关、团体、企业、事业单位、民办非企业单位、有雇工的个体工商户等单位的职工连续工作1年以上的，享受带薪年休假（以下简称年休假）。单位应当保证职工享受年休假。职工在年休假期间享受与正常工作期间相同的工资收入。

第三条：职工累计工作已满1年不满10年的，年休假5天；已满10年不满20年的，年休假10天；已满20年的，年休假15天。国家法定休假日、休息日不计入年休假的假期。

第四条：职工有下列情形之一的，不享受当年的年休假：

（一）职工依法享受寒暑假，其休假天数多于年休假天数的；（二）职工请事假累计20天以上且单位按照规定不扣工资的；（三）累计工作满1年不满10年的职工，请病假累计2个月以上的；（四）累计工作满10年不满20年的职工，请病假累计3个月以上的；（五）累计工作满20年以上的职工，请病假累计4个月以上的。

第五条：单位根据生产、工作的具体情况，并考虑职工本人意愿，统筹安排职工年休假。年休假在1个年度内可以集中安排，也可以分段安排，一般不跨年度安排。单位因生产、工作特点确有必要跨年度安排职工年休假的，可以跨1个年度安排。单位确因工作需要不能安排职工休年休假的，经职工本人同意，可以不安排职工休年休假。对职工应休未休的年休假天数，单位应当按照该职工日工资收入的300％支付年休假工资报酬。

参 考 文 献

[1] 文跃然. 薪酬管理原理（第2版）[M]. 上海：复旦大学出版社，2013.
[2] 刘昕. 薪酬管理（第4版）[M]. 北京：中国人民大学出版社，2014.
[3] 赵国军. 薪酬设计与绩效考核全案（第二版）[M]. 北京：化学工业出版社，2016.
[4] 赵国军. 薪酬管理方案设计与实施[M]. 北京：化学工业出版社，2009.
[5] 王长城，姚裕群. 薪酬制度与管理[M]. 北京：高等教育出版社，2005.
[6] 乔治·米尔科维奇. 人力资源管理译丛：薪酬管理（第11版）[M]. 北京：中国人民大学出版社，2014.
[7] 陈小平，萧鸣政. 薪酬管理[M]. 北京：科学出版社，2017.
[8] 周伟光. 大公司用薪酬激励，小公司用奖金鼓励[M]. 北京：中国言实出版社，2013.
[9] 卿涛，郭志刚. 多重视角下企业薪酬制度的解析与构建[M]. 成都：西南财经大学出版社，2006.
[10] 王心章，郭守业. 国有大型企业的薪酬优化方案设计[J]. 冶金经济与管理，2008.
[11] 陈思明. 现代薪酬学[M]. 上海：立信会计出版社，2004.
[12] 张建国. 薪酬体系设计[M]. 北京：北京工业大学出版社，2003.
[13] 杨剑. 激励导向的薪酬设计[M]. 北京：中国纺织出版社，2002.
[14] 李严锋. 薪酬管理[M]. 大连：东北财经大学出版社，2002.
[15] 李新建. 企业雇员薪酬福利[M]. 北京：经济管理出版社，1999.
[16] 郑大奇. 薪酬支付的艺术[M]. 北京：中国言实出版社，2000.
[17] 林泽炎. 企业薪酬设计与管理[M]. 广州：广东经济出版社，2001.
[18] 闫轶卿. 薪酬管理从入门到精通[M]. 北京：清华大学出版社，2015.
[19] 大卫·西克海利. 销售团队薪酬激励设计与实施[M]. 北京：中华工商联合出版社，2016.
[20] 贺清君. 老HRD手把手教你做薪酬[M]. 北京：中国法制出版社，2015.
[21] 全怀周. 走出薪酬管理误区：中国企业薪酬激励系统化解决之道[M]. 北京：企业管理出版社，2013.
[22] 王瑞永，全鑫. 绩效量化考核与薪酬体系设计全案[M]. 北京：人民邮电出版社，2011.